汪文学学术作品集

贵州地域文化精神研究

汪文学 著

贵州出版集团
贵州人民出版社

作者简介

汪文学，男，1970年生，苗族，贵州思南人，文学博士，教授。现任贵州省安顺市人民政府副市长，九三学社贵州省委副主委，贵州省政协委员。曾任贵州民族大学图书馆副馆长、文学院院长、教务处处长，贵州省旅游发展委员会副主任、贵州省文化和旅游厅副厅长，全国青联第十、十一届委员。曾获得"全国各族青年团结进步优秀奖""贵州青年五四奖章"，获得"国务院全国民族团结模范个人""贵州省甲秀文化人才"称号，被评为贵州省高校哲学社会科学学术带头人、贵州省教学名师。主讲的"中国人的精神传统"被评为国家级中国大学精品视频公开课，获得贵州省哲学社会科学优秀成果奖、贵州省文艺奖、贵州省高校人文社科优秀成果奖、贵州省高校教学成果奖多项。主要从事中国古代文化与文学、贵州地域文化与文学研究，独立主持国家社科基金课题研究2项，发表学术论文60余篇，出版学术著述10余种，即《正统论——发现东方政治智慧》（2002）、《汉晋文化思潮变迁研究》（2003）、《传统人伦关系的现代诠释》（2004）、《汉唐文化与文学论集》（2008）、《贵州古近代文学理论辑释》（2009）、《诗性风月——中国古典文学中的情爱》（2011）、《中国古代性别与诗学研究》（2012）、《中国人的精神传统》（2012）、《道真契约文书汇编》（2014）、《边省地域与文学生产》（2016）、《扬雄与六朝之学》（2019）、《蟫香馆使黔日记（点校）》（2019）、《贵州地域文化精神研究》（2020）、《贵州地域形象史研究》（2020）、《温柔敦厚：中国古典诗学理想》（2020）等，主编大型地域文献丛书《中国乌江流域民国档案丛刊》《贵州古近代名人日记丛刊》《中国西南布依族抄本文献丛刊》等数种。

"汪文学学术作品集"序

在新近出版的一本学术专著的"后记"中，我曾写下这样一段话："人到中年，经营一些大的课题，常感力不从心。但此生已无改行的可能，学问之路还得继续走下去，只能勉力为之。孤灯夜伴，展玩书卷，摆弄文字，后半生的日子大概只能这样去过了。"（《边省地域与文学生产——文学地理学视野下的黔中古近代文学生产和传播研究》，上海古籍出版社 2016 年版）。当时提笔写下这段文字的时候，我的内心是真诚的，绝无半点矫情。可大大出乎意料的是，在我写下这段文字之后不到三个月，不可能的事情终于发生了，我真的改行了，从工作了二十三年的大学教师岗位，调到政府部门做公务员，从事文化和旅游管理工作。说实在的，这个变动完全出乎我的意料，真的是人世变幻，沧海桑田，人在江湖，身不由己。二十三年的学术生涯，几乎占去了一个人可以正常工作时间的三分之二，剩下三分之一的时间得从头开始去做一件完全陌生的工作，想起来确是心有余悸。从专业的学术研究者转身为职业的行政工作者，师友间戏称为是"学而优则仕"，或者称之为"华丽转身"。这个"转身"是否可称作"华丽"，现在很难断言。

在这样一个人生与学术之重要转折时期，对既往的学术工作进行总结，对未来的业余学术研究进行规划，当是一件很有意义的事情。因此，编辑个人学术作品集的计划便提上议事日程，并得到出版界朋友的积极支持和大力襄助。

在过去二十余年的学术经历中，我先后出版专题研究著述五种（《正统论——发现东方政治智慧》《汉晋文化思潮变迁研究——以尚通意趣为中心》《传统人伦关系的现代诠释》《诗性风月——中国古典文学中的情爱》《边省地域与文学生产——文学地理学视野下的黔中古近代文学生产和传播研究》），学术论文集两种（《汉唐文化与文学论集》《中国古代性别与诗学研究》），文献整理著述三种（《贵州古近代文学理论辑释》《道真契约文书汇编》《蟫香馆使黔日记》），学术普及读物一种（《中国人的精神传统》），主编地域文献丛刊两种（《贵州古近代名人日记丛刊》《中国乌江流域民国档案丛刊·沿河卷》），待出版的专题学术著述四种（《扬雄与六朝之学》《温柔敦厚：中国古典诗学理想》《贵州地域文化精神研究》《贵州地域形象史研究》），等等。

如今编选个人学术作品集，并非是对个人学术作品的汇编，而是选择其中自认为比较重要，有出版和再版之价值，围绕某问题进行专题研究并提出核心观点且能自圆其说的专题学术著述。经过慎重选择，共计十种：《正统论——中国古代政治权力合法性理论研究》《汉晋文化思潮变迁研究——以尚通意趣为中心》《中国传统人伦关系的现代诠释》《诗性风月之光华——传统中国语境中的情爱精神研究》《中国人的精神传统》《边省地域与文学生产——文学地理学视野下的黔中古近代文学生产和传播研究》《扬雄与六朝之学》《温柔敦厚：中国古典诗学理想》《贵州地域形象史研究》《贵州地域文化精神研究》。以下，略述各书要旨，以便读者选择阅读。

《正统论——中国古代政治权力合法性理论研究》。此书于2002年由陕西人民出版社首次出版，原名为《正统论——发现东方政治智慧》，这是当时应出版社的要求改定，现更名为《正统论——中国古代政治权力合法性理论研究》，如此与书稿本身的内容更加吻合。与传统学者仅仅将正统论视为一种史学观念不同，本书认为，作为一种观念或理论，正统论既属于史学范畴，又属于政治学范畴。准确地说，它首先是一种政治观念，然后才是一种史学观念。虽然古代中国的正统之争多以史书为载体，通过史家的褒贬书法表现出来。但是，史学上的正统之争是政治上的正统之争的一种手段，并且不是唯一的手段。所以，正统论，本质上是一种政治理论；正统之争，本质上是一种政治权力的合法与非法之争；正统论是具有古代中国特色的权力合法性理论。本书分析其产生的社会根源，探讨其本身的理论结构及其对中国古代政治文化的影响，辨析其与西方权力合法性理论之异同。通过这项研究，一方面试图对中国历史上遗留下来的一些聚讼不已的政治、文化问题提供一种可能的解释，另一方面是藉此发掘出中国古代的政治智慧，为当代中国的政治文化建设提供一些可资借鉴的制度文化资源。本书是我的第一本学术著作，写作于十五年前，虽然文字表述不免稚嫩，但其基本观点至今仍然坚持。本次再版，仅作部分文字上的修订和润饰，基本内容和框架结构未作大的改动。

《汉晋文化思潮变迁研究——以尚通意趣为中心》。此书于2003年由贵州人民出版社首次出版。本书研究汉晋文化思潮之变迁，以汉末魏初为转折点，以汉朝四百年为一阶段，以魏晋六朝四百年为一整体。汉晋文化思潮发生根本性的改变，是在东汉末年，与当时盛行的人物品鉴和尚通意趣，有密切关系。或者说，魏晋之学始于汉末，始于汉末之人物品鉴，起于汉末知识界盛行的尚通意趣。本书力图从汉末魏晋六朝知识界广泛盛行的尚通意趣之角度，对汉晋八百年间文化思潮之变迁作总体的考察，探讨其变迁之"内在理路"。揭示出在汉末魏晋六朝知识界普遍盛行而又被现当代学术界普遍忽略的尚通意趣，分析这种具有时代精神特点的尚通意趣，对其间人物品鉴、士风、学风和文风的影响。本书的目的在于，通过尚通意趣这个独特的视角，对汉晋文化思想史上的若干分歧问题，对汉晋文化思潮变迁之"内在理路"问题，增加一个理解的层面，提供一种可能的诠释。此次再版，在引用的材料上做了部分增减和再次核实，在文字上作了一些润饰和调整，但基本观点未作任何变动。

《中国传统人伦关系的现代诠释》。此书于 2004 年由贵州民族出版社首次出版，原名为《传统人伦关系的现代诠释》，现更名为《中国传统人伦关系的现代诠释》。本书研究传统中国社会的人伦关系，以儒家五伦（君臣、父子、夫妇、兄弟、朋友）为基础，旁及由父子伦理衍生而来的祖父、母子、父女、师徒伦理，援用现代社会心理学、民俗学等理论，对其伦理现状形成之原因，从历史、文化、心理、习俗等方面，进行追本溯源的诠释。尤其是对传统民间社会诸多隐而不显的人伦现状，或者是被道德家有意掩饰的人伦关系的真面目，进行充分的揭示和深入的阐释，从而展示传统中国民间社会秩序的真实状态。真实地展现传统人伦关系的本来面目，并用现代观点予以充分诠释，是本书的宗旨。本次再版，在章节题目上作了较大的变动，使之更为醒目；删去部分略显枝蔓的文字，使之更为紧凑；在文字表述上作了一些润饰，使之更为简练；在材料上作了部分补充，使之更为充实。至于其基本观点，则未作任何改动。

《诗性风月之光华——传统中国语境中的情爱精神研究》。此书于 2011 年由中央编译出版社首次出版，原名为《诗性风月——中国古典文学中的情爱》，这是当时应出版社的要求改定，现更名为《诗性风月之光华——传统中国语境中的情爱精神研究》。本书综论传统中国社会两性情爱关系之现状，研究传统中国人情爱生活的理想追求与现实现状的反差，讨论传统中国人诗意化、审美化的人生态度，探讨华夏民族文化心理中的诗性精神。传统中国人的诗性精神，在其情爱生活中得到最充分的体现。研究华夏族人的文化心理和诗性精神在其情爱生活中的具体呈现，是本书的主要目的。我们认为：诗性精神是传统中国社会情爱生活的基本特征。古典艺术作品是传统中国人诗性精神的直接体现，传统情爱生活是古代中国人诗性精神的间接展现。研究传统中国人的诗性精神，艺术作品是文本依据，情爱生活是鲜活证据。本次再版，在不影响整体阅读的情况下，删去了与《中国传统人伦关系的现代诠释》雷同的部分，增补了部分材料，在文字表述上作了一些修改。

《中国人的精神传统》。此书于 2012 年由武汉大学出版社首次出版。本书非专题研究著作，而是将自己过去从事的几项专题研究成果中，比较适合大众接受的十二个专题，如中国人的盛世精神、家国观念、经典意识、诗学理想、诗教传统、山水情怀、逐鹿策略、英雄崇拜、师道传统、父子伦理、地域意识、乡土情怀等，以通俗易懂、生动有趣的形式，呈现给读者。因此，本书介于专业研究与学术普及之间，论题的专业性与表述的通俗化，是我的工作目标和努力方向。因此，本书虽非专题学术著作，但论题的专业性是可以保证的，论题之观点亦非常识介绍，而是基于个人独立的学术见解。在表述上亦非原文照抄，而是做了尽量的通俗化和趣味性处理。本书曾作为大学文科学生通识课教材，部分内容录制成教学视频，发布在教育部"爱课程""网易公开课"等网站，被评为"中国大学精品视频公开课"。所以，作为"作品集"中的一种单独出版，亦有一定的价值。

《边省地域与文学生产——文学地理学视野下的黔中古近代文学生产和传播研究》。此书是 2012 年度立项的国家社科基金课题"边省地域对文学生产和传播的影响研究"的研究报告，于 2016 年由上海古籍出版社首次出版。本书以黔中古近代文学为例，依据文学地理学的理论和方法，研究边省地域空间对文学活动的影响，探讨边省地理环境、地域区位和地域文化对文学生产和传播的影响。认为以"多山多石"之黔中地理特征和"不边不内"之黔中地域区位为特点的黔中大山地理，孕育了多姿多彩、五方杂处、和而不同的黔中大山文化。在黔中大山地理和大山文化之影响下产生的黔中大山文学，不仅它的传播受到大山地理和大山文化之影响和制约，它的生产亦深深地打上了大山地理和大山文化的烙印。黔中大山地理和大山文化赋予黔中大山文学的创新精神和边缘活力，制约了黔中大山文学的文体选择，影响了大山文学的题材取舍，铸就了大山文学的大山风格。本次再版，在引用的资料上做再次核实，在文字表述上稍作修改，其他则未作大的改动。

《扬雄与六朝之学》。此书是我的博士论文，尚未公开出版。本书研究之论域有二：一是关于扬雄学术思想文化及其影响的研究，二是关于六朝之学之渊源的研究。简言之，就是关于扬雄与六朝之学之渊源影响关系的研究。通过对扬雄之生平经历、家族背景、师友网络、人生哲学、性情好尚等方面的研究，揭示其影响六朝之学的可能性；通过对其学术渊源、思想背景、学术观念、学术方法、学术思想、文学创作和文学理论等方面研究，揭示其对六朝之学的具体影响。其最终目的，就是证实"六朝之学始于扬雄"这个学术"假说"。本书是在《汉晋文化思潮变迁研究——以尚通意趣为中心》一书之基础上，在尚通意趣这个大背景下，对汉晋文化思潮变迁的持续研究，其基本观点亦有进一步的深化和修正（即从"魏晋之学始于汉末"发展至"六朝之学始于扬雄"）。

《温柔敦厚：中国古典诗学理想》。此书尚未公开出版，部分内容在研究生课程上讲授过。本书在区分中国古代诗学的古典美和现代性之基础上，力图呈现中国古典诗学之理想品格——温柔敦厚产生的理论基础、思想背景，分析其基本内涵和在诗歌创作中的体现，探讨其对中国文化特质之形成和中国人的精神传统之涵养所产生的影响，以及对当代国民教育的借鉴意义，对当代精神文化建设的现代价值。中国古典诗学以均衡、和谐为主要特征，以雅、厚、和为最高追求，以温柔敦厚为理想品格。本书即是从温柔敦厚这个理想品格的角度，讨论中国古典诗学的一般性特征，包括审美特征和教化功能。彰显温柔敦厚说的现实意义，消除长期以来积压在温柔敦厚之上的偏见和误解，还诗教说以本来面目，阐释诗教说的社会价值，是本书的主要目的。

《贵州地域形象史研究》。此书尚未公开出版。本书研究贵州地域形象的建构、解构和重构的历史过程，从对地域研究现状的反思和相关概念的界定入手，讨论地域意识之发生和地域形象的建构，分析地域形象建构之主体（"谁在建构"）、路径（"如何建构"）和目的（"为何建构"），并在地域历史的语境中，讨论作为地域称谓、地域空间、地域族群、地域文化和地域经济的"贵州"，回答"何谓贵州？何以贵州？"的问题。分析历代中央王朝对贵州的态度，呈现国家视野下的贵州形象。研究"他者"对贵州的异域感、"畏黔"心理及其在述异心态下对贵州的异化描写，"我者"的"去黔"心理、"向化"追求及其在"向化"追求的影响下对贵州地域文献的整理和地域文脉之建构。讨论在新时期建构"多彩贵州"地域新形象的方法和路径，建构以贵州形象、贵州精神和贵州文化三位一体的当代贵州精神文化体系的必要性和可能性。

《贵州地域文化精神研究》。此书尚未公开出版。本书通过对贵州地域文化及其所体现的文化精神的研究，呈现贵州地域文化精神的基本特质，揭示贵州地域文化精神的地理成因和文化背景，彰显贵州地域文化精神的现代价值，为建构"当代贵州人文精神"和"新时代贵州精神"提供文化资源，为建构以贵州形象、贵州精神和贵州文化三位一体的当代贵州精神文化体系提供理论支撑。概括地说，贵州地域文化精神，可名之为"大山精神"。"大山精神"是一种傲岸质直的精神，是一种包容创新的精神，是一种诗性浪漫的精神，是一种忠烈勇武的精神，是一种天人合一的精神。具体而言，多山多石的地理环境培育了贵州人的傲岸质直性格，不边不内的通道区位涵育了贵州人的包容创新精神，以阳明心学为核心的地域人文传统培育了贵州人的求真贵新精神，以游戏、情爱、歌舞为代表的民间文化传统培养了贵州人的浪漫精神和诗性气质，普遍流行的黑神崇拜培植了贵州人的忠烈勇武性格，广泛存在的生态民俗涵养了贵州人的"天人合一"精神。

从事学术研究，尤其是从事博大精深、积淀深厚的中国传统文化的研究，学术积累是一个长期的过程，传统经典文本和学者的研究著述，堪称汗牛充栋，需要大量的时间去理解、消化和思考。所以，在这个学科领域，"晚成"是必然的。在一般情况下，"不惑"之年方可"登堂"，"知天命"之年才算"入室"，"耳顺"之年才渐入佳境。而我在尚未步入"知天命"之年，就着手治学反思和学术总结，并编辑出版个人学术作品集，我深知这种做法有欠妥当，但亦是不得已而为之。在个人学术经历由"专业"转身"业余"之际，反思过往，展望未来，编选作品集，于自己是一个总结，亦是一个纪念；于长期以来关心、鼓励和支持我的师友，亦是一个交代。

汪文学

二〇一八年五月二十日

目 录

绪 论

本书以"贵州地域文化精神研究"为题，意在通过对贵州地域文化及其所体现的文化精神的研究，呈现贵州地域文化精神的基本特质，揭示贵州地域文化精神的地理成因和文化背景，彰显贵州地域文化精神的现代价值，为凝练"当代贵州人文精神"和"新时代贵州精神"，打造多彩贵州地域文化形象品牌，建构黔学研究学术形态，以及改变长期以来形成的被忽略、被轻视和被描写的贵州形象，提供文化资源和精神动力。以下略述本课题的选题缘起和研究内容。

一、选题缘起

学术研究的动因，来源于主客观因素之综合影响。于笔者而言，选择"贵州地域文化精神"作为研究课题，既有基于个人学术兴趣和研究延伸的主观原因，亦有由于地方经济社会发展的现实需要所激发的学术担当之客观因素。

在过去十余年的学术经历中，笔者投入时间和精力最多的学术领域，是贵州地域文化和文学研究。应该说，作为一位贵州本土学者，关注和研究本土地域文化，是情理中事。在旧著《贵州古近代文学理论辑释》一书之"绪论"中，我曾经说过这样一段话：

> 作为一名黔中子弟，作为一位在黔中这块古老而神秘的土地上教书育人并研治中国古代思想文化史的学者，关注本土文化，搜集、整理和传承乡邦文献，追寻和探讨黔中先民在这块土地上的曲折经历和心路历程，是一项义务，亦是一种责任，更是一位真正的学者必须具备的一种学术姿态。[1]

开展贵州地域文化和文学的研究，我是从资料的辑录和整理开始的。起初，我大概用了近三年的时间，从贵州古近代地方文献中辑录有关文学理论的资料，进行分类整理和诠释研究，著成《贵州古近代文学理论辑释》一书。因为这项工作的开展，我涉猎了较多的贵州地方文献，在偶然情况下发现一批数量可观且自成体系的民间契约文书，产生浓厚兴趣，于是又有近两年时间投入到契约文书的整理工作中，著成《道真契约文书汇编》一书。[2] 因辑释贵州古近代文学理论资料，从地域角度思考文学的生产和传播，文学地理学研究自然进入我的学术视野，于是又有近两年的时间投入到边省地域对文学生产和传播的影响研究中，著成《边省地域与文学生产——文学地理学视野下的黔中古近代文学生产和传播研究》一书。[3] 受比较文学的分支学科文学形象学研究的影响，研究贵州地域形象的发生、发展和形成过程，撰写《贵州地域形象史研究》一书。[4] 研究贵州地域文化和文学，文献

[1] 汪文学：《贵州古近代文学理论辑释》，民族出版社 2009 年版。

[2] 汪文学：《道真契约文书汇编》，中央编译出版社 2015 年版。

[3] 汪文学：《边省地域与文学生产——文学地理学视野下的黔中古近代文学生产和传播研究》，上海古籍出版社 2016 年版。

[4] 汪文学：《贵州地域形象史研究》，贵州人民出版社 2020 年版。

资料的不足，是一个突出的问题。因此，搜集、整理贵州地方文献资料，成为我相当长一段时期特别重视的工作，先后主编"贵州古近代名人日记丛刊"[1]、"中国乌江流域民国档案丛刊"[2]、"中国西南布依族抄本文献丛刊"等大型地方文献丛书。

关注贵州地域文化，搜集、整理贵州地域文献资料，全面系统地研究贵州地域文化、文献和文学，建构黔学研究学术品牌，企望在作为研究对象之黔学的基础上，建构作为学术形态的黔学，打造作为学科门类的黔学，将黔学建设成为有特色的中国地域之学，是笔者的一项长期工作计划，亦是一项任重道远的学术理想。无论是建构作为研究对象的黔学，还是营建作为学术形态的黔学，抑或是打造作为学科门类的黔学，其目的皆是以黔学这一学术或学科品牌，统筹贵州地域文化的研究，使之成为有系统的知识学问和有学理的学术体系，成为有特色的中国地域之学。

开展贵州地域历史、文化、文学和文献的整理和研究，并非仅仅是为学术而学术，亦不是为已死之骨校长量短，而是力图通过整理和研究，将目前看起来比较零散的贵州地方性知识、思想和学术资源，建构成有系统和有学理的黔学知识体系，发掘贵州地域历史文化和人文传统的现代价值，以为当代地方经济社会的发展提供文化资源，贡献精神力量。

当代贵州经济社会的发展，面临着两大急需解决的文化或精神层面的问题：一是贵州形象的重建问题，二是贵州精神的建构问题。长期以来，由于地理环境、地域区位和政治、经济、历史等因素的综合影响，贵州地域和文化呈现出明显的边缘化特征。贵州地域和文化的

---

[1]　汪文学：《贵州古近代名人日记丛刊》，贵州人民出版社 2019 年版。

[2]　汪文学：《中国乌江流域民国档案丛刊》，贵州人民出版社 2018 年版。

边缘化，不是主动的，而是被动的，或者说，是被边缘化的。被边缘就意味着被忽略、被轻视和被描写。所以，贵州文化不仅是一种被边缘的文化，亦是一种被忽略、被轻视和被描写的文化，由此而影响及于贵州形象之特征和贵州精神之建构。以"三言两语"（"天无三日晴，地无三尺平，人无三分银"是为"三言"，"夜郎自大"和"黔驴技穷"是为"两语"）为代表的对贵州形象的"描写"，其严重的歪曲和极端的贬抑，带给贵州人极大的心理压力，带给贵州形象极大的负面影响，严重影响了贵州人的自信心和自尊心，从而形成了黔籍人士普遍的"去黔"心理和客籍人士普遍的"畏黔"心态。所以，地域认同感弱，文化认同感差，文化凝聚力和地域向心力淡薄，追求共生共荣的内在驱动力不强大，是历史以来贵州地域精神的现状特点。

因此，推动当代贵州经济社会的跨越式发展，首要问题不是在物质基础层面，而是在精神文化层面。因为贵州丰富的资源和能源，得天独厚的自然环境和通道地域特征，为区域经济的跨越式发展，提供了优越的物质基础。贵州地域经济社会的跨越式发展，根本问题是人的问题，是以人为中心的地域精神及其与之相关的地域形象问题。在民国时期，国民政府对贵州发展中人力问题就有高度的自觉，如抗战期间主政贵州的吴鼎昌，就认为"贵州的人口太少，同时贵州的人力也太弱"，贵州的发展，"有一个更重要的先决问题，就是人力的问题"。[1]蒋介石亦认为贵州发展的两大急务之一是"提倡教育以培植人才"，"造成健全的公民，为国家奠立文明强盛的根基"，[2]是贵州经济社

---

[1] 吴鼎昌：《在贵州省参议会第一次会议上的讲话》（民国二十八年五月一日），王尧礼《抗战贵州文录》（下），贵州人民出版社 2015 年版，第 3 页。

[2] 蒋介石：《建设贵州的首务——中华民国三十二年三月二十二日对贵州各界扩大总理纪念周演讲》，王尧礼《抗战贵州文录》（下），贵州人民出版社 2015 年版，第 20 ～ 21 页。

会发展的首要问题。所以，我们认为，强化地域认同，培育文化自信，重塑贵州形象，重建贵州精神，是当代贵州经济社会跨越式发展必须首先解决的问题。

基于如此现状，贵州省委、省政府提出"走出经济洼地，建设精神高地"的战略性决策。"走出经济洼地"是目标，"建设精神高地"是基础。或者说，"走出经济洼地"目标之实现，必须以"建设精神高地"为前提和条件。"建设精神高地"之主要任务有二：一是建构新时期的贵州形象，二是凝练新时期的贵州精神。

经过十余年的努力，通过政府牵头和专家引导，在地域民间社会的普遍参与下，成功地建构出代表贵州地域形象的多彩贵州品牌。可以说，多彩贵州形象品牌在地域内产生了深入人心的影响，达到了家喻户晓的程度；在地域外乃至国际上亦有相当的知名度，亦获得域外人士的高度认同和普遍认可。贵州地域形象因多彩贵州而获得集中展示，因多彩贵州而获得提升和超越，基本上改变了长期以来形成的被忽略、被轻视和被描写的状态。但是，多彩贵州的内涵建设尚需进一步努力，其文化底蕴和精神价值还不充分。因此，开展多彩贵州的内涵建设，应将多彩贵州与贵州精神、黔学研究统一起来，在相辅相成的互动影响关系中构成一个系统工程。贵州精神是灵魂，多彩贵州是形象，黔学研究是基石。多彩贵州因为贵州精神而获得灵魂，因为黔学研究而获得文化底蕴；通过黔学研究凝练贵州精神，通过多彩贵州展现贵州精神。贵州精神因为黔学研究而获得传统特质和文化内涵，因为多彩贵州而获得形象展示和有效弘扬；黔学研究因为贵州精神而获得提升，因为多彩贵州而获得理解和支持。

因此，建构多彩贵州形象品牌，开展黔学研究，贵州精神的研究是一个不可或缺的重要环节。笔者选择研究"贵州地域文化精神研究"

课题，一方面是基于十余年研究贵州地域文化之学术兴趣和研究积淀而自然发生的学术延伸，另一方面则是基于贵州区域经济社会发展的现实需要，是为凝练当代贵州精神提供文化资源和传统借鉴，是为打造多彩贵州形象品牌注入文化底蕴和精神力量，是为建构有学理和有体系的黔学地域学，提供一脉相承的精神资源。

二、研究内容

地域文化精神的建构，是一项系统工程。一方面，精神是需要凝练的，精神是被建构起来的。所以，精神的形成，往往具有一定的主观性，是为着某种现实需要而人为建构的。另一方面，精神是传统的精神，又常常具有一定的客观性，它必须是在特定地域环境、地域文化之基础上建构起来的。因此，精神的形成，是基于某种现实的需要，在特定地域环境和地域文化之基础上，综合主客观因素而最终建构起来的。所以，研究地域文化精神之形成，是一项复杂的系统工程，需要综合考虑方方面面的因素。

贵州地域文化精神，概括地说，可名之为"大山精神"。大山精神是一种傲岸质直的精神，是一种包容创新的精神，是一种诗性浪漫的精神，是一种忠烈勇武的精神，是一种天人合一的精神。它的形成，既有多山多石的大山地理环境之影响，亦有不边不内的通道地域区位的影响，还有贵州地域人文传统的影响，还与贵州民族民间文化传统和地域信仰习俗有密切关系。本书研究贵州地域文化精神之内涵及其形成，就是具体分析多山多石之大山地理环境对贵州人傲岸质直性格形成的影响，探讨贵州不边不内之通道地域区位对贵州人开放创新精神形成的影响，研究以学术思想文化为主的地域人文传统对贵州人求新求真观念形成的影响，讨论民族民间文化传统和地域信仰习俗对贵州人的诗性浪漫精神、忠烈勇武精神和天人合一精神形成的影响。

精神是内在于人心的抽象存在，它源于意识而又高于意识，超越意识之主观性与个别性而呈现出客观性和普遍性，是意识中有正面价值的部分，是"自己支持自己的那种绝对实在的本质"。本书第一章"精神的建构及其价值"，对"精神"词义及其渊源流变进行辨析，于本书使用之意义做界定。在此基础上，讨论精神的凝练和建构过程，以为精神的建构，经历着扬弃、凝练、培育和弘扬等过程，经历着一个从自发到自觉的过程。精神的建构，并非无中生有。精神是有根有源的，是从内心深处或者土地上长出来的。精神以传统和文化为根基，具有传统特质和文化内涵。所以，精神是传统的精神，精神是文化的精神。精神不是被发明的，而是被发现的。发现的过程，就是扬弃和凝练的过程。在传统和文化之背景上，通过扬弃、凝练、培育和弘扬等过程建构起来的精神，对于培育地域认同、增进文化自信、涵养地域凝聚力和向心力，推进地域经济社会之发展，具有重要价值。由此，在当代，地域精神的建构，成为政府高度重视、民间力量积极参与、媒体广泛宣传、社会普遍关注的一项大型文化活动。但是，当代地域精神之建构和表述，存在着表述形式上的相似性、表述语词上的趋同性、表述内容上的同质性、宣传普及上的暂时性等问题，其现实效应并未达到预期效果。

第二章"地理环境与贵州地域文化精神"，概述地理环境与地域文化精神的一般性关系，分析地理环境对地域文化精神的影响，讨论从地理环境角度研究地域文化精神的可能性和必要性。在此基础上，研究多山多石的贵州大山地理对贵州大山精神形成的影响。以为多山多石的地理环境，是黔人赖以生存的物质基础，亦是贵州地域文化赖以产生的基础条件。贵州地理可称之为"大山地理",贵州文化可名之曰"大山文化",贵州精神可命之曰"大山精神"。是大山地理培育了大山文化,是大山文化涵养了大山精神。大山精神是一种傲岸精神,是一种创新精神,是一种诗性精神,是一种忠烈精神。本章重点讨论"塞天皆石,无地不坡"的贵州大山地理特征,及其对傲岸质直的大山精神形成的影响。认为黔人性格上的优点和缺点,皆与贵州"山国"的地理特征密切相关。 山是贵州人的生存环境,石是贵州人触目可见之物。山和石内化为黔人的生命意识,成为其思想文化性格的重要组成部分。贵州人质直傲岸、坚韧不拔的"坚强之气",正是在这种"塞天皆石,无地不坡"的地理环境中涵养而成。这种蕴含着山之气与石之骨的大山精神,是贵州地域文化精神的核心价值,是黔人弥足珍贵的精神财富。

地理环境对地域文化精神之影响显而易见,地域区位对地域文化精神之影响亦不容忽视。第三章"地域区位与贵州地域文化精神",讨论贵州不边不内的通道地域区位特征对贵州地域文化精神的影响。本章探讨地域区位对地域文化特质的影响,呈现地域区位与地域精神的一般性关系。贵州地域区位特征,最显著者有二:一是作为"边疆的腹地,腹地的边疆"之不边不内的边缘区位特点,二是自秦汉以来因政治、军事之原因而形成的通道区位特点。不边不内的通道区位特征,实际上体现的仍然是贵州地域区位上的边缘化特点。其影响及于文化,便是贵州地域文化上的边缘特征和通道特点。或者说,自古以来的贵州文化,就是边缘文化和通道文化。贵州地域区位及其文化上的边缘特征和通道特点,涵育了贵州人的创新精神和开放、包容胸襟。本章对边缘活力与文化创新的关系进行深入探讨,在此基础上,研究贵州地域文化的创新精神,以为贵州地理环境、地域区位和地域文化均蕴含着丰富的创新基因，并举证说明贵州地域文化的开放、创新精神。

影响地域文化精神形成的因素是多方面的。除了前述地理环境和地域区位等客观因素外，地域人文传统、民间文化和信仰习俗，亦是值得注意的因素。本书第四章"人文传统与贵州地域文化精神"，在概述人文传统与地域精神的一般性关系之基础上，探讨贵州地域人文传统对地域文化精神形成的影响。笔者认为，精神以传统为特质，以文化为内涵，精神力量与文化传统之间是一种相互依存、互动影响的关系。人文传统培育地域精神，地域精神激发地域社会的凝聚力、向心力和认同感，从而有效传承人文传统。人文传统经过学者的反复体认和不断建构而逐渐呈现出来，贵州古近代文人通过反复体认、潜心追寻、努力营造，逐渐建构起以学统和文统为基本框架的地域人文传统，并着力搜集、整理和传承地方文献，以支撑地域人文传统。贵州地域人文传统中最引人注目的是阳明心学，本章重点研究阳明心学在贵州的形成、传播和影响，彰显阳明心学与贵州地域人文精神之间的互动影响关系。阳明心学在贵州地区的酝酿和形成，与贵州地域的自然环境和人文传统的影响有关，阳明心学在贵州地区的传播，对贵州地域人文传统和地域文化精神的形成，有重要影响。

人类创造的思想文化，包括知识精英创造的学术思想和民间大众创造的民俗文化，两者共同构成人类的知识谱系和思想系统，并且在推动社会发展和人类进步中起着同等重要的作用。因此，所谓人文传统，亦相应地包括知识精英的学术思想系统和民族民间的民俗文化系统，二者共同涵育着人类的精神世界，影响着人类的精神特质。前章讨论的是知识精英建构的以学术文化思想为核心的贵州地域人文传统，及其对地域文化精神的影响。第五章"民族民间文化传统与贵州地域文化精神"，则是在概述民族民间文化传统与地域文化精神的一般性关系之基础上，研究贵州地域内以民俗文化为核心的民间人文传统对地域文化精神的影响。尤其是对贵州这样一个以学术思想为核心的精英人文传统相对薄弱的地区来说，影响地域文化精神形成的决定性因素，往往就是一般大众的知识、思想、民俗和信仰。本着这样的观念，本章以丰富多彩的节日文化为例，研究贵州民族民间节日民俗传统与地域文化精神的关系，重点探讨游戏文化、情爱文化和歌舞文化对贵州人的娱乐精神、游戏精神和浪漫性格的影响，彰显贵州地域文化的诗性精神和浪漫特质。

第六章"民间信仰习俗与贵州地域文化精神"，以贵州人的黑神崇拜和生态民俗为例，研究贵州民族民间信仰习俗与地域文化精神的关系。通过对黑神信仰之起源、特点和流行原因之考察与分析，揭示贵州人黑神崇拜的普遍性和特殊性，以为黑神是贵州的福神，黑神精神就是黔人的大山精神。黑神崇拜对贵州人刚烈忠勇性格的形成，有直接影响。黑神崇拜因黔人的大山性格而得以流行，黔人的大山性格因黑神崇拜而得到进一步强化。贵州少数民族地区民间信仰习俗丰富多彩，尤其引人注目的，是其中有众多具有生态文化内涵的生态民俗，包括对山、石、洞、树、土地、稻禾、水、火、雷、电、风、云等的自然崇拜，以及在狩猎捕鱼中的节制习俗和控制生育的生存民俗，等等，这些信仰习俗体现了少数民族的生态意识，展现了人与自然和谐共处的天人合一精神。

第七章"贵州地域文化精神的当代价值"，讨论建构当代贵州精神之必要性和重要性，以及当代贵州精神与贵州地域文化精神的渊源影响关系，彰显贵州地域文化精神的当代价值。我们认为，建构当代贵州精神，首先需要解决的是贵州人的文化自信问题。文化自信就是精神自信，建构以文化自信为核心的精神自信，是贵州经济社会撕下贫穷落后标签，实现后发赶超的精神动力。因此，把建构新时代贵州精神，作为当代贵州精神文化体系的重要组成部分，以贵州精神为灵魂、以多彩贵州为形象、以贵州文化为基石，实现多彩贵州、贵州精神、贵州文化三位一体的、相辅相成的互动共生格局，是当代贵州精神文化建设的重要工作。具有传统特质和文化内涵的贵州地域文化精神，其标征是"大山精神"，其具体表现是质直傲岸、开放创造、求真贵新、刚烈忠勇、诗性浪漫和天人合一。这种大山精神，具有很重要的当代价值，无论是"天人合一，知行合一"的贵州人文精神，还是"团结奋斗，拼搏创新，苦干实干，后发赶超"的新时代贵州精神，皆与之有一脉相承的渊源影响关系。

总之，贵州地域文化精神就是大山精神，大山精神之形成，主要受到贵州地理环境、地域区位、人文传统、民间文化和信仰习俗等诸多因素的综合影响。多山多石的地理环境培育了贵州人的质直傲岸性格，不边不内的通道地域区位涵育了贵州人的开放创造精神，以阳明心学为核心的地域人文传统培育了贵州人的求真贵新精神，以游戏、情爱、歌舞为代表的民间文化传统培养了贵州人的浪漫精神和诗性气质，普遍流行的黑神崇拜培植了贵州人的刚烈忠勇性格，广泛存在的生态民俗培育了贵州人的天人合一精神。一言以蔽之，在地理环境、地域区位、人文传统、民间文化和信仰习俗五大因素的综合影响下，形成了以傲岸、创新、浪漫、忠烈和天人合一为主要特征的贵州地域文化精神。

第一章 精神的建构及其价值

　　研究贵州地域文化精神，目的是为了追溯贵州精神的历史渊源，呈现贵州地域文化精神的现代价值。因此，首先必须对本书使用的"精神"概念做界定，以确定本书研究的论域。对精神的建构过程做探讨，以说明精神并非天然生成，而是必须经历一个扬弃、凝练、培育和弘扬的形成过程。对精神的传统特质和文化内涵做分析，以显示精神是传统的精神，精神是文化的精神。对精神的作用和价值做说明，以说明精神的历史意义和现代价值。对当代中国地域精神的建构状况作描述和总结，以为当下贵州精神的建构提供借鉴。

一、精神的内涵和建构

1."精神"词义辨析

　　"精神"一词，为当代之习用语。因其相沿成习，学者往往不加深究，民众亦就习而用之，故其意义极宽泛，词义甚含混。本书以"贵州地域文化精神研究"为题，探讨贵州地域文化精神的历史渊源和现代价值，首先必须对"精神"词义及其渊源流变略作说明，于本书使用的意义稍作界定，以确定本课题研究的论域和边界。

从渊源上考察，"精神"是合成词，集合"精"与"神"二义构成。探讨"精神"的词义，需先就"精""神"二词根之词义稍作讨论。

"精"，形声字，从米，青声，意为纯净的好米。《论语·乡党》云："食不厌精。"刘宝楠《正义》云："精者，善米也。""善米"，即纯净的好米。《庄子·人间世》说："鼓荚播精，足以食十人。"王先谦《集解》引司马彪曰："简米曰精。""简米"，即简净的好米。"精"的本义是米之纯净者，与糙米相对而言。故其词义有引申为纯粹、精粹、精华者，有引申为严密、精密者，有引申为光明、鲜洁、清朗者，有引申为隐微奥妙、纯一精诚者，等等，以上皆为"米"之形容词义的引申。

此外，尚有"米"之本义的引申，即"米"之纯净者称"精"，那末，人之根本者为何？古人连类而及，引喻譬类，以米之精引申为人之精，即有精气、精神、精力、精液等义。古人认为，"精"为人体内一种特有的神秘物质，亦是人之所以为人所必需的一种东西。或说是一种气，故有"精气"之说，如《管子·内业》云："精也者，气之精者也，气道乃生。"《庄子·在宥》云："必静必清，无劳女形，开摇女精，乃可以长生。"王充《论衡·订鬼》说："人之生也，阴阳气具，故骨肉坚，精气盛。"《幸偶》曰："物善恶同，遭为人用，其不幸偶，犹可伤痛，况含精气之结乎！"或称人为"精气之徒"。"精气"于人必不可少，至关重要，如《淮南子·精神训》说："烦气为虫，精气为人。"高诱注云："精者人之气，神者人之守也。"《淮南子·本经训》说："精泄于目，则其视明；在于耳，则其听聪；留于口，则其言当；集于心，则其虑通。"即目、耳、口、心功能的实现，皆因体内精气的倾泄。"精气"的物化形态则为精液或者精血，《易·系辞下》说："男女构精，万物化生。"《荀子·赋》说："血，气之精也。""精气"的精神状态则是"精神"或"精灵"。人有"精"，天地万物亦有"精"，人与天地万物之所以能够相通相感，就在于其共有之"精"，故《吕氏春秋·本生》有"精通乎天地"之说，《勿躬》有"精通于鬼神"之说。徐复观在《汉代思想史》一书中，对先秦两汉时期"精"之词义及其影响有深入研究，他说："'精'的观念，至战国末期而大为流行；虽然各家使用"精"字"神"字时，不一定有庄子上指道下指心的严格意义；但承认在人生命之中也有一种可称为'精'的东西，可以与天地之精相通感，也可以与天下之人相通感，则几乎成为共同的趋向。"[1] 又说："'精'字作名词用，则系通于内外的某种神秘性的存在；切就人身而作形容词用，则系一种精神状态。此种精神状态，乃由神秘性的存在而来；而此种神秘性的存在，若摆脱'气'的纠缠，实即是老子'其中有精'的精，即是道。落实于人的身上，即是德、是性、是心。"[2]

　　"神"亦是形声字，从示，申声，意为神灵、神鬼。《论语·述而》曰："子不语怪、力、乱、神。"何晏《集解》云："神，谓鬼神之事。"《礼记·祭法》说："山林川谷丘陵，能出云为风雨，见怪物，皆曰神。"孔颖达《疏》云："风雨云露并益于人，故皆曰神而得祭也。"是知"神"的本义为宗教神话中的超自然体。此种超自然体具有神秘莫测的特征，故又引申为神异、神奇、神秘等义，如《易·系辞上》说："阴阳不测之谓神。"韩康伯注云："神也者，变化之极妙，万物而为言，

[1]　徐复观：《汉代思想史》（二），九州出版社 2014 年版，第 43 页。

[2]　徐复观：《汉代思想史》（二），九州出版社 2014 年版，第 218 页。

不可以形诘者也。"即有微妙莫测之义。以上引申之义皆作形容词用。另有引申为名词者，所指为人之灵魂或精魂，如《荀子·天论》说："形具而神生。"杨倞注云："神谓精魂。"古人以为：无论生人或死者，皆有神魂，神魂附载于形体，人之死即形体之亡，但其神魂尚在，是称"神灵"或者"鬼神"。所以，于死者要敬其"神"，于生者要养其"神"。就此层意义而言，"神"即指人的"精神"，与"精"义近似。如《素问·汤液醪醴论》曰："今精坏神去，荣卫不可复改，何者？"《移情变气论》云："得神者昌者，失神者亡。"其义与"精"并无不同。

由"精"和"神"二词根集合而成的"精神"一词，始见于《庄子》，自此以后成为中国文化和中国哲学中的重要范畴。事实上，在先秦两汉诸子书中，"精""神"和"精神"常常混用，并无明显的区分，除非有特别需要说明者。[1]据以上考察，从表象上看，二者皆是"某种神秘性的存在"，而其实质皆是内在于人心的抽象的存在，皆是需要守卫保护的近似于"气"（化生天地万物的精气）的存在，皆是内在于人心而又与天地万物相通相感的存在，皆是与形体相对的可永久传承的具有正面价值的东西。

精神是内在于人心的抽象的存在，但是，内在于人心或者停留在人心上的意识很丰富很复杂，它既有因遗传而产生的先天记忆，亦有

---

[1] 参见徐复观：《汉代思想史》（二），九州出版社 2014 年版，第 219、222 页。近代以来，从英文和德文中又译出"精神"一词，与中国古代的"精神"词义是同中有异。英文 spirit 一词，其含义为精神、心灵、灵魂、风气、潮流、勇气、气魄、神、鬼、精华，等等，中译为"精神"。德文 Geist 一词，其含义为呼吸、生命、精神、心灵、神、灵魂、思想、才智、精神实质、精神状态、精华，等等，中译亦为"精神"。其与中文的相同之处，皆指与人的肉体相对的心灵作用和状态；其不同之处是中国古代的化生天地万物的精气这层意义，为英文和德文所无。（参见方立天：《民族精神的界定与中华民族精神的内涵》，《哲学研究》1991 年第 5 期）

在后天的生活实践中积聚形成的意识；既有传统中国人所说的"情"或"志"，亦有弗洛伊德所谓的"意识"和"潜意识"。概括地说，先天遗传和后天积聚于心上的喜怒哀乐、七情六欲，构成了心所承载的意识内容。而被称作精神的意识，当然亦包含其中。但是，"精神"并不等同于一般的意识，它源于意识而又高于意识，是意识中有正面价值的东西，这是必须首先明确的。

依据前述"精神"词义的辨析，笔者以为，黑格尔在《精神现象学》中关于"精神"与"意识"的区别，值得参考。据贺麟说，黑格尔将精神现象学分为五个大阶段：意识、自我意识、理性（以上三者属于主观精神的三个环节）、精神（即客观精神）、绝对精神（包含宗教和绝对知识两个环节）。概括地说，就是主观精神、客观精神和绝对精神三个阶段。在黑格尔的理论体系中，"意识"和"精神"的用法有明显区别。其狭义的"意识"是指精神现象学的初始阶段，包括意识和自我意识两个环节；其广义的"意识"则包括一切意识的活动，即精神现象学的五个环节。其狭义的"精神"只是精神现象学的第四个阶段的精神，即客观精神，主要是指社会意识、时代精神、民族意识等群体性意识；广义的"精神"近似于广义的"意识"，即包括精神现象的五个环节。[1] 简单的比附固然不可取，但是，如果通过比附能够使我们的观点变得更加明晰，亦不妨尝试。笔者认为，主观精神的三个环节（意识、自我意识和理性），前两个环节是个别性的；后一个环节（即理性）虽仍属于主观精神，但它已是在个别性中蕴藏着了普遍性，感性中蕴含着了理性。或者说，它是在意识和自我意识这两个主观性环节之基础上向客观性迈进，在这两个感性环节之基础上

---

[1] 贺麟：《译者导言：关于黑格尔的〈精神现象学〉》，见黑格尔《精神现象学》书首，商务印书馆 1997 年版。

呈现出了理性。它虽然仍属于主观精神，但它显然是由主观精神迈向客观精神的一个中间环节。所以，我们以为，黑格尔精神现象学中的理性环节，相当于我们讲的个体精神。这种个体精神显然高于个人的意识和自我意识，已经超越了意识而体现出普遍性和客观性。本书讨论的"精神"，包括个体精神和群体精神，其个体精神就是基于这样的界定。

黑格尔精神现象学的第四个环节精神，即客观精神，相当于我们讲的时代精神、民族精神、文化精神和国家精神。黑格尔说："当理性之确信其自身即是一切实在这一确定性已上升为真理性，亦即理性已意识到它的自身即是它的世界，它的世界即是它的自身时，理性就成了精神。"于此，贺麟说："从这个意义上说，精神就是理性的真理性，就是具体的理性，就是客观的精神世界，包括从最低形式的家庭直至最高形式的宗教。我们通常所说的民族精神、文化精神、时代精神，也就是这里说的这种精神。""它是由本书上卷讨论的意识、自我意识、理性进一步发展从而客观化而成的。"[1] 或者说，客观精神是在主观精神之基础上发展而来的，尤其是在主观精神之第三个环节理性之基础上形成的。如果说理性是个体精神，客观精神则是集体精神，集体精神是个体精神之集合、凝练和抽象。与个体精神相比，集体精神具有更高的普遍性和客观性。本书讨论地域文化精神，即是基于这种意义上讨论地域内的集体精神或客观精神。

黑格尔精神现象学的最高阶段是绝对精神，即包含宗教、绝对知识，或者艺术、哲学等环节。在黑格尔看来，绝对精神之所以超越主观精神，高于客观精神，是因为它既不是个人性的精神，亦不是民族性或地域性的精神，而是世界性的、全人类普遍具有的客观性精神。

---

[1]　［德］黑格尔：《精神现象学》（下卷），商务印书馆 1997 年版，第 1 页。

实际上，我们发现，黑格尔所谓的绝对精神，与先秦两汉诸子的精神论相近。即内在于人心的精神，是可以与天地万物相通、与天下之人相感的精神，就是黑格尔的绝对精神。此种超越性的精神论，因不是本书讨论的论题，故不复赘论。

总之，精神源于意识而又高于意识。"精神就是自己支持自己的那种绝对实在的本质"，[1]意识亦是"自己支持自己"的，但它不是"绝对实在的本质"。精神有个体精神（理性）、客观精神（即集体精神）、绝对精神（即世界精神或人类精神）之分，但皆是"自己支持自己的那种绝对实在的本质"。

2. 精神的凝练和建构

精神源于意识而又超越意识，或者说，精神是在意识的基础上凝练而成。具体地说，精神的形成，是在意识的基础上，必然经历一个扬弃、凝练、提升、培育和弘扬的过程，有一个从自发到自觉的发展历程。无论是个体精神（理性）还是集体精神（客观精神），均是如此。

首先，精神是需要扬弃和凝练的有正面价值的理性意识。意识由感性意识和理性意识构成，只有理性意识才能进入精神的层面。因此，精神的形成，首先有一个扬弃的过程，即抛弃非理性意识，保存理性意识。理性意识中又包含正面的理性和负面的理性，因此，精神的形成，还需要经历一个抛弃负面理性和保存正面理性的扬弃过程。我们通常所说的精神，皆是有正面价值的。在个体精神中，如雷锋精神、白求恩精神、张思德精神，等等，皆是指个体身上具有的、值得肯定的、有正面价值的精神；在集体精神中，如时代精神、民族精神、国家精神，等等，亦是指具有正能量的精神内容和精神价值。另外，具有正面价

---

[1]　［德］黑格尔：《精神现象学》（下卷），商务印书馆1997年版，第3页。

值的理性意识，常常是零碎的，散乱的，不成系统的，它需要凝练、整合和抽象，才能形成所谓的精神。或者说，精神的形成，在扬弃之基础上还有一个凝练的过程，通过对零散的、具有正面价值的理性意识进行整合和抽象，使之构成一个有系统的、高度简括的、有如格言或警句之类的东西。总之，精神是有正面价值的理性意识，因此，精神的建构，必须有一个扬弃的过程。精神是有系统的、简括的理性意识，所以，精神的建构，还需要一个凝练的过程。

其次，精神是需要培育的理性意识。影响精神形成的因素是多方面的，既有先天遗传或种族记忆的因素，亦有历史文化的因素。这两个方面，属于传统的因素。因为传统的惯性力量总是制约着我们个体或群体，意识的产生，理性的形成，精神的建构，皆是在这个强大的惯性力量所形成的传统背景上完成的。影响精神形成的因素，还有具体的生活环境，因为个体或群体总是生存于特定的时间和空间中，时空环境包括地域环境、家族背景、时代思潮、政治背景、人际网络、风俗习惯和语言文化等因素，亦对意识的产生和精神的形成发生决定性影响。历史文化因素和时空生活环境的影响，是外缘影响。虽然它是决定性的，但是，亦不能忽略个体的内在创造或群体的奋发砥砺。先天的遗传、客观的制约（文化传统和时空背景）和后天的培育，是建构精神的主要因素。比如，对儒家学者而言，无论是孟子提出的性善论，还是荀子主张的性恶论，他们皆重视后天的学习。先天的善性可能会在当下的生活中磨灭，所以需要通过学习找回善性，故孟子说："学问之道无他，求其放心而已矣"[1]。先天的恶性，尤其需要后天的修炼和学习，以求去恶存善。所以，在儒家学者看来，学习的过程就是去恶求善、存仁悟道的过程，就是纯洁灵魂、高尚情操的过程。

[1]　《孟子·告子上》。

或者说，就是扬弃意识中的非理性因素和负面价值以建构精神的过程，就是精神的培育过程。

最后，精神是需要弘扬的理性意识。通过扬弃、凝练、培育等过程建构起来的精神，要使它发扬光大，成为鼓舞斗志、砥砺士气的精神动力，还需要一个弘扬的过程。弘扬的过程，就是将从意识中升华而来的精神重新回到人的心中，使之产生深入人心的影响，成为行为的指南或者前进的动力。没有经过扬弃、凝练、培育过程的意识，不能升华为精神。升华为精神的意识，没有经过弘扬和宣传，不能发挥应有的作用。所以，弘扬是实现精神之价值的主要途径。砥砺和弘扬精神的手段多种多样。于个体而言，座右铭是一种普遍有效的方式，古人于名之外取字，亦是一种常见的手段。通过座右铭或者字号，标示个体的理想和追求，并且时时呈现在眼前或者耳中，便可成为前进的动力或努力的方向。于群体而言，比如民族国家，国歌是弘扬民族精神或国家精神的重要形式。于族群而言，民歌或者集体性的仪式活动，亦是张扬民族精神的有效途径。总之，无论是个体、族群，还是社会、国家，从意识中凝练、培育而成的精神，必须采用种种手段和途径将其发扬光大，使其深入人心，才能成为真正的精神，亦才能发挥应有的作用。

综上，精神的建构，经历着扬弃、凝练、培育和弘扬等过程，经历着从自发到自觉的过程。只有自觉的意识才称得上是精神，才是"自己支持自己的那种绝对实在的本质"。扬弃、凝练、培育和弘扬的过程，就是从自发的意识发展到自觉的精神的过程。无论是个体精神，还是集体精神，均是如此。张岱年说："在中国思想史上，一种精神能够满足两个条件才能称为民族精神，一个是广泛的影响，被许多人所接受；还有一个就是它能够促进社会的发展。"[1] 这两个条件，亦就是上述精神建构的四个环节。精神要产生广泛的影响，要被广大民众所接受，就是我们讲的培育和弘扬的问题。精神要能促进社会的发展，就是我们讲的扬弃和凝练的问题，扬弃非理性的意识，凝练意识中有正面价值的理性意识，从而形成客观的、有正能量的、能够推动社会发展的精神。

二、精神的传统特质和现代价值

1. 精神的传统特质和文化内涵

精神作为一种文化现象，无论是个体精神，还是群体精神，均需具有传统特质和文化内涵。精神不是口号，不是喊出来的，而是有根有源，是从内心深处或者土地上长出来的，是以传统和文化为根基的。精神不是被发明的，而是被发现的，发现的过程就是扬弃、凝练的过程。精神以传统和文化为根基，所以，精神又称为传统精神或者文化精神。刘文英解释"中华民族精神"说：

> 中华民族精神应该是中华民族精神文化中固有的、并且持续不断的一种历史传统，应该是中华民族生存和发展中具有维系、协调和推动作用的一种活的精神力量，这种历史传统和精神活力正代表着中华民族整体的精神风貌和精神特征，其主要内容则是中华民族共同的价值理想、价值目标、价值实现的方式与道路，一句话，中华民族共同的价值观念。[2]

---

[1] 张岱年：《炎黄传说与民族精神》，《中华炎黄文化研究会会刊》第1辑，第22页。

[2] 刘文英：《关于中华民族精神的几个问题》，《哲学研究》1991年第11期。

把"中华民族精神"界定为中华民族"固有的、并且持续不断的一种历史传统"和"共同的价值观念",正是从精神的传统特质和文化内涵两方面着眼。

首先,作为一种文化现象,精神是有根的,精神是有传统的精神。或者说,精神就是传统精神。精神是通过对意识的扬弃、凝练、培育和弘扬建构起来的,精神的基础是意识,尽管它高于意识,超越了意识。意识由何而来?回答这个问题,实际上亦就回答了精神的渊源问题。物质决定意识,现实或当下的"物质"对意识的产生有决定性作用,过去或者历史的"物质"对意识的形成亦有根本性的影响,二者在矛盾斗争而又相互渗透的状态下共同作用于意识的发生发展。相较而言,前者是决定性的,后者是根本性的。或者说,前者是在后者的基础上发生作用。历史的"物质"(即传统)是底色,当下的"物质"(即现实)是补充,是发展。因此,笔者认为,精神是通过对传统的发现,进而凝练、培育和弘扬起来的,而不是发明的,亦不是创造的。梁启超著有《国性篇》,其所论之"国性",就相当于当代所谓的国家精神或民族精神。其关于"国性"形成的讨论,可为我们讨论精神的建构提供参考。其云:

> 国性可助长而不可创造也,可改良而不可蔑弃也。盖国性之为物,必涵濡数百年而长养于不知不识之间,虽有神圣奇哲欲悬一理想而咄嗟创造之,终不克致。譬犹贲获虽勇,曾不能自举其躯也。故所有事者,惟淬厉其良而助长之已耳。国性有窳败者,有不适时势者,匡救而且改良之,宜也。……要之,常有一公认之原则以为根据,而此原则必有继续性而未尝中断。[1]

---

[1] 梁启超:《国性篇》,《庸言报》1912 年第 1 号。

近似于民族精神的"国性","可助长而不可创造,可改良而不可蔑弃",正在于它的"涵濡数百年而长养于不知不识之间"的传统特质。精神如"国性"一样,"必有继续性而未尝中断"。所以,我们讨论精神建构诸环节,不讲创造和发明,而说扬弃和凝练,即是重其传统质性,强调在传承传统"公认原则"之基础上进行改良和建构。

相较而言,传统的意识因经历过历史的筛选而传承下来,更具客观性和真理性,因而对客观理性之精神的形成,更具根本性影响。现实的意识因为当下生活的实际需要而对精神的形成有决定性作用,但它往往是临时的,是主观的,是感性的,因而是不断更替的,甚至是稍纵即逝的,与传统意识的稳定性和客观性,是不可比拟的。从这层意义上看,笔者认为:精神是传统的精神,精神的根性就在于它的传统特质。最显著的例子,莫过于荣格所揭示的集体无意识。荣格认为,在无意识心理中,不仅有个人自童年起积累的经验,而且积存着许多原始的、祖先的经验。人生下来并不是一块白板,而是先天遗传着一种种族记忆,就像动物身上先天遗传的某些本能一样。种族记忆或集体无意识是潜藏在每个人心底的超个人的内容。[1] 种族记忆或集体无意识是传统的,是根深蒂固的,是无法抹灭的,它不仅体现在神话和宗教中,亦自发地出现在个人的梦境和幻想中,它才是建构个体精神和集体精神的根本性力量。

精神是传统的精神,而传统又是在不断追溯和体认中建构起来的。历史上的若干事件、人物、观念和意识,能否进入传统而成为今人的记忆,是靠后人的不断追溯和反复体认来实现的。而值得后人反复体认和不断追溯的历史事件、人物和观念,一般均具有客观性、真理性,

---

[1]　叶舒宪:《神话——原型批评》之《导读:神话——原型批评的理论与实践》,陕西师范大学出版社 2012 年版,第 4 页。

均有正面价值。这些具有客观性的真理和正面价值的记忆，常常就是后人建构当代精神的主要资源。所以，缺乏传统的当代精神便是无根的精神，亦是无价值和无效益的精神。另一方面，传统记忆一旦被建构起来，便会成为一种强大的惯性力量，影响人们的生活，左右人们的行为，制约人们的意识。希尔斯说："传统依靠自身是不能自我再生和自我完善的，只有活着的、求知的和有欲求的人类才能创立、重新制定和更改传统。"[1] 传统作为一种精神、理念或文化，缺乏自我再生和自我完善的能力，离开了"有欲求的人类"，它可能会自生自灭。比如，三星堆遗址和金沙遗址的发掘，证明四川盆地早在殷商时期就有了足以与中原媲美甚至超过中原的文化存在，但是，这个文化因为种种原因缺乏"有欲求的人类"去传承、体认和建构，所以便消失了。因此，笔者认为：传统是"有欲求的人类"的传统，传统需要"活着的、求知的"人类去传承和体认，才可能有绵延不断的生命力。同时，传统又是人类在传承和体认中建构起来的，是"有欲求的人类"按照自己的需要，根据自己的精神和理想"重新制定和更改传统"。所以，传统是客观的，同时亦是主观的，人类体认和建构传统的过程，就是一个将传统由客观改造为主观的过程。另外，传统一旦在人类的体认中建构起来，无论它是主观的，还是客观的，都会在该传统所笼罩的人群中代代相传，并且不断地得到体认，持续地得到建构，乃至形成一种集体无意识，成为一种惯性力量，影响和制约人们的生活、思想和行为。

传统是经过历史的筛选而传承下来的，因而是客观的，具备理性特征和真理特质，具有不可替代的权威性和不可置疑的正确性，

---

[1]　［美］爱德华·希尔斯：《论传统》，傅铿、吕乐译，上海人民出版社1991年版，第19页。

所以值得尊重。只有在极端状态下，才会出现反传统思潮；在正常状态下，人们总是对传统报以极高的敬意，总是在传统中寻找当下生活的合理性依据。任何一个成熟、健康、均衡、正常、博大的个体或者族群，都不会轻易地放弃传统或者否定传统，反而会以悠久的传统为荣耀或幸运，或者穷心尽力建构本来不甚丰富和悠久的传统记忆。因此，当下的精神建构，必须以权威的传统记忆为根本。或者说，建立在传统记忆基础上的当下精神，因有传统的支撑而同时具备了权威性，故而能够获得普遍的认同，进而成为"自己支持自己的那种绝对实在的本质"。

其次，作为一种文化现象，精神是有文化的精神，或者说，精神就是文化精神。前述精神是传统的精神，此言精神是文化的精神，二者是否矛盾呢？笔者认为：二者非但不矛盾，而且是同一关系。作为传统记忆留存于今的，不是个别的物品，而主要是一些观念和意识，是精神文化。所以，传统是文化的传统，传统的载体是传统文化。没有文化这个载体，传统便无所依存。正是在这个意义上，我们认为：精神是传统的，亦是文化的；或者说，精神既是传统的精神，亦是文化的精神。

在一定程度上可以说，建构精神，就是建构文化。铸造精神认同，就是构造文化认同。培育地域精神或民族精神，就是培育地域文化认同感和民族文化自信心。以文化认同为核心建构民族精神，实现国家认同，古代中国是一个特别显著的例子。古代中国人的国家认同，实际上就是文化认同；古代中国的民族凝聚力，实质上是就是文化向心力。梁漱溟在《中国文化要义》一书中，讨论古代中国的国家性质，认为"中国非一般国家类型中之一国家，而是超国家类型的"。[1] 在

---

[1]　梁漱溟：《中国文化要义》，学林出版社1987年版，第19页。

他看来，古代中国之所以不像国家，一是因为它缺乏国家应有的功能，二是因为它缺乏国际对抗性，三是古代中国人极度缺乏国家观念。古代中国人既然如此缺乏国家观念，古代中国既然不像一个国家，那末，到底是一种什么力量支撑着这个庞大帝国，维持二三千年的历史而不衰败，至今仍然以一个特别稳定和统一的强大姿态，屹立于世界民族之林？关于古代中国社会的特点，西方哲学家罗素以为："中国实为一文化体而非国家。"雷海宗亦认为：中国是"一个具有松散政治形态的大文化区"。[1] 他们都认为古代中国不像一个国家，古代中国是一个文化体，古代中国社会是一个大文化区，都强调古代中国文化重于国家的特点。的确如此，古代中国是一个以共同的文化信仰维系着的人类共同体，共同的文化信仰所激发出来的感召力和凝聚力，大大超过国家和国家权力执行者的意志力。在古代中国，国家的灭亡是次要的，最可怕的是文化的灭亡，反对异族入侵的卫国战争，实际上就是捍卫民族文化、反对异族文化侵蚀文化正统的战争。文化代表国家，文化的灭亡亦就标志着国家的灭亡，所以，《礼记·礼运》说："故坏国丧家之人，必先去其礼。"西周王朝的崩溃，亦被史家称为"礼崩乐坏"。可以说，一部中国古代政治兴衰史，就是一部礼仁文化的演变史。文化关乎国家的兴亡，在世界史上，古代中国是独一无二的。

"天下兴亡，匹夫有责"，古代中国人对国家民族有极强的义务感和责任心。但是，他们关注的是天下，而不是国家；是天下的兴亡，而不是国家的兴亡；是道德文化的兴亡，而不是一家一姓的政权的兴亡。其"天下"一词，包含的主要是文化意义，而不是政权的意义。顾炎武说：

> 有亡国，有亡天下。亡国与亡天下奚辨？曰：易姓改号，谓之亡国。

---

[1]　雷海宗：《中国的兵》，中华书局 2005 年版。

仁义充塞，而至于率兽食人，人将相食，谓之亡天下。……是故知保天下，然后知保其国。保国者其君其臣，肉食者谋之；保天下者，匹夫之贱，与有责焉耳矣。[1]

在顾炎武看来，天下与国家不是一回事，"亡国"与"亡天下"是有区别的。"亡天下"就是亡道德文化，"保天下"就是保道德文化。亡国固然可怕，但那种易姓改号的改朝换代，是君臣的事情，"肉食者谋之"；更可怕的是亡道德文化，文化的灭亡就是种族的灭亡。所以，匹夫之贱，亦有责焉。

总之，传统中国的国家是一个文化共同体，传统中国的民族是以文化为核心的民族。传统中国的国家观念和民族观念，皆是以文化为中心的观念，文化认同是国家认同和民族认同的基础和前提，民族凝聚力实际上就是一种文化向心力。所以，在传统中国的文化背景上，谈论精神，讨论个体精神或者集体精神，研究民族精神、地域精神或者国家精神，文化是其核心要义，传统是其基本特质。

2. 传统精神的现代价值

在传统与现实的双重背景上，经过扬弃、凝练、培育、弘扬等环节建构起来的以传统文化价值观念为核心的精神，无论是对于个体还是群体，其影响显而易见，其价值不言而喻。

黑格尔在《历史哲学》一书中，对"民族精神"的价值有过精辟论述，他说：

> 一个民族的精神乃是一种决定的精神。……这种精神便构成了一个民族意识的其他种种形式的基础和内容。

[1] 顾炎武：《日知录》卷十三《正始》。

> 民族精神便是在这种特性的限度内，具体地体现出来，表现它的意识和意志的每一个方面——它整个的现实。民族的宗教、民族的政体、民族的伦理、民族的立法、民族的风俗，甚至民族的科学、艺术和机械的技术，都具有民族精神的标记。

即民族精神是一个民族的"决定的精神"和"共同的特质"，是民族的灵魂，是"民族意识的其他种种形式的基础和内容"，体现在民族生活的各个方面，对民族的历史发展起决定性作用。所以，"现实的国家在它的一切特殊事务中——它的战争、制度等等中，都被这个'民族精神'所鼓舞"。[1] 民族精神是一个民族文化价值观念的集中体现，因此，在民族发展的一切事务中，都能起到鼓舞和激励作用。所以，张岱年说：民族精神是"这个民族延续发展的思想基础和内在动力"，是"在历史上起主导作用的基本精神"。[2]

民族精神是一个民族自立于世界民族之林的重要精神力量和动力源泉，对于增强民族凝聚力，培育民族文化自信心，激发民族奋斗精神和进取意识，具有特别强大的作用和不可估量的价值。如犹太精神、美国精神、大和精神等，在各自民族的发展历程中所起到的决定性影响和精神支撑作用，就是显明的例子。民族精神是挽救民族危亡的重要力量，民族精神的作用和价值在民族危亡之关键时刻体现得最充分。同时，在民族危亡之关键时刻，最能张扬民族之精神，近现代中华民族在遭遇西方列强入侵而导致的国破家亡之关键时刻所体现出来的情况，就是典型例子。

在 20 世纪初西方列强入侵中国的危难时刻和抗日战争时期民族

---

[1]　［德］黑格尔：《历史哲学》，王造时译，上海书店 1999 年版，第 46、55、67 页。

[2]　张岱年：《中国文化的历史传统及其更新》，见《文化与哲学》，教育科学出版社 1988 年版，第 66 页。

危亡之紧要关头，关于中华民族精神之讨论成为知识界的热点问题。如梁启超于 1899 年 12 月在《清议报》发表《中国魂安在乎》，呼吁发扬"中国魂"；于 1902 年 2 月在《新民丛报》发表《释新民主义》，提倡"新民说"，号召发挥"国民之精神"，重铸"中国魂"。飞生于 1903 年在《浙江潮》第 1 期发表《国魂篇》，以为"一民族而能立于世界，则必有一物焉。本之于特性，养之于历史，鼓之舞之以英雄，播种之于社会上。挟其无上之魔力，内之足以统一群力，外之足以吸引文明与异族抗"，以为这就是"国魂"，是当时国家急需弘扬的民族精神。隐青于 1919 年 12 月在《东方杂志》发表《民族精神》，将"民族精神"定义为"为谋此民族之团结生存所需要之热情"，认为民族精神是有关国家民族兴亡的精神力量。吴鼎于 1937 年 4 月在《复兴月刊》第 8 期发表《综论民族精神》，认为民族精神"就是一个国家'和一的情感'，这种情感最足以联系国民对内的团结和敌忾同仇的觉悟"。[1] 这种讨论散见于当时各种报刊，数量相当丰富，虽然不免老生常谈，但亦的确体现了当时知识分子力图通过振奋民族精神以救亡图存的良苦用心。其中最值得注意的是梁启超和鲁迅。梁启超于 1912 年在《庸言报》发表《国性篇》，其云：

> 国于天地必有与立，国之所以与立者何？吾无以名之，名之曰国性。国之有性，如人之有性。然人性不同，乃如其面，虽极相近而终不能以相易也。失其本性，斯失其所以为人矣。惟国亦然，缘性之殊，乃各自为国以立于大地。苟本无国性者，则自始不能以立国。国性未成熟具足，虽立焉而国不固。立国以后而国性流转丧失，则国亡矣。能合国性相近之数国，治一炉而铸之，吻合无间以成一大国性，则合群小国以成一大国也。能以己国之国性加于他国，使与我同化，则灭人国以增益吾国也。

[1] 陈其泰：《关于"民族精神"内涵的理论思考》，《社会科学战线》2010 年第 11 期。

国性分裂，则国亦随以分裂。……国性，无具体可指也，亦不知其所自始也。人类共栖于一地域中，缘血统之腼合，群交之渐蘭，共同利害之密切，言语思想之通感，积之不知其几千百岁也，不知不识而养成各种无形之信条，深入乎人心，其信条具有大威德，如物理学上之摄力，抟揽全国民而不使离析也；如化学上之化合力，镕冶全国民使自成一体而示异于其他也。积之愈久，则其所被者愈广，而其所篆者愈深，退焉自固壁垒而无使外力得侵进焉，发挥光大之以加于外，此国性之用也。就其具象的事项言之，则一曰国语，二曰国教，三曰国俗，三者合而国性仿佛可得见矣。[1]

梁启超所谓的"国性"，就是民族精神。综观梁氏所论，有以下几点值得注意：第一，"国性"如同民族精神，各不相同，其异如面，具有相当显著的特殊性。"国性"相近之各小国可以合成一大国，加己之"国性"于他国便可吞并他国。第二，"国性"如同民族精神，是立国之根本，"国性"强则国强，"国性"弱则国弱，"国性"失则国亡。第三，"国性"如同民族精神，乃同一地域或同一血统之人群在长期的共同生活中逐渐养成，是该人群共同尊奉的信条。第四，"国性"如同民族精神，能够彰显民族特性，增强民族凝聚力和向心力，使民族不至分崩离析。"国性"或民族精神于国家或民族之作用和价值，梁氏的阐释相当全面而深刻。

鲁迅对国民性的解剖和改造，亦能说明精神的作用和价值。鲁迅到日本，最初是打算学医，后来他弃医学文，是有感于当时的中国人，最需要医治的不是身体，而是灵魂。对一个人来说，灵魂比身体更重要，因此，医治灵魂比医治身体更迫切。对于一个民族来说，亦是如此。只要精神不倒，什么都好办。当下的社会危机，经济落后，并不可怕，

---

[1]　梁启超：《国性篇》，《庸言报》1912 年第 1 号。

甚至亡国丧家，亦不可怕。可怕的就是精神被击垮了，精神一旦倒下，这个民族就没有了希望，永远不会有东山再起的可能。鲁迅弃医学文，就是力图通过文学来拯救中华民族的灵魂。

鲁迅弃医学文后，改造国民性，重塑民族魂，就成为他一生中的主要工作，他的文学创作和学术研究，都是围绕着这个目标展开的。他说过："惟有民魂是值得宝贵的，惟有他发扬起来，中国才有真进步。"[1] 他希望通过唤醒民众的觉悟，重塑华夏民族魂，达到使古老中国重新"屹然独见于天下"的目的。鲁迅就像是一位医生，面对一位病人，先得望闻问切，查出病因，然后对症下药，开出处方。对于20世纪三四十年代身处国破家亡之处境的中华民族这位病人，他亦是这样做的，先得查出他的病因，即所谓的解剖国民劣根性。鲁迅的文学创作，就是围绕着这个工作目标展开的，他的小说《药》《狂人日记》《阿Q正传》《孔乙己》，以及大量的杂文、随笔，都是在解剖国民劣根性，分析当时的中华民族的灵魂到底犯了什么病。查出病因，找到病象，接下来的工作，就是对症下药，即所谓的改造国民劣根性。鲁迅的学术研究，就是围绕改造国民劣根性这个工作目标展开的。

鲁迅改造国民劣根性的途径，既不是像章太炎那样，借用佛教来发起民心，增进国民道德；亦不像西化学者那样，放弃传统，主张全盘西化；更不像国粹学者那样，通过保存国粹来保存种姓。他主要是从传统中国文化中寻找改造国民性、重铸民族魂的文化资源。

鲁迅对中国传统文化的研究，大体上是以汉唐文化为中心展开，他的《中国小说史略》《唐宋传奇集》《汉文学史纲要》，集中讨论了汉唐文学。他打算编写一部《中国文学史》，虽然最终没有写成，但他的撰写提纲止于唐代，这是意味深长的。他以为："一切好诗，

[1] 鲁迅：《学界的三魂》，《华盖集续编》，人民文学出版社1973年版，第19页。

到唐已被做完",[1] 唐代文学发展到中国文学的高峰,宋以后的文学,"现在似的国粹意味就薰人"。[2] 笔者曾著《论鲁迅的文学史研究方法和价值取向》[3] 一文,讨论这个问题,认为鲁迅的这种做法,既不同于一般学者的自由散漫,亦不同于旧式学者的贵古贱今,而是体现了鲁迅作为一位思想家的深刻见解和作为一位革命家的现实关怀。或者说,鲁迅的文学史研究,是别有用心的。即通过学术研究,宣扬汉唐文化,彰显汉唐精神。

从总体上看,鲁迅对宋代以后的文化是持贬抑态度的,对宋前文化,则基本上是持肯定态度。他特别欣赏汉唐文化,汉唐国民那种蓬勃向上、昂扬进取、奋发图强、开放自信的时代精神,让他神往而痴迷。在他看来,20 世纪三四十年代处于国破家亡、内乱外侵的中国,需要的正是这种汉唐精神。改造国民劣根性,重塑华夏民族魂,汉唐精神就是一种值得借鉴的文化资源。所以,他"叫我们想想汉族繁荣时代,和现状比较一下,看是如何"?[4] "试将记五代、南宋、明末的事情,和现今的状况一比较,就当惊心动魄于其相似之甚。仿佛时间的流逝,独与我们中国无关。现在的中华民国还是五代、是宋末、是明季"。[5] 因此,他认为,"唐代的文化观念,很可以做我们现代的参考",汉唐人的精神,"正是我们目前急切需要的态度"。[6] 汉唐文化已经是过去的辉煌,但汉唐文化所呈现出来的精神,即所谓的"汉唐雄风",

---

[1] 鲁迅:《鲁迅书信集·致杨霁云(1934 年 12 月 20 日)》,人民文学出版社1976 年版。

[2] 鲁迅:《坟·看镜有感》,人民文学出版社 1973 年版。

[3] 汪文学:《论鲁迅的文学史研究方法和价值取向》,《贵州文史丛刊》2003 年第 2 期。

[4] 鲁迅:《而已集·略谈香港》,人民文学出版社 1973 年版。

[5] 鲁迅:《华盖集·忽然想到(四)》,人民文学出版社 1973 年版。

[6] 孙伏园:《鲁迅先生二三事》,河北教育出版社 2000 年版。

不仅可以为 20 世纪三四十年代处于国破家亡之深重灾难中的中国人提供精神动力，亦可以为再创盛世辉煌的当代中国人，提供精神资源。鲁迅和贺昌群在谈论汉唐文化时，都认为汉唐精神"很可以做我们现代的参考"。其实，汉唐国民那种强烈的自信心、博大的开放胸怀和兼收并蓄的精神，亦"正是我们目前急切需要的态度"。

综上，无论是黑格尔关于"民族精神"之作用和影响的讨论，还是梁启超关于"国性"之特征和价值的论述，或者是鲁迅对"民魂"的重视和汉唐精神的发扬，皆足以说明精神的历史意义和现代价值。

三、当代中国地域文化精神建构现状及其批判

1. 当代中国地域文化精神建构现状

人类文明包括物质文明和精神文明两个方面，当物质文明发展到一定高度，衣食住行问题获得基本解决之后，精神问题就受到社会的普遍关注，精神文明的建设便成为经济社会发展面临的重大现实问题。对中国社会而言，随着改革开放进程的逐渐发展，社会物质财富的日趋积累，民众物质生活条件的极大改善，精神文明的建设逐渐成为社会普遍关注的重大现实问题。在 20 世纪 90 年代知识界关于民族精神和人文精神的热烈讨论，便是当代中国思想文化史上引人注目的重要事件。

如关于民族精神的讨论，《哲学研究》于 20 世纪 90 年代专门开辟"中华民族优秀传统的哲学探讨"栏目，开展"中华民族精神"的研究，著名学者纷纷撰文参与讨论，如刘文英《关于中华民族精神的几个问题》、方立天《民族精神的界定与中华民族精神的内涵》，等等，

其他刊物亦纷纷响应，发表了大量的研究论文。特别值得一提的是，在 20 世纪 90 年代初，得改革开放风气之先的广东省，由广东省政协学习委员会、广东省社会科学院、广东省社会科学联合会、广东省社会主义学院、广东省统一战线研究会联合发起，成立了广东中华民族凝聚力研究会，本着"揭示与探索凝聚中华民族的巨大历史力量是为了民族的现在和未来"的宗旨，团结海内外一大批学者，开展中华民族凝聚力研究，重点开展中华民族凝聚力基础理论、民族精神与中华民族凝聚力、民族文化素质与中华民族凝聚力、中医药文化与中华民族凝聚力、中华文化与现代企业等专题研究，持续召开以中华民族凝聚力为研究内容的国际国内学术讨论会，出版了《中华民族凝聚力论纲》《中华民族凝聚力学》《碧血烽火铸国魂》《孙中山与中华民族凝聚力》《儒家文化与中华民族凝聚力》《秦汉中华民族凝聚力研究》《新会侨乡凝聚力》《统一战线与中华民族凝聚力》《中国城市居民文化素质研究》等系列丛书，建构"中华民族凝聚力学"新兴学科，在全国学术界产生了较大的影响。

20 世纪 90 年代在知识界展开的人文精神大讨论，亦是轰轰烈烈，引人注目，著名学者如王蒙、朱学勤、张汝伦、陈思和、陈晓明、王晓明、高瑞泉、王彬彬、郜元宝、白烨、王一川、南帆等，纷纷以《上海文学》《读书》《上海文化》《文汇报》《作家报》《文艺争鸣》等报刊为阵地，进行了为期两年的讨论，在当时的知识界引起了重大反响。人文精神的争鸣和民族精神的讨论，虽然角度不同，但皆涉及精神及其建构问题，体现了一代人文学者在精神问题上的焦虑和探索。

2010 年前后，新一轮的精神运动又在全国范围内蓬勃开展起来，这场精神运动可命名为"地域精神"的征集和提炼运动。如果说关于民族精神的探讨和人文精神的讨论，是民间知识分子的自发行动，那末，这场席卷全国的地域精神运动，则是由政府主导、民间力量参与的文化运动。政府高度重视、媒体广泛宣传、民间力量积极参与，是这场地域精神运动的主要特点。

追溯这场声势浩大的地域精神运动之缘起，与民国初年那场轰轰烈烈的国魂振兴运动，有很多相似之处，即皆是缘于特定历史背景下的危机意识而发起的一场凝聚民心、激发士气的精神振兴运动。后者的危机意识是由民族危机、国破家亡的现实境遇所激发，前者的危机意识则是由区域经济社会发展的内在需求所激发。据粗略统计，截至2011年底，全国已有二十多个省市区推出了各自的地域精神表述语；至目前为止，基本上全国所有的省市区、地州市都发布了自己的地域精神表述或者精神名片表达，部分县市亦提出了自己的地域精神。以下列举部分省市区精神表述语。

北京：爱国 创新 包容 厚德

上海：海纳百川 追求卓越 开明睿智 大气谦和

广东：厚于德 诚于信 敏于行

天津：爱国诚信 务实创新 开放包容

重庆：登高涉远 负重自强

浙江：求真务实 诚实和谐 开放图强

江苏：创业创新创优 争先领先率先

吉林：同舟共济 激流勇进

河北：坚韧质朴 重信尚义 宽厚包容 求实创新

广西：团结和谐 爱国奉献 开放包容 创新争先

新疆：爱国爱疆 团结奉献 勤劳互助 开放进取

福建：爱国爱乡 海纳百川 乐善好施 敢拼会赢

贵州：不怕困难 艰苦奋斗 攻坚克难 永不退缩

甘肃：人一之 我十之 人十之 我百之

内蒙古：活力　人文　和谐

以下列举部分城市精神表述语。

杭州：精致和谐　大气开放
长沙：心忧天下　敢为人先
武汉：敢为人先　追求卓越
南宁：能帮就帮　敢做善成
合肥：开明开放　求是创新
南昌：大气开放　诚信图强
银川：贺兰岿然　长河不息
西宁：包容诚信　务实创新
贵阳：知行合一　协力争先
长春：宽容大气　自强不息
宁波：诚信务实　开放创新
成都：和谐包容　智慧诚信　务实创新
南京：开明开放　诚朴诚信　博爱博雅　创业创新
昆明：春融万物　和谐发展　敢为人先　追求卓越
深圳：开拓创新　诚信守法　务实高效　团结奉献
郑州：博大　开放　创新　和谐
太原：兼容　和谐　诚信　卓越
济南：诚信　创新　和谐
唐山：感恩　博爱　开放　超越
苏州：崇文　融合　创新　致远
三亚：协力争取

目前全国各省市区对建构地域精神，响应普遍，热情高涨，地方政府高度重视，民间社会亦积极参与。专家认为，地域精神征集和提练活动的开展，显示了地方政府和社会公众在多年来注重物质财富积累的同时，越来越重视精神名片带来的宣传效应。特别是城市在经历了追求体量扩张的"拼规模"和标志性建筑的"拼形象"之后，开始重点关注地域文化的发掘和建设，更加热衷于建构具有代表性并得到民众广泛认同的地域精神。[1]

地域精神的建构，大体经历这样几个环节：一是征集，以政府的名义发布文告，向社会各界广泛征集。二是评选，对征集来的地域精神表述语，通过专家的初步筛选，确定备选名单，然后通过群众投票评选。三是发布，通过群众投票或专家遴选确定后，一般由政府新闻办公室向社会正式发布。各地的情况或略有差别，但大体上均是经历这样几个环节来确定。群众参与热情之高涨，实在让人感慨。据报道，评选"北京精神"，参与投票的群众达 290 多万人；评选"湖南精神"，参与投票的人数达 600 多万人。政府的高度重视，亦是前所未有。据报道，"北京精神"于 2011 年 11 月通过北京市政府新闻办公室向社会公开发布后，于 2012 年 2 月举行的北京市公务员考试中，"北京精神"与空气质量监测等当下热门话题同时出现在考卷中。从 2012 年起，北京市在中小学校开设"北京精神"地方课程，在青少年中培育和弘扬"北京精神"，在北京市区的大街小巷悬挂表述"北京精神"的广告牌。地方政府对地域精神之提炼、宣传和普及上的高度重视，民众的广泛参与，体现了地方政府和社会公众对凝聚民心以发展地方经济、实现地方经济社会跨越式发展的强烈愿望和高度热情。

民间知识群体热烈讨论的民族精神，亦获得中央政府的高度重视。在中共十六大报告中，就对中华民族精神进行了具体概括："以爱国主义为核心的团结统一、爱好和平、勤劳勇敢、自强不息的伟

---

[1] 明星、郭鑫：《中国各地评选"精神名片"，关注地方文化内涵》，新华网 2012年 3 月 23 日。

大民族精神。"当地方政府和民间社会正以高度的热情和积极的态度征集、评选、发布和宣传地域精神时，中央政府亦适时提出社会主义核心价值观，将其表述为："富强、民主、文明、和谐、自由、平等、公正、法治、爱国、敬业、诚信、友善。"分属于国家、社会和个人三个层次。我们认为，一时代或一民族的核心价值观，就是该时代或该民族的时代精神或民族精神，精神就是核心价值观。因此，我们可以把中央政府提出的中国特色社会主义核心价值观，理解为新时代的中国国家精神。

践行社会主义核心价值观和提炼具有鲜明特色的地域精神，是重建国民精神，实现中华民族伟大复兴的中国梦的重要举措，亦是当代中国社会出现的一个重要的精神现象。

2. 当代中国地域文化精神批判

建构地域精神之目的，是为了内聚民心和外树形象，其对地方经济社会发展的重要作用，显而易见，毋庸置疑。需要探讨的是，这些被建构出来的地域精神，是否具有独特的地域性？是否能够被社会各界普遍接受？是否能够为地域经济社会的发展注入活力和动力？是否体现了地域文化的内涵和地方人士的共同价值观念？是否能够成为地域社会之民众世代相传的精神命脉？综观目前公开发布的地域精神表述语，主要有以下几个突出的问题。

第一，表述形式上的相似性。在字数上，选用八个字的为多数；在形式上，四言两句几乎占半数以上。在词语的组合中，偏爱四字组合和两字组合，亦有个别三字组合的，还有六字组合的。

第二，表述语词上的趋同性。据统计，出现频率比较高的词汇，依次是创新、开放、和谐、诚信、包容、爱国等。仅就笔者前面列举的地域精神表述语统计，"创新"出现13次，"诚信"出现11次，"开放"出现10次，"和谐"出现9次，"包容"出现7次，"务实"出现6次，"爱国"出现5次，"卓越"（包括"超越"）出现5次。上述词语反复出现在地域精神表述语中，反映了地方政府和地域民众在精神取向上的普遍诉求：一是在既有之基础上追求经济社会的跨越式发展，所以"创新""开放""卓越"等词语的频繁出现，就体现了这种诉求。二是在物质文明高度发展之后对人的道德、价值观念方面的普遍关注，所以"诚信""和谐""包容""务实""爱国"等词语的普遍出现，就体现了这种诉求。而且其中出现频率较高的"和谐""诚信""爱国"等词语，还出现在社会主义核心价值观表述中，说明这种诉求不仅是地域性的，亦是国家性的。这里需要讨论的是，用上述具有普世价值的词语来表述地域精神，虽然不能说它不正确，但因此而呈现的趋同性，确实不可避免。因此，多数地域精神的表述给人似曾相识的印象，城市精神的表述给人千城一面的感觉，出现定位模糊、特征淡化的同质现象，教条化、口号化现象比较普遍，很难产生深入人心的影响，亦难以起到内聚民心、外树形象的积极作用。

第三，表述内容上的同质性。地域精神应当体现当地的文化积淀、历史渊源和价值观念。如将"重庆精神"表述为"登高涉远，负重自强"，就很好地体现了重庆的地理特征和重庆人的自强精神，地域性特征显著，个性特点鲜明，这是比较成功的表述。如将"银川精神"表述为"贺兰岿然，长河不息"，亦比较妥当，地域特征很明显，让人一看就知道是宁夏银川人特有的精神表述。又如将"唐山精神"表述为"感恩、博爱、开放、超越"，亦大体恰当，唐山因大地震而受到社会的广泛关注，"感恩、博爱"正体现了唐山人的精神情怀。此外，以"心忧天下"表述"长沙精神"，以"知行合一"表述"贵阳精神"，以

"爱国爱疆"表述"新疆精神"，以"春融万物"表述"昆明精神"，亦稍具地域文化或地理特征之意蕴。东部沿海地区地临海滨，都偏爱"海纳百川"之类的表述；西部地区经济欠发达，皆乐于"艰苦奋斗"之类的表述。这些表述，虽然切合实际，但亦确实具有一定的同质性。其他既无地域特征亦无人文特点的表述，就比较常见，其同质性亦就不可避免。因其普遍的同质性，这样的地域精神，放在任何地方均可，作为民族精神或国家精神，甚至具有普世价值的世界精神，亦无不可。因此，这样的地域精神表述，仅具有新闻事件和政治作秀的意义，既不能为民众所熟记而产生深入人心的影响，亦不能起到内聚民心、外树形象的现实意义。

第四，精神确定上的临时性。对于地域社会而言，地域精神的凝练是事关地域社会精神生活的一件大事，一般皆是郑重其事，由地方政府的宣传部门主导其事。但是，比较普遍的情况，往往是一届政府一个口号，甚至是换一位主要领导就换一种提法，三五年一次更换，变更的速度过快，一般民众不知所以。这样的地域精神，具有临时性，是政府领导和宣传部门玩的文字游戏，与一般民众没有任何关联，不能获得百姓的认同，对其日常生活没有发生任何影响，亦不可能成为促进地方经济社会发展的精神动力。

第五，宣传推广上的暂时性。精神确定上的临时性，决定其宣传推广上的暂时性。各地征选地域精神，在征选期间，有较大的宣传力度。通过各种媒体广泛宣传，几乎做到家喻户晓的程度。但是，一段时间以后，随着宣传攻势的减弱，就逐渐被淡化，乃至被遗忘。或者，新的精神提出来，旧的精神便被遗弃。由此，所谓地域精神评选，仅仅成为地方官员的政治作秀和媒体的新闻事件，残存于人们的记忆之中，未能产生深入人心的影响，不能成为人们建设美丽家园的精神动力，其社会效益亦就可想而知。

鉴于当前地域精神之提炼和表述上的相似性、趋同性、同质性，以及精神确定上的临时性和宣传推广上的暂时性，笔者认为：这场声势浩大、反响强烈的精神创造运动，其预期效果与现实效应并不完全吻合。或者说，现实效应并未达到预期效果，在老百姓心中留下的仅仅是政治作秀的印象，在当代文化史上亦只是留下一个供人记忆的新闻事件而已。我们认为：地域精神应该是地域文化中固有的、持续不断的一种历史传统，应该是地域民众在生存和发展中具有维系、协调和推动作用的一种活的精神力量，这种历史传统和精神力量代表着地域民众的整体精神风貌，其主要内容则是地域民众共同的价值理想、价值目标、价值实现的方式与路径。地域精神应该是地域内的传统精神，应该是地域内的文化精神。因此，提炼地域精神，应当注意以下几个方面的问题。

第一，在指导思想上，应该与中华民族精神和国家精神保持一致性。建构地域精神，是为了内聚内心，外树形象，是为了给地方经济社会的发展提供精神动力。但是，地域精神的表述，必须与中华民族精神的表述吻合。中共十六大对民族精神的表述是："以爱国主义为核心的团结统一、爱好和平、勤劳勇敢、自强不息的伟大民族精神。"中国是一个多民族国家，中华民族是一个多元一体的结构，有一个从多元走向一体的建构过程。中华民族精神的表述是在集合各民族的核心价值观念之基础上凝练而成，体现了各民族的共同理想和追求。因此，地域精神的表述，应当是在维护民族团结、认同中华民族核心价值的前提下，呈现民族的个性特征和地域特色。其次，目前虽然没有明确的国家精神表述，但是，我们认为，中华民族精神和社会主义核心价值观表述，实际上可以视为我们的国家精神表述。因此，地域精神的表述，除了与中华民族精神的表述吻合外，还必须体现社会主义核心价值观的基本内容。或者说，必须在中华民族精神和社会主义核心价值观的基本理念和宏观框架下开展地域精神的凝练和建构。目前各地地域精神的表述，基本上是在这种理念和框架下开展的。

第二，在表述形式上，力求简洁、古雅、流畅。精神不是口号，但精神的表述形式确实又是一句口号。作为口号形式的精神表述，流畅是其基本要求，简洁是其主要特点。精神的征集和发布，是极其严肃的政府行为，因此，古雅是其重要特征。古雅呈显其严肃性，简洁体现其概括性，流畅则是为了便于读记，体现大众化。一个好的地域精神表述语，应力求做到上述三点。简言之，一个好的地域精神表述语，犹如一篇优美的文章，既要有充实的内容（义），又要有流畅的音律（音），还要有优雅的形体（形）。甚至超过一篇好文章的创作难度，因为它要在极简洁的言语中体现充实的内容、流畅的音律和优雅的形体。

另外，在字数和句数上，两句八字的构成，最能体现古雅简洁的特点。精神是传统的精神，精神是文化的精神。因此，精神的表述，最好采取传统中国的古典形式。两句八字最佳，四句十六句亦可。但两字句或三字句似不符合传统中国的古典审美要求。比如，古代中国的诗歌形式，有四言、五言、七言，较少或基本未见二言和三言，是因其音节短促，不具流畅之语感，且其内容含量亦相当有限。所以，当汉魏以后，五言成为文人抒情言志的主要选择时，四言依旧是政府官方文件的唯一选择，直至晚清乃至近代，均是如此。所以，笔者认为，作为政府发布的对全社会之精神取向有导向作用的地域精神表述语，宜求方正雅润，当以四字句为宜。二句八字最为适中，四句十六字稍显冗长。两字句虽然方正，但有失雅润；三字句或一字句，既不方正，亦欠雅润。

第三，在表述内容上，当渊源于传统，充分体现其地域特征。论者以为，地域精神的建构，"既要将其还原到地方历史的纵向坐标中去考察，也要将其放到同时代其他地区对比的横向坐标中去确定"。[1]这是值得重视的建议，将其还原到地方历史之纵向坐标中考察，是为了体现其地域文化传统，彰显其地域性特征；将其放到同时代其他地区之横向坐标中考察，是为了彰显其独特性，其独特性正是其地域性的充分体现，其地域性正是其传统特质的具体呈现。我们认为，地域精神必须是有根的，是从这块土地上长出来的，而不是从外部强加的。即便是从外部强加的，亦需有数百年之消化和沉淀，变成这块土地内部的东西，方可成为建构地域精神的资源。所以，地域精神实际上就是地域传统文化精神，是通过对地域传统文化之扬弃、凝练、培育和弘扬等环节建构起来的，是具有明显地域特色的价值观念。缺乏对地域历史文化的深入研究和地域文化精神的全面提炼，是不可能建构起地域精神的。只有通过对地域文化传统的深度研究，并与其他地域文化进行比较，在纵横两个坐标体系中建构出来的地域精神，才是独具特色的，才能避免同质化，才能产生深入人心的影响，才能起到内聚民心、外树形象的作用。同时，具有传统特质和文化内涵的地域精神的凝练，应当保持严肃性和稳定性，避免频繁变更，尤其是要避免一届政府或一位领导一个提法的文字游戏。

第四，在宣传效果上，当回归民间，实现内聚民心、外树形象的社会效益。地域精神不是地域历史文化价值观念的总和，而是在地域文化价值之基础上经过扬弃、凝练、培育和弘扬等环节建构起来的，即

---

[1] 明星、郭鑫：《中国各地评选"精神名片"，关注地方文化内涵》，新华网2012年3月23日。

通过对地域文化的研究，挖掘其核心价值观念，进行培育，提升其境界，升华其品格，然后再反哺地域社会，使之成为地域人群普遍认可的价值观念。因此，可以说，地域精神来自民间而又回归民间。但此回归不是简单的回归或复原，而是经过提升、改造、凝练之后，在更高层次上的回归。回归的过程，实际上就是地域精神的培育过程。一种地域精神只有来自民间社会，来自地域传统，才是真正有特色的地域精神。一种地域精神只有回归民间社会，回归到百姓心中，才是真正有价值的地域精神。否则，于政府官员而言，就是政治作秀；于地域百姓而言，便是政治口号；于社会历史而言，就是新闻事件。

使地域精神回归民间，成为地域社会发展的精神动力，成为地域民众普遍奉行的核心价值观念，最有效的途径就是持续不断地开展宣传和普及工作。前述北京市将"北京精神"作为公务员考试的试题，不失为一个有效的手段。但更重要的，是在中小学生中开设"北京精神"地方课程，在中小学生中培育和弘扬"北京精神"，这确是一种行之有效的办法。其实，民国时期地方政府开展的乡土教材的编撰，倒是一个值得借鉴的做法。编撰乡土教材，在中小学生中开展以地域精神为核心内容的乡土教育，使青少年认识乡土，了解地域文化，领会地域精神，使之真正扎根于地域人群之心中，才能充分彰显其意义和价值。

地域精神的建构是一项综合性的系统工程，必须经历扬弃、凝练、培育和弘扬等环节，构成一个具有丰富内涵（情文）、流畅音节（声文）和优美形式（形文）的表述。地域精神的建构，是一项内聚民心、外树形象的工程。为内聚民心，应该对地域精神传统和文化价值做深度的研究，使精神源于民心而又回归民心。为外树形象，应该对地域精神做充分而有效的宣扬，或者说，寻求一个适合的载体，使精神附着其中，使之由无形的观念变成有形的物质，使之由抽象变成形象。

第二章 地理环境与贵州地域文化精神

　　人之性格的养成，地域精神或民族精神的塑造，常常是由多方面因素所促成。遗传因素或者民族记忆不可否认，无论是个体还是民族，其思想性格或者心理心性，皆不可避免地带有先天遗传或心性记忆的烙印。但是，后天因素的影响或者外在环境的制约，对于性格养成和精神塑造的作用，亦不可忽略，其重要性甚至超过前者。所谓"性相近，习相远"，讲的就是这个道理。后天的"习"，不仅是对圣人或经典的学习，更多的则是"习"于所居之环境，包括人文环境和地理环境。笔者特别强调人文环境和人文传统对个人性格的养成和民族精神之塑造的作用，故本书讨论贵州地域文化精神的历史渊源，尤其重视地域人文传统和地域信仰对贵州人的心理、性格和精神的塑造所产生的影响。但是，地理环境之影响亦是显而易见，特别是在人文传统稍显薄弱的地域，地理环境对人之性格和民族精神的影响，往往是决定性的。因此，讨论贵州地域文化精神之塑造，研究贵州人的心理和性格，地理环境的影响，值得特别重视。我们以为：地理环境包括地貌特征和地域区位两个方面，地貌特征是天然形成的，地域区位是历史或政治因素造成的，两者皆对地域人群的性格发生重要影响。本书讨论贵州地域文化精神，研究地理环境对贵州人性格的影响，即分别从地貌特征和地域区位两个方面着手。

一、地理环境与地域文化精神的一般性关系

1. 地理环境对地域文化精神的影响

人之性情千差万别，民族之心性各有不同，不同地方的地域文化精神各有特点。关于人之性情，自先秦孟、荀以来，即有性善、性恶之说。情性或善或恶，自有其合理之处，但情性之善恶、聪愚亦与后天的成长环境不无关系。甚至可以说，后天的成长环境一定程度上可以改变先天的善恶本性。所以，一个人的性格，一个民族的精神，乃至一个国家的国民性的形成，皆与其生存的自然环境与人文环境有紧密关系。虽然"穷山恶水出刁民"这样的话说得有些尖酸刻薄，但是"刁民"之"刁"，与其生活的"穷山恶水"确有相当密切的关系。它虽不至于像地理环境决定论者说的那样绝对，但否认地理环境（包括自然地理环境与人文地理环境）对个体、民族或国家国民性格形成的重要影响，亦非实事求是之论。

支配人类心灵和影响人类性格的后天因素多种多样，如风俗、习惯、法律、礼仪、历史和文化等，但其根本性因素还是山水、气候、土壤等自然环境，甚至人文环境之形成亦以自然环境为基础。所以，不同的地域环境有相异的人文性格，如王充《论衡·率性》所谓"齐舒缓、秦慢易、楚促急、燕戆投"是也。[1] 古代中国学者很早就注意到地域环境对人的性情形成的影响，司马迁在《史记》中，就多从地

[1]　黄晖：《论衡校释》，中华书局 1990 年版，第 79 页。

域环境的角度讨论地域社会风尚之产生和人群性格特征的形成,如《史记·货殖列传》说:

> 关中自汧、雍以东至河、华,膏壤沃野千里,自虞夏之贡以为上田,而公刘适邠,大王、王季在岐,文王作丰,武王治镐,故其民犹有先王之遗风,好稼穑,殖五谷,地重,重为邪。[1]

裴骃《集解》说:"言关中地重厚,民亦重难不为邪恶。"[2] 关中之地,沃野千里,"地重厚",故养成民众"好稼穑"的习惯,形成民众"重为邪"之性情。又如《史记·货殖列传》说:"中山地薄人众,犹有沙丘纣淫地余民,民俗慓急,仰机利而食。丈夫相聚游戏,悲歌慷慨,起则相随椎剽,休则掘冢作巧奸冶,多美物,为倡优。"[3] 即"相聚游戏,悲歌慷慨"的性格,是在"地薄人众"的环境中培育出来的。

地域环境虽不是性格形成之决定性因素,但一定是影响性格形成的重要原因。笔者赞同班固在《汉书·地理志》中所说:

> 凡民函五常之性,而其刚柔缓急,音声不同,系水土之风气,故谓之风。好恶取舍,动静无常,随君上之情欲,故谓之俗。[4]

即民众性情的"刚柔缓急",乃至"音声不同",皆与其地之"水土"有关系。宋人庄绰亦持同样的观点:

---

[1] 司马迁:《史记》,中华书局 1982 年版,第 3261 页。

[2] 司马迁:《史记》,中华书局 1982 年版,第 3262 页。

[3] 司马迁:《史记》,中华书局 1982 年版,第 3263 页。

[4] 王先谦:《汉书补注》,中华书局 1983 年版,第 844 页。

　　　　大抵人性类其土风。西北多山，故其人重厚朴鲁；荆扬多水，其人亦明慧文巧，而患在轻浅。[1]

　　李淦《燕翼篇·气性》讨论"地气"与"人性"之关系，最为全面，其云：

　　　　地气风土异宜，人性亦因而迥异。以大概论之，天下分三道焉：北直、山东、山西、河南、陕西为一道，通谓之北人。江南、浙江、江西、福建、湖广为一道，谓之东南人。四川、广东、广西、云南、贵州为一道，谓之西南人。北地多陆少水，人性质直，气强壮，习于骑射，惮于乘舟，其俗俭朴而近于好义，其失也鄙，或愚蠢而暴悍。东南多水少陆，人性敏，气弱，工于为文，狎波涛，苦鞍马，其俗繁华而近于好礼，其失也浮，抑轻薄而侈靡。西南多水多陆，人性精巧，气柔脆，与瑶侗苗蛮黎蜒等类杂处，其俗尚鬼，好斗而近于智，其失也狡，或诡谲而善变。[2]

　　其论虽然未必准确，但确是用系统全面之眼光，讨论地域特征与人物性格之关系。近代学者亦多有此论，如刘师培讨论南北文化之异同，亦往往从地域影响性格着眼，他说：

　　　　学术所被，复以山国泽国为区分。山国之地，地土浇瘠，阻于交通，故民之生其间者，崇尚实际，修身力行，有坚忍不拔之风。泽国之地，土壤膏腴，便于交通，故民之生其间者，崇尚虚无，活泼进取，有遗世特立之风。
　　　　大抵北方之地，土厚水深，民生其间，多尚实际；南方之地，水势浩洋，多尚虚无。[3]

[1]　庄绰：《鸡肋编》卷上，中华书局1983年版。

[2]　李淦：《燕翼篇》，见张檀辑《檀几丛书》第二集，康熙刊本。

[3]　刘师培：《南北文学不同论》，见劳舒编《刘师培学术论著》，浙江人民出版社1998年版。

刘咸炘《蜀学论》亦说：

> 夫民生异俗，土气成风。扬州性轻则词丽，楚人音哀而骚工，徽歙多商故文士多密察于考据，常州临水故经师亦摇荡其情衷。吾蜀介南北之间，折文质之中，抗三方而屹屹，独完气于鸿蒙。

刘咸炘之论，虽不免基于乡土情结而有自我夸张之嫌疑，但"土气成风"之说仍是有识之论。又如蒙文通论中国上古历史、文化和民族，尤其注重地理环境的影响，强调"地理关于文化之重要"，其代表性学术著作《经学抉原》《天问本事》《古史甄微》等，皆是就地理以言学术，以为"土风生于地形气候"。他在《治史绪论·土风》中说：

> 大抵土风生于地形气候。地中温带，大判为南北。南之形多水而候温，北之形多山而候寒。北瘠南肥，北质南文，北刚南柔，北鲁南敏，此大略也。……北人守宋学，南人工词章。书画之北宗方严，南宗变纵，此质文鲁敏之分也。

其著《经学导言》，"论周秦诸子，推论北方之学为史学、为法家，南方之学为文学、为道家，东方之学为六艺、为儒家。儒学之学以中庸为贵，居于北人注重现实、南人注重神秘之间。盖齐、鲁为中国文化最古之发祥地，又为南北走集之中枢，固能甄陶于两大民族之间，而文质彬矣"。[1] 又说："法家者流，此东方之北方文化；道家者流，为东方之南方文化；儒家者流，独行数千载，义理实为中国文化之

---

[1] 蒙文通：《古史甄微》，见《中国现代学术经典·蒙文通卷》，河北教育出版社1996年版，第398页。

精华，此正东方之文化也。"[1] 以上是以地理论诸子。另外，他在《古史甄微》中反对"三皇五帝"之传统古史系统，提出"太古民族三系说"，即江汉民族、河洛民族和海岱民族，三大族系生活的地理环境不同，故而其思想观念与性格特点各异，如"鲁人宿敦礼义，故说汤、武俱为圣智；晋人宿崇功利，故说舜、禹皆同篡窃；楚人宿好鬼神，故称虞、夏极其灵怪。三方所称述之史说不同，盖即原于其思想之异"。[2] 以上是以地理论民族思想观念之异。

风土决定气质，地域影响性格，地域风土与性格气质之关系，已如上述。进一步说，人的性格气质与其所属之文化又互为因果关系，人的性格气质决定其所创造的文化的特征，文化又反过来涵孕其人的性格气质。因此，地域风土与文化特质之间又存在着互为影响的关系，特定的地域风土决定其所属地区的文化特质和发展走向；同时，在地域风土之影响下形成的地域文化，又反过来塑造或改变地域风土。简言之，地域影响文化，文化亦创造地域。因此，地域性的宗教、哲学、伦理、风俗、礼仪等文化观念之形成，皆可追溯到所属地区的地域风土质性上去。

但是，相对地说，文学艺术的地域性特征是最明显的，文学艺术的地域分野，相对于宗教、哲学和伦理等文化，更为显著，文学艺术与地域风土有着更为直接的相关性。或者说，地域性的宗教、哲学、伦理、礼仪、风俗等文化观念是地域风土与地域文学之影响关系的中介系统。[3] 因为文学艺术根植于人的内在心灵，它所受周边地域环境

[1] 蒙文通：《古史甄微》，见《中国现代学术经典·蒙文通卷》，河北教育出版社1996年版，第400～401页。

[2] 蒙文通：《古史甄微》，见《中国现代学术经典·蒙文通卷》，河北教育出版社1996年版，第337页。

[3] 陶礼天：《北风与南骚》，华文出版社1997年版，第8～10页。

的影响，不仅最直接，而且最显著。

讨论文学与地域的关联，最早见于《诗经》之编纂。《诗经》十五国风以地域归并诗歌，实际上彰显的就是诗歌的地域特色，以及地域环境对诗歌创作的影响。《汉书·地理志》的编撰，贯彻"由诗以知俗，因俗以明诗"的原则，将天下分为秦、魏、周、韩、赵、齐、鲁、宋、卫、楚、吴、越十二区，并著其分野，正其疆界。凡有诗见于《国风》者，皆引诗以证之。楚无诗，则引屈原赋以证之。班固的这种做法，在汪辟疆看来，就是"由诗以知俗，因俗以明诗"，并且这种做法"亦足证诗与地域之关系"。[1] 文学与地域的亲密关系，在明清以来得到学者的不断强调，如沈德潜《芳庄诗序》说："古诗人得江山之助者，诗之品格每肖其所属之地。"[2] 孔尚任《古铁斋诗序》说得更明白：

> 盖山川风土者，诗人性情之根柢也。得其云霞则灵，得其泉脉则秀，得其冈陵则厚，得其林莽烟火则健。凡人不为诗则已，若为之，必有一得焉。[3]

汪辟疆讨论近代诗歌流派与地域之关系，亦说：

> 若夫民函五常之性，系水土之情，风俗因是而成，声音本之而异，则随地以系人，因人而系派，溯渊源于既往，昭轨辙于方来，庶无诫焉。况正变十五，已肇国风；分野十二，备存班志。观俗审化，期析类之尤雅者也。[4]

[1]　汪辟疆：《近代诗派与地域》，见《汪辟疆文集》，上海古籍出版社 1988 年版。

[2]　沈德潜：《归愚文钞余集》卷一，清乾隆三十二年刻本。

[3]　孔尚任：《孔尚任诗文集》卷六，中华书局 1962 年版。

[4]　汪辟疆：《近代诗派与地域》，见《汪辟疆文集》，上海古籍出版社 1988 年版。

总之，地域环境对文学的影响是多层次的，多角度的。就地域环境本身而言，举凡气候、植被、地形、景观、水土等自然环境对文学将发生影响，在地域环境之基础上形成的地域文化风尚、地域性学术思潮、风土人情，乃至方言土语，亦将对文学特征发生重要影响。简言之，地域自然环境和人文环境皆是解释文学地域性特征的重要因素。就文学地域性特征而言，其风格特征、文学观念、创作方法、文学体裁、文学题材、文学意象、文学语言等，皆不可避免地烙上地域环境的印记。更进一步说，构成文学活动的三要素：作家、作品和读者，皆受到特定地域环境的影响。

2. 从地理环境研究地域文化精神的可能性和必要性

地域空间和地域风土是客观存在的，地域空间和地域风土与地域文化精神之间的互动影响关系，亦是必然存在的。但是，需要特别指出的是，人类的地域意识和地域文化观念，有自觉与不自觉的区分。自觉的地域意识往往是在"他者"的启示下被唤起的，自觉的地域文化观念是在自觉地域意识之影响下，由地域中的地方官员、在地文人和民间社会共同建构起来的。所以，朱伟华的观点值得重视："地域始终存在，而地域意识和本土文化却是被唤起的。没有异域的存在和他者文化的介入无法观照本土，就如鱼儿不离开水就很难意识到水的存在。"因此，"地域文化不是异域强者作为异国情调撷取的那些表浅的人情风貌，而是土地所有者被唤醒的自我意识，是处于劣势一方的自我体认和识别，是有比较因素存在下对自我的发掘与观察，是一种思考和固守"。[1] 通过与"他者"地理之比较，从而唤起"我者"的地域意识；通过与"他者"地域文化观念之对比，从而有助于自我

---

[1] 朱伟华：《地域文化与地域文学之断想》，《山花》1998 年第 2 期。

认识的深化，有助于自我认同的形成，进而建立起"我者"的地域文化观念。自觉的地域意识是在与"他者"的比较中建构起来的，建构起来的自觉地域意识，又反过来强化"我者"的地域观念，增强"我者"的地域认同感，影响"我者"的日常行为、审美趣味和创作观念。所以，地域空间和地域风土对地域文化精神的影响是客观存在的，但是，自觉的地域意识和地域文化观念对地域文化精神的影响，则是深刻的、显明的、持久的。或者说，当地域意识和地域文化观念处于不自觉阶段，人们的文化思想活动所受的影响亦是不自觉的，是被动的。当人们具备了自觉的地域意识和地域文化观念后，其在文化思想活动中，则是主动地、自觉地、积极地呈现地域特色，表现地域观念。因此，其影响才深刻而持久。

古代中国人的地域意识起源甚早，早在《诗经》时代，《诗经》编纂者以地域分野编辑十五国风，就体现了周人的地域观念。不过，以地域分野编辑十五国风，可能其中存在着某种政治目的，或者出于编辑方面的便利，还不能算作是自觉的地域观念的产物。古代中国人自觉地域意识之产生，当是在汉末魏晋时期，这主要体现在两个方面：一是当时地方人士开始潜心研究地域景观、地域历史和地域风俗，大量的地记作品由此产生。这说明当时人们已经具备了自觉的地域意识，并且是在努力地建构地域文化传统，强化地域文化观念。二是当时地域人士的群体意识增强，他们相互激励和彼此称誉，企图以地域文人集团的姿态展现。同时后进之士对地域先贤的称扬，实际上就是力图建构地域文化传统，增强地域自豪感和荣誉感，大量郡书作品的产生，就是这种意识的体现。[1] 自觉地域意识的形成，培育起人们的地域认同感，进而影响文人的文化观念、思想取向、审美风尚和创作观念，

[1]　王永平：《中古士人迁移与文化交流》，社会科学文献出版社2005年版，第20页。

文化和文学的地域性差异就逐渐彰显，如南北朝时期南北双方诗歌风格之明显差异和乐府题材之显著区别，就应当是这种自觉地域观念影响下的产物。

随着自觉地域意识的逐渐强化和地域文化观念之渐趋加强，文化的地域性特色亦越来越明显。比如，在文学创作中，据蒋寅说："文学创作中的地域差异，实际上到宋代才开始凸显。江西诗派以地域冠名，标志着地域观念在诗学乃至在文学中的普及和明朗化，具有划时代的意义。"他认为："文学史发展到明清时代，一个最大的特征就是地域性特别显豁起来，对地域文学传统的意识也清晰地凸显出来，理论上表现为对乡贤代表的地域文学传统的理解和尊崇，创作上表现为对乡里先辈作家的接受和模仿，在批评上则显现为对地域文学特征的自觉意识和强调。"[1] 关于明清文学日益明显的地域性特征，严迪昌亦认为："清代诗歌作为文化集合的一个高层分支，它的认识价值在文化性格上还应提到地域性特点和文化世族现象。"因为"就文学范畴言之，由地域命名的流派明代已多，但最为兴旺的则是清代"，所以"清代诗歌的地域性、家族性特征的鲜明度和覆盖面，均远较前代突出，这对中国诗歌流派史的形成固然极为重要"。[2] 文学的地域性特征是随着地域自觉意识和地域文化观念的强化而逐渐彰显。所以，当明清时代的文学地域性特征相当明显的情况下，明清文学的总体研究，就必须从地域的视角，采用文学地理学的理论和方法，才能正确揭示其总体特征和发展走势。对于这个问题，杨旭辉的说法值得参考："倘若真要做到对明清文学发展之大势了然于胸，则必须对这一个个地域性特点突出的文学集群逐一进行文献的蒐集整理，分别做细致的

---

[1]　蒋寅：《清代诗学与地域文学传统的建构》，《中国社会科学》2003 年第 5 期。

[2]　严迪昌：《清诗史》，浙江古籍出版社 2002 年版，第 12 页。

个案分析和研究，在此基础上再作史之宏观整合，方不致过多的隔膜、误解，甚至是偏执。"[1]

从地域视角研究中国文化的必要性，不仅是因为宋元以来中国文化的地域性特征逐渐彰显，需要从地域视角方能揭示其基本特征和发展走势；而且对文化特殊性和差异性的理解，对边缘地域文化之价值的发掘和认识，需要从地域视角出发，才能得出科学的结论和获得"同情之理解"。比如，从地域角度研究文学，研究文学的地域性特征，讨论作家的地域性写作，探讨地理空间对文学活动的影响，建构地域文学史，实际上就是在传统文学史研究的单一时间维度中，引入空间维度，在时间与空间的双重维度中立体地研究以作家、作品和读者为核心内容的文学活动。传统的文学史研究基本上是从时间维度展开，它虽然有利于从整体上掌握文学发展承前启后的历史进程，但往往忽略了文学发展之地域特殊性和地区差异性，故而并不能全面整体地揭示文学发展规律。空间维度引入文学史研究，则有利于揭示文学的特殊性和差异性。因为人类文化虽然荷载于时间与空间之中，但是，"时间是普遍的同一的，正是空间造成特殊性和差异性"。[2]地域文化的差异性和特殊性，特别是地域文化形成之早期的基因和特质，往往是由地理空间决定的。因此，地域空间和地域风土常常是我们理解地域文化之特殊性和差异性的源头，或者是决定性力量。

文学史研究如果仅从时间维度出发，就只能够揭示文学发展的普遍性和同一性。过去的文学史研究基本上就是在时间维度上展开，因此，过去的文学史，只能是揭示普遍性和同一性的文学史，甚至可以

[1] 杨旭辉：《地域人文生态视野与明清诗文研究》，《西北师大学报》2010年第1期。

[2] 朱伟华：《地域文化与地域文学之断想》，《山花》1998年第2期。

被称为"精英文学史",正如过去的思想史和文学批评史只能被称为中土主流的"精英思想史"或者"精英文学批评史"。中土主流文人固然代表着全国文化的主流方向和发展趋势,但却无法显示文学发展的复杂性、差异性和特殊性。那末,民间或边省的文学家,如何才能进入文学史家的视野;民间文学资料和边省地方文献中的文学材料,如何才能引起文学史家的关注和重视,这就涉及文学史家研究文学的视角或维度问题。如果只从时间维度,以主流精英为中心,边省或民间的文学家和文学史料,则永远无法进入到文学史家的视野。我们认为,文学史家只有引入空间维度,从地域视角观照文学,边省或民间的文学家和文学史料,才能引起文学史家的关注和重视。

在文化史研究中引入空间维度,从地域视角讨论文化,其积极意义主要体现在以下几个方面:第一,彰显文化活动的特殊性、复杂性和差异性。第二,弥补过去仅仅从时间维度开展的研究中对边省和民间文化活动的忽视,有利于"重写"整体的文化史。第三,拓展文化研究领域,突围文化研究困境,发掘文化研究的学术增长点,文化中的地域性集团和家族性集团受到关注,文化与地域景观、地域习俗、地域审美、地域学术思想之关系等课题得到重视。第四,彰显文化活动的空间背景,反映地域环境(包括自然环境和人文环境)对学者文人的影响,从而更加深入地揭示文化发展的内在规律。第五,亦是最值得注意的一点,即只有在文化研究中引入空间维度和地域视角,边缘地区的文化思想才能受到应有的重视和关注,其特殊性和差异性才能得到彰显,其文化价值才能得到确定,其文化成就亦才有可能得到客观公正的评价。

二、多山多石的大山地理与贵州地域文化精神

1. 大山地理、大山文化和大山精神

以"大山"概括贵州地理风貌，总结贵州文化特点，归纳贵州文学特征，涵括贵州地域精神，实际上不是笔者的独创，而是受自于黄万机观点的启发。黄万机以"大山风格"概括贵州明清诗文风格的特点，他认为："贵州作家们生活在崇山峻岭之间，自幼感受着大山的雄伟奇崛之气，对其性格志趣和文学作品的风格气势，都产生不同程度的影响。"就其性格志趣而言，"刚强的性格特质，不仅为某些作家所具有，而且可以说是黔人的主导性格。因为他们生长在大山中，大山的形象、意蕴、气象使他们耳濡目染，逐渐熔铸成一种刚毅顽强的性格特质"；就其文学风格而言，"大山风格"主要体现在两个方面：一是奇崛之气和阳刚之美，二是涵纳殊方，广采百家。[1] 黄氏沿着地理—性格—文风之逻辑，讨论贵州诗文风尚，并将其命名为"大山风格"，确为有启发性的卓见。

贵州地理最典型的特征是多山多石，多大山多奇石，故称"山国"。多山多石的地理环境，是黔人赖以生存的物质基础，亦是贵州文化赖以产生的基础条件。所以，黔人在性情上具有大山性格，在文学上有大山风格。而且，贵州地理可以命名为"大山地理"，贵州文化可以命名为"大山文化"，贵州文学可以命名为"大山文学"。是大山地理培育了大山文化，是大山文化滋养了大山性格和大山精神，是具备大山性格和大山精神的人创作了大山文学，是大山文学拥有着大山风格。

大山地理是对贵州地理特征和地域区位的总体概括。贵州号称"山

---

[1] 黄万机：《贵州汉文学发展史》，贵州人民出版社 1999 年版，第 40 ~ 41 页。

国"，所谓"尺寸皆山"或者"地无三尺平"，虽然略有夸张，但山高谷深、山川险阻确是贵州地理的典型特征，山之大，石之奇，谷之深，道之险，确是其他地域不能相比的。所以，以"大山"概括贵州，以与江南之水乡、西北之大漠、华北之平原相区别。大山的贵州，既不是典型的边疆，亦非真正的腹地，或者说，它是边疆中的腹地，故称"西南之奥区"；又是腹地中的边疆，故称"边省"，此乃贵州地域区位之特点。多山多石的地理特征和不边不内的地域区位，致使其经济社会文化之发展受到严重制约，贫穷落后是其经济文化之主要表现，其土地不足中州一大郡，其财赋亦不足中州一大州，其文化亦常常遭到轻视和忽视，往往处于被描写的尴尬地位。

大山文化是对贵州地域文化的总体概括。大山文化或称山地文化，是指在多山多石、不边不内的大山地理之基础上发展起来的有明显山地特征的文化。所以，学者或称贵州地域文化为岩石载体文化，或者山地文化。大山文化总体上呈现出明显的艺术化特征，是一种诗性文化。就其地域文化风尚来说，多姿多彩的民族风情，起源于贵州而流布于全国的阳明心学，普遍流行而影响深远的黑神崇拜，丰富多彩的生态民俗，皆具有明显的诗性特征。而在大山地理之土壤上培育起来的黔人的大山性格或大山心理，更是一种具有明显诗性特征的性格或心理。至于因移民、地形、气候和民族等原因而养成的安足凝滞、自由散漫性格，亦颇具诗性特征。所以，大山地理是一种诗性地理，大山文化是一种诗性文化。

大山文学是对贵州地域文学的总体概括。大山地理激发了贵州士人的诗性精神，大山文化培育了贵州士人之诗性情怀，大山文学是一种以诗歌为主体的地域文学。其文人之聚合在形式上呈现出明显的家族化、地域化特点，与大山地理有关；其文学作品之题材、风格、体裁等方面，亦无不打上大山地理之烙印；其文学作品之传播与接受，亦深受大山地理之影响；其创作上之创新精神，亦得从多山多石、不边不内的大山地理中去寻找原因。大山文学自成一格，与清秀之江南水乡文学不同，亦与雄奇之塞北大漠文学迥异，犹如大山地理、大山文化与水泽南国和大漠北国之地理与文化的区别一样。

大山精神是对贵州地域文化精神的总体概括。生活在大山地理中的贵州人，其人物本身的性格及其所创造的大山文化和大山文学，皆体现出鲜明的大山精神。"塞天皆石，无地不坡"的山国地理环境之影响，涵育了贵州人傲岸质直、沉静敦朴的性格特征。不边不内的通道地域区位之影响，养成了贵州人开放包容、追新求变的性格特征。源远流长的人文传统和以阳明学为主体的地域思想文化，培植了贵州人的创造精神和求真意识。多姿多彩的民族民间文化，涵育了贵州人特别突出的娱乐精神和诗性气质。而独具特色的黑神信仰崇拜，养成了贵州人刚直忠烈的性格。具有浓厚生态意识的生态民俗，体现了贵州人天人合一的生存智慧。总之，大山精神是一种傲岸精神，是一种创新精神，是一种诗性精神，是一种忠烈精神，是一种天人合一的精神。

2. 塞天皆石，无地不坡：贵州大山地理特征

贵州号称"山国"，多山多石，多奇山奇石，山高谷深，山川险阻，天下无有出其右者。故"地无三尺平"之说，虽不免夸张，但亦不乏文学意义上的真实。如孟郊《赠黔府王中丞楚》云："旧说天下山，半在黔中青。"刘基诗云："江南千条水，云贵万重山。"黔人置身其中，见怪不怪，而异乡人的惊叹，虽有少见多怪之嫌疑，但亦的确能显示出贵州地理独特的地貌特征。如王阳明《重修月潭寺建公馆记》说：

> 天下之山，萃于云贵，连亘万里，际天无极。行旅之往来，日攀缘
> 下上于穷崖绝壑之间。虽雅有泉石之癖者，一入云贵之途，莫不困踣烦厌，
> 非复夙好。[1]

王阳明初入贵州，即目睹和感受到贵州山之多、山之大、山之奇、山之险。对于水乡泽国的江南人来说，少见奇山奇石，故以山、石为欣赏之物，而有"泉石之癖"。而在贵州，开门见山，出户即石，日日行走于群山之间，穿梭于岩石之上。所以，在异乡人是少见多怪，在黔人则是见怪不惊。江阴徐霞客在贵州的旅行，对贵州的山石、山路、山雨亦有很深刻的印象。他一入贵州，即感受到"其石极嵯峨，其树极蒙密，其路极崎岖"，而且"石齿如锯，横锋竖锷，莫可投足"。[2]其他客籍官员或文人的观感，亦大体类似，如王炳文《乾隆开州志略序》说："余以己亥岁来黔，所历山川险阻，皆平生所未睹。开州更层峦耸翠，上出重霄，直别是一洞天。"[3]丹达礼《康熙后贵州通志序》称："黔介荒服，环以苗顽部落，唐蒙所通道，尺寸皆山，地极硗确。"[4]多山多石，故其交通尤其困难，如潘文芮《黔省开垦足食议》说贵州"层峦叠嶂，路不堪车，溪滩陡狭，复阻舟运"。[5]张澍《续黔书·驿站》说："黔之地，跬步皆山，上则层霄，下则九渊，其驿站之苦，有万倍于他省者。"[6]王杏《圣泉赋》曰：

[1] 吴光等编校：《王阳明全集》卷二十三，上海古籍出版社 2011 年版。

[2] 徐霞客：《徐霞客游记》，河北人民出版社 1998 年版，第 624 页。

[3] （道光）《贵阳府志》卷五十一，贵州人民出版社 2005 年版，第 995 页。

[4] （道光）《贵阳府志》卷五十，贵州人民出版社 2005 年版，第 970 页。

[5] （道光）《贵阳府志》余编卷三，贵州人民出版社 2005 年版，第 1647 页。

[6] 张澍：《续黔书》，《中国地方志集成·贵州府县志辑》（第 1 册），巴蜀书社等 2006 年版。

眇兹牂州，蕞尔一隅，仰视中原，犹寄黑子于人身之一肱。其间怪石累累，如吐如孕；层岩业业，如结如浮；蟠苍耸翠，连亘绸缪。……人文正气，中原多抱。山谷之深，溪流之巧，彼苍或为殊方者造之，子胡视之乎渺溜也哉。[1]

曾燠《铜鼓山赋》亦说：

　　今之贵筑，古之牂柯，西通六诏，北障三巴。塞天皆石，无地不坡。扪参历井，联岷拥峨。峗峣错崔，寒嵯赠岈。路悬鸟外，人在茧窝。或升木而从猱，乍出洞而旋螺。远蠕蠕其若蚁，高袅袅其若蛇。盖槃瓠廪君之所道，而竹王夜郎之所家。[2]

　　怪石累累，层岩叠嶂，塞天皆石，无地不坡，确是贵州地理特征的生动概括。故有"地无三尺平"或"八山一水一分田"的说法。据统计，在贵州境内，山地面积占百分之八十七，丘陵面积占百分之十，如若将山地与丘陵加在一起，则占全省总面积的百分之九十七，剩下的平地仅占百分之三。据说，像这样几乎全部由山地和丘陵构成的地域环境，在国内是绝无仅有，在世界范围内亦只有瑞士堪与贵州相比。所以，以"山国"称贵州，实乃当之无愧。说贵州"尺寸皆山""踮步皆山""开门见山""苍山如海"，亦大体准确。

　　贵州地理以几座绵延不断的大山脉为基本骨架。黔北地区是大娄山，呈东北至西南走向，由三列山脉组成，娄山关位于其主脉之上。黔东北是武陵山，由湖南延伸入境，梵净山是其主峰。黔西北是乌蒙山，由三支走向不同的山脉构成，韭菜坪是其顶峰。黔西南是老王山

---

[1]　（道光）《贵阳府志》余编卷四，贵州人民出版社2005年版，第1688页。

[2]　（道光）《贵阳府志》余编卷四，贵州人民出版社2005年版，第1692页。

脉。贵州中部地区则是苗岭山脉，是珠江水系和长江水系的分水岭，绵延一百八十多公里。山高自然谷深，贵州河网密布，溪流纵横，基本上属于山区雨源型河流，易涨易落，往往山高谷深，常多急流险滩。大抵以苗岭山脉为分水岭，苗岭以北，归入长江水系，以乌江为第一大河流；苗岭以南为珠江水系，以南、北盘江为主要河流。

贵州"塞天皆石，无地不坡"的自然环境，不利于农业生产和经济发展，故贵州自古即以贫穷著称。其弹丸之地，土地狭窄，幅员蒉陋，因此经济十分落后，"计其财赋，不足以当中州一大郡"。[1] 描述贵州之贫穷落后，最为深切著明者，是董安国《康熙贵州通志序》，其云：

> 大抵山丛蛮杂，地确民贫，加以寇乱相寻，凋 尤甚。辛未秋，忝备黔藩，由夜郎渡牂柯江，见夫万山戟列，百里烟微，厥土黑坟，田皆下下。途间所值，率皆鸟言卉服，鹄面鸠形之伦。视事后，披览版籍，赋不过银七万两，米九万八千九百余石，户口壹万六千六百八十有奇。其幅员风土，可谓荒且陋矣。[2]

总之，"塞天皆石，无地不坡"的地理条件，不仅导致了贵州的贫穷和落后，而且亦决定了贵州文化的本质特征和发展走向，是贵州文化赖以产生的地理背景。在此，笔者赞同张晓松的说法："在贵州，人类生存与发展所必需的一切物质资源、生产生活条件，都是由这个山地所提供的，这是贵州文化生存的根本和基础，是贵州人赖以生存的物质依托，山与贵州实在是有着至关重要的生命联系。"[3]

[1] 范承勋：《康熙贵州通志序》，（康熙）《贵州通志》卷首，《中国地方志集成·省志辑·贵州》，凤凰出版社 2010 年版。

[2] （康熙）《贵州通志》卷首，《中国地方志集成·省志辑·贵州》，凤凰出版社 2010 年版。

[3] 张晓松：《山骨印记——贵州文化论》，贵州教育出版社 2000 年版，第 8 页。

3. 大山精神：大山地理影响下的贵州地域文化精神

贵州地理，塞天皆石，无地不坡，怪石累累，层峦叠嶂，山高谷深，溪流纵横，用田雯《黔书》的话说，就是"山皆石则岩洞玲珑，水多潜故井泉勃萃"。[1]这种地理特征，与繁华都会之地相比，固然不同，与广博坦荡之中原相比，亦迥然有异。虽然文化地理学者常常将贵州归入荆楚，归置入长江流域。但是，贵州之佳山秀水与荆楚同，而其险山激水则为荆楚所不具，此位于高原之贵州与处于平原之荆楚在地理特征上的显著区别。位于高原之贵州与西北塞漠之地理，同有雄奇险峻之美，但塞漠之苍凉悲壮则为贵州所无，贵州之清秀隽朗又为塞漠所不具。概括地说，贵州地理之特征，多山多水，山高谷深，实兼具荆楚之清秀隽朗与塞漠之雄奇险峻于一体，是典型的大山地理。

地理环境对地域文化精神形成的影响，前已详述，兹不赘论。我们认为，自然山水对人物性格形成的影响显而易见，生活在穷山恶水之间，还是生活在青山绿水之间，其人之心理和性格，肯定是不一样的。一般说来，水有缠绵、柔弱、清洁之特点，故水边之人受水性之浸润，常有细腻、巧慧、清雅之性情。山有伟岸、高昂、厚重的特征，故山中之人受山性之陶染，常有刚强、坚忍、朴直之性情。孔子所谓"智者乐水，仁者乐山"，说的亦是这个意思。前引宋人庄绰之言，以为多山之地，其人"重厚朴鲁"；多水之地，其人"明慧文巧"，讲的亦是这个道理。刘师培关于山国、泽国的讨论，说的亦是这个问题，他说："山国之地，地土浇瘠，阻于交通，故民之生其间者，崇尚实际，修身力行，有坚忍不拔之风。泽国之地，土壤膏腴，便于交

[1] 田雯：《黔书》卷二"山水"条，《中国地方志集成·贵州府县志辑》（第2册），巴蜀书社等2006年版。

通，故民之生其间者，崇尚虚无，活泼进取，有遗世特立之风。"又说：
"大抵北方之地，土厚水深，民生其间，多尚实际；南方之地，水势
浩洋，多尚虚无。"[1] 北方多陆少水，故北方人质直强壮，有阳刚之美，
有山之伟岸而乏水之灵气；东南多水少陆，故东南人有阴柔之美，有
水之灵气而乏山之伟岸。西南则是多水多陆，故西南人既有山之伟岸，
亦有水之灵气，是阳刚与阴柔的有机结合。

"山国"之人，或"重厚朴鲁"，或"刚劲而邻于亢"。贵州山
高谷深，尤其多山，是"山有余而水不足"，故有"尺寸皆山""跬
步皆山""苍山如海"之描述，是典型的"山国"，其文化亦常被学
者命名为"山地文化"。黔人生长于大山之中，得山之气，亦有很明
显的朴鲁、刚劲、质重的特点。

评说黔人性格最深切著明者，当推黔人陈法的《黔论》，其云：

> 吾以为黔人有五病，而居黔有八便。何谓五病？曰陋，曰隘，曰傲，
> 曰暗，曰呆。闻见不广，陋也；局量褊狭，隘也；任性使气，傲也；不
> 通世务，暗也；不合时宜，呆也。陋者宜文之，隘者宜扩之，傲者宜抑
> 之，暗者宜通之。而惟呆则宜保之，不可易以巧滑也。……若夫呆者，
> 朴实而不知变诈，谨伤而不敢诡随。此黔人之本色天真，之可保守而不
> 失。由其生长溪山穷谷之中，无繁华靡丽之习可以乱其性，故其愿易足；
> 无交游声气之广心滑其智，故其介不移。去四病而呆不可胜用矣。此黔
> 人之宜守其所长而勉其所不足者也。

其实，陈法所谓黔人之五病，皆与贵州山高谷深的地理特征密切相
关。"闻见不广"是因为山高谷深而导致交通不便，对外界知之甚
少，故曰"陋"。"局量褊狭"是因为开门见山、无地不坡而导致

---

[1]　刘师培：《南北文学不同论》，见劳舒编《刘师培学术论著》，浙江人民出版社
　　　1998 年版。

视野狭窄，心胸褊狭，故曰"隘"。"不通世务"亦是因为山高谷深，交通不便，见闻不广，故曰"暗"；"不合时宜"还是因为久处大山之中养成孤傲性格，不与世事变通，故曰"呆"。

"山国"之人必爱山、爱大山。山是贵州人的生存环境，又是其精神家园的理想寄托物。山内化为黔人的生命意识，成为其思想文化性格的重要组成部分。故黔人杨文骢说："余生长万山中，而家大人又癖嗜山水，故名山大川，往往性情相习，亦往往机缘相凑，所谓得之习惯，亦根之胎骨也。"[1] 对于贵州人来说，爱山确是"得之习惯"；对于贵州人的性情而言，山确实是"根之胎骨"。张新民撰《灵气所钟，百代风流——山：贵州文化精神的象征》，纵论山与贵州精神的关系，以为贵州神奇大地上无处不有的山已经成为贵州文化价值的隐喻性符号，他说：

> 山——无论地质地貌的山或文化意趣的山，不分实存的自然的山或想象的精神的山，它都是贵州人民情感与理性认同的象征，是个人与群体安身立命的意义符号，是鼓舞每一个体积极上进的动力源泉，是诗意般安居的清净灵洁之域，是激发桑梓情怀的精神遐想物，是寄托故园思绪的永恒凝聚体。[2]

他借用宋代学者郭熙《林泉高致》中提出的山有"三远"（高远、深远、平远）说，评价贵州的文化性格说：

> 高远是未登山时的仰视，它象征着贵州文化性格的高大、深厚与稳

---

[1] 杨文骢：《台荡日记》，见关贤柱《杨文骢诗文三种校注》，贵州人民出版社1990年版，第54页。

[2] 《社科新视野》2012年第3期。

重；深远是步入山腰之后回头顾盼的感受，它代表了黔地文化性格的深邃、含蓄与神秘；平远是登临山颠绝顶之后凭虚平视的生命体验，它体现了地方文化性格的平易、简朴与冲淡。

我们认为，黔人性格的优点和缺点，皆与贵州"山国"的地理特征密切相关。故前人评说黔人性格，多从"山国"地理着眼，强调其淳朴质实、刚直不阿的特点。如范承勋《康熙贵州通志序》说："黔虽天末遐荒，计其财赋，不足以当中州一大郡。然其风土之淳朴，民俗之近古，犹有足多者焉。"[1]卫既济《康熙贵州通志序》说："贵州风犹近古，务质朴，耻夸诈，虽有硕德懿行，恒隐而不扬。"[2]蓝鼎元《贵州全省总论》说贵州"其民庶朴有古风，士大夫亦质直而知廉节"。[3]爱必达《黔南识略》亦说贵州"介楚之区，其民夸；介蜀之区，其民果；介滇之区，其民鲁；介粤之区，其民蒙。大率皆质野而少文，纤啬而重利"。[4]李还素《卢山司黑神庙记》说："黔，山国也，民生不见外事，俗虽侈，犹存三代遗风。"[5]陈矩在为黔人犹法贤《黔史》所作序中说："黔处万山中，其人率厚重质实，执坚忍以自表见者，所在多有，独见闻较狭，无以朴学称者。"[6]黎庶昌《赠赵殿撰序》说："夫黔，天下之右脊也。其山川清淑旁魄之气，郁积既久，而于仲莹（以

[1] （康熙）《贵州通志》卷首，《中国地方志集成·省志辑·贵州》，凤凰出版社2010年版。

[2] （康熙）《贵州通志》卷首，《中国地方志集成·省志辑·贵州》，凤凰出版社2010年版。

[3] （道光）《贵阳府志》余编卷三，贵州人民出版社2005年版，第1649页。

[4] 爱必达：《黔南识略》卷一，贵州人民出版社1992年版，第19页。

[5] （道光）《贵阳府志》余编卷七《文征》七，贵州人民出版社2005年版。

[6] 犹法贤：《黔史》卷首，《中国地方志集成·贵州府县志辑》（第1册），巴蜀书社等2006年版。

炯）发之，益思所以副生才之意，沉潜乎仁义，涵泳乎诗书，直养乎刚大之气，以待勋业之可成也。殆有天焉，必非偶然。”即赵以炯之“刚大之气”得自贵州“山川清淑旁魄之气”的陶染。梁启超《中国地理大势论》说滇黔之地，“其民之稍优秀者，大率流宦迁贾，来自他乡，至其原民，则犹有羲皇以上之遗风也”。[1] 所谓“三代遗风”或“羲皇以上之遗风”，亦就是淳朴质实的民风。柏辉章《追赠陆军少将陈君蕴瑜别传》评论抗日英雄平坝人陈蕴瑜说：“黔于吾国，僻在西南。其山川雄郁磅礴，民风多刚朴。君生长田间，而磊落沉毅，故天性然也。”[2] 黔人王伴石《山——山城草之一》亦以大山论黔人的性格，他看到贵州“不少挺拔的奇峰，像一个无畏的巨人冲天矗立。一些枯枝细草，宛若披在身上的毛发；而嶙峋磋砑的岩石，遂装点成噬人的牙齿与暴起的筋骨，多么健壮和硬朗啊！”黔山“健壮硬朗”，生活在山中的黔人“也同山一样硬朗刚健”，因为他们“同山拥抱着，而性格也就磨炼成山一样的硬朗坚忍，灵魂也像山一样的朴实崇高了”。[3]

黔人性格最明显的特征，就是傲岸质直。或如张晓松所说：“贵州人性格倔强，就像大山里的岩石，诚实耿直，粗犷豪迈，朴质无华，说话单刀直入，不大圆融善谋。”[4] 这种性格的形成，与多山多石的地理特征有必然联系。故陈灿《江西布政使刘公家传》说：《黔书》云：天下之山聚于黔，其山之磊落峭拔，雄直清刚之气，一钟为巨人。近世如平远丁文诚，贵阳石侍郎，镇远谭中丞，遵义唐中丞，类皆以刚

[1]　梁启超：《中国地理大势论》，夏晓虹编校《中国现代学术经典·梁启超卷》，河北教育出版社 1996 年版，第 707 页。

[2]　王尧礼：《抗战贵州文录》（上），贵州人民出版社 2015 年版，第 416 页。

[3]　王尧礼：《抗战贵州文录》（上），贵州人民出版社 2015 年版，第 400～401 页。

[4]　张晓松：《山骨印记——贵州文化论》，贵州教育出版社 2000 年版，第 59 页。

直著。"[1]"平远丁文诚",即平远（今织金）人丁宝桢，咸丰三年（1853）进士，官至山东巡抚，四川总督，谥文诚，追赠太子太保，论杀太监安德海，被曾国藩目为"豪杰士"，《清史稿》有传。"贵阳石侍郎"，即贵阳人石赞清，道光十八年（1838）进士，官至天津知府，值英法联军入侵，赞清坚守衙门，被劫持后，绝食抗议，凛然不屈，为敌所敬重，礼送还衙，忠勇之声闻于海内。"镇远谭中丞"，即镇远人谭均培，同治元年（1862）进士，官至云南巡抚，兼云贵总督，以刚直称，所至皆有善政，为民众所景仰，《清史稿》有传。"遵义唐中丞"，即遵义人唐炯，道光己酉（1849）举人，官至云南巡抚，史称其人"性刚恪，遇事持大体，不直者，虽贵亦皆责之，以此生平多妒媚之者"[2]。

贵州士子多半以傲岸质直著称，如潘淳，《黔风鸣盛录》说他"负气节，不能随时"。吴直《橡林诗集序》说他"胸中傲然不可一世之志，而独为诗以自娱"。《贵阳府志》说他"与人谈论，常有不可一世之意，卒以此为人所中伤"。田榕《橡林诗集序》说他"负不羁之才，常有不可一世之意。……旷怀自若，芥视一切"。又如何德新，"少豪侠不羁，尚气节，喜兵法……性疏淡，无少留滞，又疾恶如仇，落落不随流俗，未尝有意轻人，而人每以此少之"。[3]还有开州李如琳，"性廉敏疏落，不屑屑与时为变通"。[4]

贵州士子在仕途上，为人骨鲠正直，多为敢言之士。如詹英，参奏王骥，名倾一时，"诣阙自陈，朝臣争识其面"。[5]如王炯，官南

[1]　（民国）《贵州通志·人物志》卷五，贵州人民出版社 1989 年版，第 206 页。

[2]　（民国）《贵州通志·人物志》，贵州人民出版社 2001 年版，第 205 页。

[3]　《西岚子传》，（道光）《贵阳府志》卷五十三，贵州人民出版社 2005 年版，第 1056 页。

[4]　（道光）《贵阳府志》卷五十三，贵州人民出版社 2005 年版，第 1060 页。

[5]　（道光）《贵阳府志》卷七十三，贵州人民出版社 2005 年版，第 1293 页。

部知县，迁兴化同知，孙应鳌称之曰："阐斋（王炯字）清高正直，方劲廉切，负人世卓绝之行，含宇宙太冲之气，世俗不撄其心，万物不扰其虑，可以想见其为人也。"[1] 如徐节，官右副都御史，"以刚直忤刘瑾"，[2] 他在《简李美中索其疏草》诗中说："才听人人说，南州有硬黄。至今闻铁李，喜复在吾乡（原注：平越黄用章先生，守正不阿，时有'硬黄'之目。美中敢言，复有'铁李'之称）。义命君能澈，升沉我亦忘。不须焚谏草，留取式维桑。"[3] 用章，黄绂字，《明史》有传，其为人"廉峻刚正，遇事飚发，义所在必行其志，即重忤权贵不恤，为郎中，即有'硬黄'之目"。[4] 如李时华，官至监察御史，史称"华性峭直，好论时事"，"平生忠鲠，弹劾不避权贵，奸邪震慑，故天下知与不知，无不钦其风采"。[5] 如徐卿伯，官监察御史，史称其人"刚直敢言，多所论建"，"朝臣以其好言，多弗便，乃外用"。[6] 如包祚永，"性明惷，遇事敢言，故朝廷咸重之"。[7] 如花杰，"官御史日，与蜀人胡大成皆号为敢言之士"，[8] 直言敢谏，不畏权势，参倒不少权臣，人称"花老虎"或"殿上虎"。如侯位，"性刚毅，不畏强御，一切以法应之，得强项声"。[9] 如陆洙，以《感时》诗"讽

[1]　《黔诗纪略》卷四，贵州人民出版社 1993 年版，第 146 ~ 147 页。

[2]　（道光）《贵阳府志》卷七十三，贵州人民出版社 2005 年版，第 1294 页。

[3]　《黔诗纪略》卷一，贵州人民出版社 1993 年版，第 17 页。

[4]　《黔诗纪略》卷二，贵州人民出版社 1993 年版，第 54 ~ 55 页。

[5]　（道光）《贵阳府志》卷七十三，贵州人民出版社 2005 年版，第 1298 页。

[6]　（道光）《贵阳府志》卷七十三，贵州人民出版社 2005 年版，第 1301 页。

[7]　（道光）《贵阳府志》卷七十六，贵州人民出版社 2005 年版，第 1363 页。

[8]　（道光）《贵阳府志》卷七十九，贵州人民出版社 2005 年版，第 1404 页。

[9]　《黔诗纪略》卷二，贵州人民出版社 1993 年版，第 84 页。

珰刘瑾，瑾怒，中伤之，击折其齿"。[1]如田秋，"在谏垣最有声"。[2]如王木，曾为御史，"多所弹……以鲠直为时所抑，遂拂衣归"。[3]如刘子章，"为人骨鲠正直，不避权要，每遇议，义所不可，辄力争之，争之必求直而后已，其天性然也。……严操守，不肯承望上官风旨"。[4]如赵侃，其"当言路，挺直不阿，举弹无所避，权倖畏惮，风裁凛然，望犹在草亭上"。[5]如越英，其为人"方直不为势力所挠"。[6]如陈尚象"在言路，知无不言，言无不尽，直声震朝野"，邹忠介《陈心易给谏疏草序》称"其气直，其心赤，洵可传也"。其在志局，土酋安国亨夜持千金欲有所关说，厉色麾之。一意摅胸中所欲吐，如喉中有物，必尽乃止。[7]如杨师孔"性孤峻，丰裁整肃"。[8]如潘润民，其为人"端悫直谅，无机械，无城府，孝友出于天性……与人交，至诚无伪，频笑不轻，初见以为凛凛难亲，久而知其坦然温然也"。[9]如周起渭，其"为人易直，不立崖岸，与人交有始终"，[10]故查慎行《送周桐野前辈督学顺天》诗说："先生人中龙，天与君子性。平时颇跌宕，临事乃刚正。……公貌愈廉冲，公怀直且劲。和光得人爱，严气生我敬"[11]。

大山地理涵孕了黔人傲岸质直的性格，黔人陈夔龙对此有切身

[1] 《黔诗纪略》卷二，贵州人民出版社1993年版，第97页。

[2] 《黔诗纪略》卷二，贵州人民出版社1993年版，第101页。

[3] 《黔诗纪略》卷二，贵州人民出版社1993年版，第107页。

[4] 《黔诗纪略后编》卷二，宣统三年陈夔龙京师刻本。

[5] 《黔诗纪略》卷二，贵州人民出版社1993年版，第69页。

[6] 《黔诗纪略》卷二，贵州人民出版社1993年版，第86页。

[7] 《黔诗纪略》卷十一，贵州人民出版社1993年版，第409～410页。

[8] 《黔诗纪略》卷十一，贵州人民出版社1993年版，第457页。

[9] 《黔诗纪略》卷十一，贵州人民出版社1993年版，第477页。

[10] 杨钟羲：《雪桥诗话续集》，民国求恕斋丛书本。

[11] 周起渭著、欧阳震等校注：《桐埜诗集》"附录"，贵州人民出版社1999年版。

感受，他在《含光石室诗草序》中说："吾黔僻处万山中，去上京绝险远，风气号为陋啬，士生其间，率皆质直沉静，不屑屑走声逐影，务以艺鸣于绮靡浮嚣之世。"[1]贵州文人尤其如此，如吴中蕃《癸丑正三日走谢曹澹余中丞未及见而归作此自咎》诗云：

> 破衾高卧万山雪，忽致新吟诗数帙。
> 若论时情固所难，循分亦应躬走谒。
> 及到辕门忽一思，我年亦已过半百。
> 鞠躬后进行辈中，尚复何求甘磬折。
> 忽呼篮舁舁余旋，怀刺一任空漫灭。
> 入门老母问城事，半响低头说不得。
> 园中羞见砌傍梅，开遍南枝又到北。
> 如此清光如此香，胡为竟使终朝隔。
> 移花床下意茫茫，没尽残阳犹面热。[2]

曹澹余，名申吉，时任贵州巡抚，因闻中蕃名而寄诗慰问。一省最高行政长官寄诗慰问，于常人而言乃何等荣幸之事。吴中蕃亦觉得"循分亦应躬走谒"，登门拜访，以致谢忱。从隐居之地至省城约二十里路程，诗人一路奔波，"及到辕门"却"忽呼篮舁舁余旋"，原因是不愿以"半百"之身"鞠躬""磬折"于"后进行辈中"。既去又回，于老母之追问，"半响低头说不得"，甚至还"园中羞见砌傍梅"，"没尽残阳犹面热"。其质直傲岸之性格，在此矛盾心情和尴尬行动中，生动再现。又如郑珍《无事到郡游三日二首》（其一）云：

> 入城耻人见，入店愁主恼。

[1] （民国）《贵州通志·艺文志》卷十七，贵州人民出版社 1989 年版，第 786 页。
[2] 《黔诗纪略》卷二十七，贵州人民出版社 1993 年版，第 1126 页。

朝饭熟未兴，夜灯续还晓。

默默但游寝，与语殊不了。

客似无一识，来者尽头掉。

劝客衣而冠，何家不堪造。

渠厅多贵人，无我未为少。

我亦未用彼，敬事不相嬲。[1]

家中无事，到郡闲游，本为快事。可是，诗人到了郡城，一是"耻人见"，二是"愁主恼"。因为性情沉静，由于性格质直，来到郡城，本为闲游，却"默默但游寝"，幽居于客舍中读书，以致"朝饭熟未兴，夜灯续还晓"，何尝有闲游交际之乐。对于店主的对告，亦是"敬事不相嬲"。其矛盾之心情和尴尬的举动，与吴中蕃近似。黔中文人"不屑屑走声逐影"之性情，于此可见一斑。

"僻处万山"的地理环境，培育了黔人质直沉静、傲岸正直的性格，故学者论及黔人性格与文学之与众不同处时，皆不约而同地强调黔人之"生长边隅"。如朱彝尊《静志居诗话》说："君采（谢三秀）诗甚清稳，由其生于天末，习染全无，此黔人之轶伦超群者。"[2] 曾国藩称："莼斋（黎庶昌）生长边隅，行文颇得坚强之气。"[3] 邓之诚《清诗纪事初编》说："起渭生长边方，诗颇清稳，故自可贵。"[4]

另外，值得注意的是，"僻处万山"的生存环境不仅培育了黔人傲岸质直的性格，亦涵育出黔人安足凝滞之心态。历史上的贵州是

---

[1] 杨元桢：《郑珍巢经巢诗集校注》前集·卷三，贵州人民出版社1992年版，第
　　 87～88页。

[2] 朱彝尊：《静志居诗话》卷十七，黄君坦点校，人民文学出版社1990年版。

[3] 薛福成：《拙尊园丛稿序》，（民国）《贵州通志·艺文志》卷十七，贵州人民
　　 出版社1989年版，第764页。

[4] 邓之诚：《清诗纪事初编》，上海古籍出版社1984年版。

所谓的"溪峒"地区，"僻处万山"的贵州大地散布着大大小小约2000余个坝子，这些山环水绕、自成一体的坝子，被称为"溪峒"。"溪峒"在经济上自给自足，由于交通不便，彼此之间很少往来，人们安土重迁，人口流动性不大，是典型的"小国寡民"状态。在这样的环境中，培育出黔人安足凝滞的心态。张晓松指出：

> 在贵州，由于山地的封闭与生存条件的不甚丰富，使人往往处于'有而不足'的生存环境之下，但山里的人善于调适自己的心态，满足于这种宁静自在的生活，把欲望和要求压缩到最低限度，而很少产生危机感、压力感和紧迫感，却始终保持着安足不争的、桃花源式的心理。这样一种达观自在的人生态度，使他们常能镇定自若、游刃有余地对付各种不可预料的天灾人祸。[1]

这种安足凝滞的心态，与傲岸质直的性格，表面上看来似乎是对立矛盾的，可实际上它们却统一在黔人的身上。我们阅读贵州士子的传记，可以发现，他们在家居闲处时，更多表现出安足凝滞的一面，大多数人纵情山水，怡情自然，闲适恬淡；而在面临大是大非问题时，或者在仕途上，则多半以傲岸质直著称。我们认为：这种双重性格，是在大山地理背景上形成的，故亦可称之为大山性格。或者说，大山性格就应当具有这两方面的特点。

　　总之，"僻处万山"中的大山之子在大山地理之涵孕下形成了所谓的大山性格。大山与黔人、贵州文化、贵州文学有着千丝万缕的关系。贵州的文化特征和黔人的文化心态，一定程度上就是由大山决定的。诚如石培华所说：

---

[1]　张晓松：《山骨印记——贵州文化论》，贵州教育出版社2000年版，第60～61页。

雄奇险峻的山水，造就了贵州人具有千山万壑的气魄；秀丽的风景和湿润的气候，孕育了贵州人的灵气和聪慧；恶劣的生存环境和落后的经济，则磨砺了贵州人的坚韧；复杂多变的地形和气候，众多的民族，造就了贵州人的思辨能力。[1]

这种蕴含着山之气、石之骨而形成的以坚忍不拔、质直傲岸为主要特征的大山性格，是黔人弥足珍贵的精神资源，其现代价值亦是显而易见的。[2]

---

[1] 石培华、石培新：《孤独与超越——感受一个真实的贵州》，贵州人民出版社1998年版，第85页。

[2] 详见本书第七章"贵州地域文化精神的当代价值"。

第三章　地域区位与贵州地域文化精神

地理特征和地域区位对地域人群的性格和地域文化之特征的影响，是显而易见的。在前一章，笔者在概论地理特征与地域文化的一般影响关系之基础上，具体讨论了多山多石的贵州大山地理对贵州地域人群性格的影响，探讨了在大山地理影响下形成的大山精神的具体表现。在本章，我们拟以齐国的地域区位对齐人性格和齐文化特征之影响为例，讨论地域区位与地域人群性格和地域文化精神之间的一般影响关系。在此基础上，综论贵州地域区位的不边不内特点和通道特征，探讨此种区位特征对贵州地域文化之处境和地位的制约，对以开放和创新为重要特征的贵州地域文化精神的影响。

一、地域区位与地域文化精神的一般性关系

所谓地域区位，是指一个特定的地域在更大地域（如全国、亚洲、世界）中所处的区域位置。此区域位置包括由自然原因形成的地理位置，因政治、军事、经济和文化原因形成的社会地位。如中心与边缘、内地与边疆之类的区分，就是指地域区位而言。地域区位，尤其是因

政治、军事、经济和文化等因素形成的中心与边缘、内地与边疆之类的地域区位，其对地域人群性格和地域文化精神所发生的影响，是相当显明的。本节以齐地、齐人和齐文化为例，讨论地域区位与地域文化精神的一般性关系。

一地之人群有一地之性格，王充《论衡·率性》说："齐舒缓，秦慢易，楚促急，燕戆投。"[1] 指的就是这种情况。在战国、秦汉时期，人们对齐人多不怀好感，普遍认为齐人伪诈多变，舒缓阔达，不务情实。如《史记·淮阴侯列传》载：韩信占领齐地，遣使禀告刘邦说："齐伪诈多变，反复之国也。南边楚，不为假王以镇之，其势不定，愿为假王便。"《史记·郦生陆贾传》载：郦食其游说刘邦说："方今燕、赵已定，唯齐未下。……诸田宗强，负海阻河济，南近楚，人多变诈，足下虽遣数十万师，未可以岁月破也。"《史记·平津侯主父列传》载：齐人公孙弘"尝与公卿约议，至上前，皆背其约以顺上旨，汲黯廷诘弘曰：齐人多诈无情实，始与臣等建此议，今皆背之，不忠。"《汉书》卷二十八引刘向、朱赣等人之说云："其（齐）土多好经术，矜功名，舒缓阔达而足智。其失夸奢朋党，言与行缪，虚饰不情。"可见，在秦汉之际，"伪诈""变诈""多诈"，似乎成为世人对齐人评价的共识。对于这种性格，贬之者谓之"言与行缪，虚饰不情"。客观地说，则是指齐人足智善变。如《淮南子·要略》说："齐国之地，东负海而北障河，地狭田少，而民多智巧。"《史记·货殖列传》说齐地"其俗宽缓阔达，而足智，好议论"，"齐赵设智巧，仰机利"。即善于使用智慧，抓住时机，巧妙应变，谋取利益。

秦汉间人普遍认为齐人伪诈多变，言与行谬，不务情实，应该是有根据的。考诸史籍，秦汉时期言神仙之术的方士多半是齐人，如秦

---

[1] 黄晖：《论衡校释》，中华书局 1990 年版，第 79 页。

始皇时的徐市，汉武帝时的少翁、栾大、公孙卿、公王带等，都是齐地人。这些人"设智巧，仰机利"，用荒诞不经的神仙之术逢迎主上的长生不死之想，骗取钱财和官位。如徐市从秦始皇那里获了大量财物；少翁被封为文成将军；栾大被拜为五利将军，封乐通侯；公孙卿被拜为中大夫。这些齐人因能言神仙之术而贵显，在当地起了很大的带动作用，于是"海上燕齐之间，莫不搤腕，而自言有禁方，能神仙矣"。故当汉武帝行幸至齐地，"齐人之上疏言神怪奇方者以万数"。[1] 据《史记·封禅书》记载，汉武帝时的方士有李少君、谬忌、少翁、栾大、公孙卿、勇之、公王带、宽舒等人，除勇之一人外，其余都是齐人。可见，秦汉时期齐地确实盛产方士，言神仙之术似为齐人的专长。

神仙方术之"伪诈"或"不务情实"，显而易见，无须赘言。其实，兵家亦诈，所谓"兵不厌诈"是也。齐地不仅盛产方士神仙家，亦多有兵家，如姜太公吕尚就是齐人。《史记》中列传的四位兵家代表人物，即孙武、吴起（卫国左氏人，今山东曹县北）、司马穰苴、孙膑，都是齐人。后世著名的军事家如诸葛亮（山东琅琊人）、羊祜（山东费县人），亦是齐人。兵家虽然不能说完全是诈术，但"设智巧"，确是实情。

齐地多产方士、兵家，亦多辩士和滑稽者，如晏婴、邹忌、淳于髡、鲁仲连、冯谖、东方朔等人。淳于髡师承晏婴，旁从邹忌，杂二家之长，以诙谐和说辩见长，司马迁称其为"滑稽者流"。东方朔亦是如此。这些人好大言，足智擅辩，其言论诙宏谐辩，纵横开阔。其实，无论辩士还是滑稽者，亦是"设智巧，仰机利"之徒。据《史记·刘敬叔孙通列传》载，高祖刘邦亲征匈奴，刘敬以为匈奴不可击，"上怒，骂刘敬曰：齐虏，以口舌得官，今乃妄言沮吾军。"在刘邦的言语之间，

---

[1] 《史记·武帝本纪》。

颇有对齐人"以口舌得官"的轻视之意。

还有就是秦汉时期传黄老之术者，亦多是齐人。据《史记·乐毅列传》载黄老之术的师承关系说："乐臣公学黄帝老子，其本师号河上丈人，不知其所出。河上丈人教安期生，安期生教毛翕公，毛翕公教乐瑕公，乐瑕公教乐臣公，乐臣公教盖公，盖公教于齐高密、胶西，为曹相国师。"司马迁详叙黄老之术的师承渊源关系，但于其时代、籍贯未作说明。考诸史籍，除毛翕公外，其他人皆略可考见。如河上丈人，据皇甫谧《高士传》，其为战国后期人，"战国之末，诸侯相争，驰说之士咸以权势相倾，唯丈人隐身修道，老而不朽，传业于安期生，为道家之宗焉"。关于安期生，据《史记正义》引《列仙传》说："安期生，琅琊阜乡亭人也，卖药海边，秦始皇请语三夜，赐金数千万，出，于阜乡亭皆置去，留书，以赤玉舄一量为报，曰：后千岁求我于蓬莱山下。"神仙家之言未可尽信，但所说籍贯实为有据，据《史记·田儋列传》载："蒯通善齐人安期生，安期生尝干项羽，项羽不能用其筴。已而项羽欲封此两人，两人终不肯受，亡去。"据此，安期生实为齐人，秦汉之际尚在人世。又乐瑕公、乐臣公，据《史记·乐毅列传》说："乐氏之族有乐瑕公、乐臣公，赵且为秦所灭，亡之齐高密。乐臣公善修黄帝老子言，显闻于齐，称贤师。"是知乐瑕公和乐臣公虽非齐人，但"亡之齐高密"，亦算是在齐地居住并传授黄老之术的人。乐臣公之弟子可考者有盖公、田叔二人，亦是齐人。盖公在高密师从乐臣公学黄老之术，学成后亦在高密传授黄老之术，曹参为齐相国，即师从盖公学黄老。关于田叔，据《史记·田叔列传》说："田叔，赵陉城人也，其先，齐田氏苗裔也。叔喜剑，学黄老于乐巨公（巨当作臣）所。"是知田叔虽为赵人，但其祖籍是齐地，且曾赴齐之高密师从乐臣公学黄老。以上所述，是黄老之术在秦汉之际的传承情况。之前的情况，据《史记·孟子荀卿列传》说："慎到，赵人。田骈、接子，齐人。环渊，楚人。皆学黄老道德之术，因发明序其指意，故慎到著十二论，环渊著上下篇，而田骈、接子皆各所论焉。"据此，战国至秦汉之际研习和传承黄老之术的学者，或者是齐人，如田骈、接子、安期生、盖公，或者虽为外地人而去到齐地研习黄老之术，如慎到、环渊、乐瑕公、乐臣公、田叔、曹参等人。总之，其时研究和传承黄老之术的学者，皆与齐地有关系，甚至黄老之术可称之为齐学。如郭沫若所说："黄老之术，值得我们注意的，事实上是培植于齐，发育于齐，而昌盛于齐的。"[1]

黄老之术源于老子学说，而又与老子学说有很大的不同。将老子学说发展成黄老之术，应该归功于齐国稷下学宫诸先生，如慎到、田骈、接子、环渊诸人，他们"发明"老子学说而"序其指意"，并"著书言治乱事，以干世主"，即发挥老子天道无为之思想并运用到政治生活中，即为黄老之术。黄老之术与老子学说相比，有明显区别，如张舜徽说："秦汉道家之论与先秦道家之论，相因而实不同。"[2]李泽厚称之为"道法家"，[3]熊铁基称之为"新道家"。[4]黄老之术在秦汉之际朝着两个方向发展，一是形成一套影响深远的君王南面之术，二是影响并形成一套对历代君王皆有吸引力的神仙长生之术。君王南面之术虽然不能说完全是诈术，但肯定是权术，权术必有伪诈之成分，或有情实不符的成分，肯定是"设智巧"。所以，齐地多方士，多神仙家，多兵家，多辩士，多滑稽人物。齐人好言王霸大略，好言神仙

[1] 郭沫若：《十批判书·稷下黄老学派的批判》，人民出版社1954年版。

[2] 张舜徽：《周秦道论发微》，中华书局1982年版。

[3] 李泽厚：《中国古代思想史论》，人民出版社1986年版，第96页。

[4] 熊铁基：《秦汉新道家略论稿》，上海人民出版社1984年版。

方术，就与这种思想文化背景有直接的关系。齐人给人"伪诈多变""不务情实"的口实，亦与这种思想文化背景直接相关。

　　齐人多智善辩，好言神仙之术，乐语迂怪之论，喜谈王霸大略。如《孟子·万章上》载："孟子曰：否，此非君子之言，齐东野人之语也。"以"君子之言"与"齐东野人之语"对举，可见齐人是缺乏儒家君子风范的。《庄子·逍遥游》云："齐谐者，志怪也。"将"志怪"之论命名为"齐谐"，是因为齐人好言神仙迂怪之论。阴阳家邹衍好言五德终始之论，司马迁说他"其语闳大不经"，亦就是迂怪荒诞而"不务情实"。

　　《典论·论文》说齐人徐幹"时有齐气"。何谓"齐气"？学者以为，"齐气"即谓"齐俗舒缓"。《左传》（襄公二十九年）季札观乐，"为之歌齐。曰：美哉！泱泱乎，大风也哉！"服虔注云："泱泱，舒缓深远，有太和之音。"《论衡·率性》说："楚越之人处庄岳（齐街里名）之间，经历岁月，变为舒缓，风俗移也，故曰齐舒缓。"《汉书·朱博传》云："齐部舒缓养名。"颜师古注云："言齐人之俗，其性迟缓，多有高大以养其名声。""舒缓养名"，犹如君王南面之术，亦有"不务情实"之嫌疑。

　　人群之性情与学术文化思想之间存在着互动影响关系，齐人与齐地学术文化亦是如此。人们习惯齐鲁并称，其实齐、鲁文化之间存在着较大的差别，其差别之根源就在人的性情的差异上。班固《汉书·地理志下》载："昔太公始封，周公问：何以治齐？太公曰：举贤而上功。"据说周公始封时，"太公问：何以治鲁？周公曰：尊尊亲亲"。治地之策，当与地方风俗相适应，以"举贤而上功"治齐，以"尊尊亲亲"而治鲁，正可见齐、鲁之间民情世风颇有差距。《孟子·公孙丑上》载："公孙丑问曰：夫子当路于齐，管子、晏子之功，可复许乎？

孟子曰：子诚齐人矣，知管仲、晏子而已矣。"孟子的言辞语气之间，实有鲁人对齐人的轻视之意。

齐、鲁两地学术文化思想之差异，在秦汉时期表现得更加充分，马宗霍《中国经学史》说："汉代传经之儒，不出于齐，则出于鲁。""大抵齐学尚恢奇，鲁学多迂谨。案太史公讲业于齐、鲁之都，其作《世家》，于齐曰'洋洋乎固大国之风也'，于鲁曰'洙泗之间断断如也'。以'洋洋'称齐，以'断断'称鲁，亦即一恢奇一迂谨之证。齐学喜言天人之理，鲁学颇守典章之遗。盖当战国时，齐有邹衍喜谈天，深观阴阳消息，而作怪迂之变，其语闳大不经……于是流风所被，至汉不替。"[1] 范文澜亦说："原始经学大体上有鲁学、齐学两种学风，鲁学主合古（复古），齐学主合时。""鲁两儒生和叔孙通正表现出两种学风的区别，它们继续演变，齐学成为今文经学，鲁学成为古文经学。"[2] 大体而言，齐学"合时"，善于顺应时势，不像鲁学那样拘泥、谨严和保守，观叔孙通与两儒生在去留问题上的辩论，即可明白。因此，在秦汉时期的政治舞台上，占优势的往往是齐地的学人，如叔孙通、董仲舒、公孙弘等人即是。就学风而言，鲁学倾向于古文学派，重实守据，不发空言；齐学倾向于今文学派，好演绎微言大义，其流弊是繁琐和迷信，喜言谶纬。谶纬这种谜语式的预言，源出于方士，实与齐地盛产方士相关。另外，"人主病不广大"这样的话，亦只有在以"恢奇"著称的齐学背景下成长起来的公孙弘说得出来。"闳大不经"的阴阳家的"大九州"说，亦同样只有在以"恢奇"著称的齐学背景下成长起来的邹衍构想得出来。

总之，齐地多产方士，盛产兵家，多有辩士；齐人好言神仙之术，

[1] 马宗霍：《中国经学史》，上海书店 1984 年版，第 37、46 页。

[2] 范文澜：《中国通史简编》（第二编），人民出版社 1964 年版，第 222 页。

齐地盛传黄老之术，齐人多倾向今文学派；齐人设智巧，齐人仰机利，足智善变，趋时合势，滑稽取巧，舒缓养名，好为迂怪之论，善为闳大不经之语。正面言之，是恢奇开阔、灵活通变。反面言之，是伪诈多变、不务情实。秦汉间学者普遍认为齐人乏厚道之风，少诚实之养，的确是有依据的，并非恶意诽谤，或者有意中伤。

需要追问的是，齐人、齐学何以具备此种显著特征？笔者认为，此与齐地所处之地域区位有直接的关系。或者说，齐地特有的地域区位涵养了齐人、齐学此种"恢奇""闳大"的特征。故学者讨论齐人之性情，多归因其特殊的地域区位，如司马迁《史记·齐太公世家》说："吾适齐，自泰山属之琅邪，北被于海，膏壤二千里，其民阔达多匿知，其天性也。以太公之圣，建国本；桓公之盛，修善政，以为诸侯会盟，称伯，不亦宜乎！洋洋哉！固大国之风也。"《史记·货殖列传》说："齐带山海，膏壤千里，宜桑麻，人民多文彩布帛鱼盐，临淄亦海岱之间一都会也。其宽缓阔达，而足智，好议论，地重，难动摇，怯于众斗，勇于持刺，故多劫人者，大国之风也。"《淮南子·要略》说："齐国之地，东负海而北障河，地狭田少，而民多智巧。"《汉书·地理志下》说："古有分土，亡分民。太公以齐地负海舄卤，少五谷而人民寡，乃劝以女工之业，通鱼盐之利，而人物辐凑。后十四世，桓公用管仲，设轻重以富国，合诸侯成伯功，身在陪臣而取三归。故其俗弥侈，织作冰纨绮绣纯丽之物，号为冠带衣履天下。"齐地的地域区位，或称"北被于海"，或云"带山海"，或说"负海障河"，或云"负海舄卤"，总之，皆强调其海滨区位。事实上，正是这种海滨地域区位特点孕育了齐文化的"恢奇"特点。

首先，浩淼无垠的大海，其波诡云谲之特征孕育出齐人好奇思遐想的浪漫性格。海天的明灭变幻，海岛的迷茫隐约，航海的冒险神奇，都能激发人们的遐想，产生海上神山的传说，齐威王、宣王都曾使人入海求神山，神仙之说由此发生，邹衍的"大九州"说的产生亦与此直接相关。滨海环境激发了齐人的想象力，塑造了齐人的浪漫性格。同时，浩淼无垠的大海亦涵孕了齐人开阔的胸襟，故而易于接受新鲜事物，能够容忍闳大不经的怪异之论。

其次，滨海地域区位，海上贸易频繁，齐人尽收鱼盐之利，商业经济比较发达。《史记·齐太公世家》称姜尚封于齐，"因其俗，简其礼，通商工之利，而人民多归之，齐为大国"。苏秦描述齐国临淄的繁荣情况说："其民无不吹竽鼓瑟，弹琴击筑，斗鸡走狗，六博蹋鞠者。临淄之途，车毂击，人肩摩，连衽成帷，举袂成幕，挥汗成雨，家殷人足，志高气扬。"[1] 商业经济的充分发展，自然激发人们追求奢靡物质享受的欲望。为了经济利益的最大化，"设智巧、仰机利"的价值取向便自然形成。极端的发展，就是伪诈多变，不务情实。齐地滨海地域区位以及由此而导致的商业经济之发达，于齐人之性格和齐文化之影响，于此可见一斑。

二、贵州地域区位特征

1. 边疆的腹地，腹地的边疆：贵州地域区位特征之一

所谓地域区位，是指特定地域在某地区中所处的位置。地区的范围不同，地域在地区中所处的位置及其所呈现出来的意义就不一样。讨论贵州的地域区位，首先应该对其参照的地区范围作限定。若从亚洲乃至世界的范围看，贵州的地域区位特征，肯定与从全国的视角考

---

[1] 《史记·苏秦列传》。

察，完全不同；若从西南地区的范围考察，贵州的地域区位及其意义，与从全国的视角考察，又不一样。因此，考察贵州的地域区位，全面呈现贵州地域区位的文化意义，不妨从亚洲、中国、西南三个参照视角展开。

首先，从亚洲的视野看，包括贵州在内的整个西南地区，位于中国文化和印度文化两大文化圈的交接地带。中国和印度两大文明古国，皆有源远流长、灿烂辉煌的历史文化，并形成了各具特色的地域文化特征。两大文化圈地域邻近，文化上彼此传播，相互影响，互相渗透，形成了所谓的"东方文化圈"。中国的西南地区位于中印两大文化圈相互交汇的地带，是中印文化交流的重要桥梁，通过南方丝绸之路和喜马拉雅山口，把两大文明古国联系起来，沟通了以佛教文化为主体的印度文化圈和以儒家文化为内核的中华文化圈，促进了两种文化的相互影响和彼此渗透。因此，西南地区作为两大文化圈的交汇处，同时受到两大文化的深刻影响。

但是，贵州在西南地区的特殊地域区位，又使它处在中印两大文化圈向外推进、过渡的边缘地带。一方面，它远离印度文化中心，不像西藏、云南那样，直接受到印度文化的影响，接受印度文化的渗透，形成藏传佛教（西藏），出现小乘佛教和阿阇梨教（云南）。另一方面，它又远离中原文化中心，不像四川、湖广那样，大量接受中原文化的影响，接受儒家文化的渗透，产生可与中原地带比肩并论的儒家文化成就。因此，无论是中原文化，还是印度文化，当它们传播到贵州时，都已成为大河末流，或者强弩之末，其势其量都不能同其源头相比，甚至亦不能同流经过的那些地区相比。所以，贵州虽然与西南其他省区一样，位于中印两大文化圈的交汇处，但其受印度文化的影响是微弱的，藏传佛教和小乘佛教的影响均未到达黔中，阿阇梨教在贵州的影响亦极小，汉传佛教进入黔中已接近尾声，并且还是借助明清之际社会动乱中四川高僧之遁入而造成的一时兴盛局面。中原儒家文化在贵州地区的传播，因距离遥远，山川阻隔，不如四川、湖广早，亦不如其传播面广，更不如其影响之深，亦算是强弩之末。儒家文化在贵州地区的传播亦只是在明代中期以后，大约有六百年的历史。

所以，从总体上看，无论是佛教文化还是儒家文化，虽然都传入了贵州，但其兴起和传播的时间主要是在明清时期，时间晚，发展程度不充分，而且都呈现出弱化的趋势。因此，贵州虽然处于中印两大文化圈的交接处，但同时亦处在两大文化交汇的边缘地带。贵州地域在亚洲大文化圈中的此种交接或边缘区位的特点，在文化上的意义主要表现在：主流文化包括中华儒家文化和印度佛教文化，在相当长的时期内，并不占据主流地位和绝对优势，这在一定程度上给贵州土著文化留下了一个较大的发展空间，使其能够继续保存和发展，这在客观上形成了贵州地域文化多元交融、平等共存的特点。[1]

其次，从全国的角度看，贵州是腹地的边疆，同时亦是边疆的腹地，具有"不沿海，不沿边，不沿江"的区位特点。宋太祖《敕普贵书》云："维尔贵州，远在要荒。"所谓"要荒"，即"要服"和"荒服"。《禹贡》划分中国疆域，以畿为中心向四方扩展，分为五服，依次是甸服、侯服、绥服、要服、荒服。其中的"要服"和"荒服"是离王畿最遥远的地方，可见贵州是一个典型的边缘地区，故古代文献中常以"边徼"或"遐陬"称之。然而，贵州与四川、云南、西藏虽同属西南地区，同是"要荒"之地，但又有它的特别之处，即"处于不内又不外，既不中又不边，所谓不边不内、内陆临边的地方，是内地与边疆的过渡地带。若论边

[1] 本段文字主要参考张晓松：《山骨印记——贵州文化论》，贵州教育出版社2000年版，第68～79页。

疆，无论就其区域位置还是文化特色，西藏、新疆可算是正宗；而四川、湖南相对而言更靠内地而近中原，但是贵州却是两不搭界。这种区域位置使贵州又多了一份复杂，一份尴尬，它的文化区域身份很难确立。贵州虽很早就被纳入了中央王朝的版图，可是因为它自身社会基础的薄弱，长期不能被纳入正统文化区域，又不能被看作真正的内地，始终处于边与内的夹缝中"。[1] 所以，贵州地域区位，从全国的视野看，它是腹地的边疆；从西南的角度看，它又是边疆的腹地。

正是这种不边不内的区位特征，决定其制度上的土流并治特点。更值得注意的，是中央王朝对它的暧昧依违态度，以及在这种态度中呈现出来的文化意义。因其不边不内的区位特征，使贵州自古及今在全国范围内都处于不利的地位，其发展历程中的诸多劣势皆由此产生。因其是腹地的边疆，未能真正进入中原主流文化圈，所以常常被轻视；因其是边疆的腹地，在国家安全和领土完整的意义上，远不如云南、西藏、新疆重要，因此往往被忽视。刘学洙、史继忠的意见值得注意："中国历史的活动舞台主要在中原和江南，贵州一直被看成'要荒'，是背靠内地面临边疆的地区。这种'不边不内'的位置，使贵州经常处于尴尬地位。因为它不是立国争霸的'内地'，也不是威胁王朝安全的'边陲'，所以很少进入中央王朝的视线范围。"[2] 但是，用刘学洙、史继忠的话说，中央王朝在某些特殊情况下亦会对黔中"瞟上一眼"，即中央政府有能力有计划控制经营西南边疆的时候。或者说，中央王朝在经营西南边疆时，贵州在西南地区作为一个重要军事基地的战略地位才呈现出来，才会被中央政府重视。贵州地理在经营西南时的军

[1] 张晓松：《山骨印记——贵州文化论》，贵州教育出版社 2000 年版，第 82 页。

[2] 刘学洙、史继忠：《历史的理性思维——大视角看贵州十八题》，贵州教育出版社 2004 年版，第 34 页。

事战略地位，古人早有明言，如徐嘉炎在为田雯《黔书》所作序中说：

> 黔地居五溪之外，于四海之内为荒服，其称藩翰者未三百年。其地尺寸皆山，欲求所谓平原旷野者，积数十里而不得衺丈。其人自军屯卫所官户戍卒来自他方者，虽曰黔人，而皆能道其故乡，无不自称为寓客。其真黔产者，则皆苗獞犵狫之种，劫掠仇杀，犷悍难驯，易于负固。其土田物产，较他方之瘠薄者，尚不能及十之二。夫以黔之地之人之不可倚也如彼，其土田物产之无可利赖也如此，夫国家亦何事于黔哉？吾闻先生（引者按：即田雯）之言曰：无黔则粤、蜀之臂可把，而滇、楚之吭可扼。国家数十年来，亦知荒落之壤，无可供天府之藏，犹且日仰济于他省，岁靡金钱而不惜者，敉宁之道，固如是也。然则黔治则有与之俱治者，黔乱则有与之俱乱者。[1]

即贵州地区其地其人其物产皆不值得国家重视，而国家之所以"靡金钱而不惜"，就是看重它在军事上的重要位置。这种观点，应是古代学人的共识，如丹达礼《康熙贵州通志序》说："黔中形势，把粤、蜀之臂而扼楚、滇之吭，居然为西南一重镇矣。"[2] 江盈科《黔师平播铭》说："顾黔虽弹丸乎！而于蜀为内援，于楚为西蔽。"[3] 杨天纵《贵州舆图说》认为贵州地域具有"肘腋咽喉乎四省"的地理优势。[4] 顾祖禹《读史方舆纪要》于贵州军事战略地位有更精尽的阐说，其云：

> 尝考贵州之地，虽偏隅逼窄，然驿道所经，自平溪、清浪而西，回环达于西北凡千六百余里，贵阳犹人之有胸腹也，东西诸府犹人之有两

[1] 田雯：《黔书》卷首，《中国地方志集成·贵州府县志辑》（第2册），巴蜀书社等2006年版。

[2] 《康熙贵州通志》卷首，《中国地方志集成·省志辑·贵州》，凤凰出版社2010年版。

[3] （道光）《贵阳府志》余编卷四，贵州人民出版社2005年版，第1700页。

[4] （道光）《贵阳府志》余编卷三，贵州人民出版社2005年版，第1658～1659页。

臂然。守偏桥、铜鼓，以当沅、靖之冲，则沅、靖未敢争也；据普安、乌撒，则临滇、粤之郊，则滇、粤不能难也；扼平越、永宁，以扼川、蜀之师，则川、蜀未敢争也，所谓以守则固也。[1]

贵州"把粤、蜀之臂而扼楚、滇之吭"，有"肘腋咽喉乎四省"之军事优势，故当然为经营西南边疆的兵家必争之地。可以这样说，在古代中国，经营中原之关键在关中，经营江南之关键在荆益，[2]而经营西南之关键则在贵州。在经营西南边疆的军事行动中，贵州是"冲要之地"，具有战略通道的地位，所以顾祖禹讲贵州军事优势，尤重其"驿道所经"。因此，从军事策略上讲，占领贵州，亦就等于控御了西南。所以，明代在贵州建省，设布政使，主要是着眼于经营云南，着眼于西南边疆的安全。明白了这一点，你就能理解，为什么朱元璋调三十万大军征服云南后，还要留下二十万大军屯守贵州？为什么要动用大致相当于全国十分之一的兵力把守不足全国国土面积百分之二的贵州？[3]

贵州在经营西南边疆之战略地位，如上所述。但是，在古代中国，中央王朝着力经营的国内地区是中原和江南，以及与之休戚相关的荆益地区。古代中国的外患主要来自北方，威胁国家安全和领土完整的外来力量主要来自西北和东北。所以，古代中国中央政府的边疆经营亦主要是在西北地区和东北地区。对于西南边疆的经营，往往是在西北边陲和东北边疆大体稳固的时候，才被提上议事日程。因此，以贵

---

[1] 顾祖禹：《读史方舆纪要》(第十一册)，贺次君、施和金点校，中华书局2005年版，第5231页。

[2] 汪文学：《从"逐鹿中原"到"游兵江南"——关于中国古代逐鹿策略的探讨》，见《汉唐文化与文学论集》，贵州大学出版社2008年版。

[3] 刘学洙、史继忠：《历史的理性思维——大视角看贵州十八题》，贵州教育出版社2004年版，第60页。

州为重要战略通道的西南边疆的经营与维护，就处于相对次要的地位，亦就常常成为被忽视的对象。

总之，贵州不边不内的地域区位，造成了贵州在经济文化发展中的劣势，中央王朝重视其在西南边疆经营中的战略通道地位，而忽视和轻视其在经济文化上的发展。所以，贵州经济的落后和文化之后进，与其不边不内的地域区位有关，更与中央王朝对他的轻视和忽视相关。

最后，从西南的角度看，贵州是西南之腹地，是中央王朝经营西南边疆的战略通道，这层意义上文已有讨论。在此需要进一步讨论的，是在西南区域视野中，贵州与云南、广西、四川、湖南相比，其地理特征及其文化意义。

区域经济社会的进步和发展，端赖内因与外因两种因素的合力。所谓外因，是指周边区域的促进和激发，特别是中央政府的重视和支持。而内因则是指本土内部渴求进步和发展的内生动力。古代贵州地区经济社会发展的外因是欠缺的，内因亦很不充分。正如刘学洙、史继忠所说，"本土内在的社会发展驱动力是十分重要的"，但是，"贵州发展的本土内在动力是比较薄弱的"。因为"塞天皆石，无地不坡"的环境中，全境土地为万山千谷所阻隔，在古代交通条件下，很难形成统一全境的强大的地方政治经济势力。因此，除了秦汉时期的夜郎国外，贵州没有出现如云南南诏、大理那样可以威慑邻省的力量，亦不可能有如东北、西北等地区那种单一强大的少数民族统治全境甚至能够问鼎中原的地方民族政权。[1]贵州本土内在发展动力薄弱，换句话说，就是贵州内部的向心力和凝聚力薄弱，难以形成一个有紧密联系的整体，以求自身内部的发展和应对外来力量的侵蚀。

---

[1] 刘学洙、史继忠：《历史的理性思维——大视角看贵州十八题》，贵州教育出版社2004年版，第6～7页。

追溯其原因，除了山高谷深所造成的交通阻隔外，还有多民族杂居的因素，移民数量过于庞大的因素，更有贵州地理因建省之需要而分割邻省之地以构成的特点有关。关于民族杂居和移民数量过于庞大的问题，下节将专门讨论。在此，仅就因建省之需要而导致的贵州地理之分割特点加以说明。

明朝永乐十一年（1413）设立贵州承宣布政使司，贵州作为一个省级行政区正式成立。贵州之建省，实际上是"割楚、粤、川、滇之剩地"组合而成，[1] 即将原属四川、云南、广西、湖南的部分地区，划出归并作为贵州省的地理区域。因此，从地理特征看，贵州西部实际上与云南是连成一片的，北部则是四川盆地的边缘，东部是湖广丘陵的过渡地带，南部则与广西丘陵相衔接。所以，贵州地理实际上就像一个拼图版。与此相关，贵州的文化亦是一种拼合的文化，一种多元共生的文化。黔北地区，实际上属于巴蜀文化的延伸部分；黔西北的威宁、普安、盘县等地，则是滇文化的扩展；黔东南、东北与楚文化有很深的渊源关系；黔南和黔西南等地，又与粤文化有密切关系。这种拼合特点，"决定了贵州不能成为一个文化特征集中统一的行政区域"，"它的文化不是统一的类型，从一开始就呈现出多样混杂的特点"，"五方杂处，边缘化的相交聚合，就成为贵州文化最鲜明的景观"。[2]这与周边省区那种特色鲜明、优势明显的巴蜀文化、荆楚文化、滇文化、粤文化，形成了鲜明的对比。

由"割楚、粤、川、滇之剩地"拼合而成的贵州地理，决定其文化具有五方杂处和边缘聚合的特点，致使其文化身份不明确，文化特

---

[1] 阎兴邦：《康熙新补贵州通志序》，（康熙）《贵州通志》卷首，《中国地方志集成·省志辑·贵州》，凤凰出版社 2010 年版。

[2] 张晓松：《山骨印记——贵州文化论》，贵州教育出版社 2000 年版，第 90～93 页。

性不显明。不明确的贵州文化身份和不显明的贵州文化特征，导致其向外的影响力减弱，故而长期遭到忽视和轻视；对内是导致黔人缺乏本土文化认同感，向心力和凝聚力薄弱，从而致使其内生发展动力的弱化。大体而言，地域认同首先体现在文化认同上，犹如国家认同和民族认同亦主要体现在文化认同方面。文化认同是地域认同、民族认同和国家认同的基础和前提，共同的文化信仰是维系人类族群和地域共同体的黏结剂，是维持族群共同体成员之间向心力和凝聚力的重要纽带，亦是促进形成其生存发展之内在动力的重要源泉。古代贵州地区的族群之间缺乏共同的文化信仰，文化认同感不强烈，地域认同感亦薄弱，族群间的向心力和凝聚力亦就淡薄，所以其追求共生共荣的内在驱动力亦就不强大。

综上所述，站在亚洲的角度看，贵州处于印度佛教文化圈和中华儒家文化圈交接的边缘地带；从全国的视角考察，贵州地理具有不边不内的特点，是边疆的腹地，又是腹地的边疆；从西南地理单元看，贵州又是"割楚、粤、川、滇之剩地"拼合而成。贵州地域的这种区位特点，影响及于文化，就积极意义一面说，是为多元文化的共生共存提供了一个广阔、宽松而自由的发展空间，使文化的多样性得到充分的体现；就消极意义一面言，就是淡化了地域认同意识，削弱了文化认同感，从而导致地域向心力和凝聚力的弱化。

2. 通道：贵州地域区位特征之二

从整个中国领土版图看，贵州地域具有不边不内的特点，是腹地的边疆，亦是边疆的腹地。在中央政府控御西南地区、交通东南亚国家等重要政治、军事战略中，具有不可替代的地位。此种政治、军事上的重要地位，一定程度上又是由贵州地域区位的通道特征决定的。

周汉以来，贵州地域区位的通道特点逐渐彰显。春秋、战国时期，秦、楚二国对黔中地域的争夺，拉开了域外政治势力关注贵州的序幕。楚国将军庄跻溯沅水而上，通过夜郎开辟云南，夜郎成为楚国开辟云南的通道。后秦国复夺黔中，截断了庄跻的归路，庄跻便留滇为王，贵州通道的地位由此彰显。或者说，楚国要达到有效开发云南的目的，必须牢固控制贵州这个通道地域。秦始皇统一中国，为了加强中央集权，实施对全国各地区的有效控制，发展交通成为国家之首务。一是于公元前212年至公元前210年，命蒙恬、扶苏修建了一条从咸阳往北、经过鄂尔多斯、跨越黄河、直抵九原的直道。二是于公元前220年修建通往西南地区的五尺道。《史记·西南夷传》载："秦时常频略通五尺道，诸此国颇置吏焉。"据考证，这条五尺道始于僰道（今四川宜宾），经高县、珙县、筠连，入滇东北盐津，经大关、彝良进入黔西北，经赫章、威宁复入云南境，经宣威至曲靖。这条新开的五尺道，与秦国先前开凿的跨越秦岭至巴蜀的栈道连接，成为秦朝中央连接西南地区的交通大动脉。虽然随着五尺道的开辟，中央政府在今贵州境内设置了鳖、夜郎、且兰、汉阳四个县，纳入了中央郡县制方略中，但很难说这条五尺道的开辟是以开发、经营贵州为目的，实际上它是直指云南，只是顺道经过贵州而已，仅仅从黔西北的滇黔接壤之赫章、威宁擦肩而过。这说明，贵州在秦朝中央政府的经营方略中，只是一个通道而已。

贵州地域区位的通道地位，因唐蒙开辟夜郎道（或称南夷道）而更加彰显。汉武帝为了实现国家"大一统"，加强对南方民族地区的经营和控制，特别是对南越割据政权的统一，派唐蒙出使南越寻求解决办法。唐蒙在南越吃到枸酱，得知是商人通过民间小道从巴蜀经牂牁江（今北盘江）转运到南越国，设想从四川之僰道（今宜宾）开凿夜郎道抵达牂牁江，然后借助"江广百余步，足以行船"的牂牁江之航运，直抵南越。以为"浮船牂牁江，出其不意，此制越一奇也"。即凭此西南大通道，突出奇兵，解决南越国的统一问题。虽然后来中央政府解决南越问题没有用上这条大道，但开山凿路的工作确是实实在在地开展起来了，汉王朝前后用了十八年的时间（公元前130年至公元前112年），终于打通了这条沟通巴蜀和岭南的大通道。同秦始皇开凿五尺道以直指云南为目的、以贵州为通道一样，汉武帝开凿夜郎道，亦是直指南越而以贵州为通道。亦就是说，无论是秦朝，还是汉朝，在中央政府的经营方略中，贵州地域区位仅仅是一个通道的地位而已。

经过学术界所谓贵州发展史的"千年断层"之后，贵州的通道地位在元朝又一次受到重视。今贵州地域，在元朝分属于四川、云南、湖广三行省，是三行省的毗连地区，三行省之间相互连接的驿道皆在今贵阳地区交汇，从而使贵州的战略地位和通道特征得到充分彰显。据考察，元朝有四条省际驿道经过今贵州地域：一是由湖广经贵州（今贵阳）而抵达云南的主干线，二是由四川经播州（今遵义）而抵达贵州的川黔驿道，三是由贵州南行抵达广西的黔桂驿道，四是由四川永宁（今叙永）经乌撒（今威宁）抵达云南曲靖的川黔滇驿道。前三条驿道皆在贵州（今贵阳）交汇，今贵阳地区在元朝就已经成为东进西出、南来北往的咽喉之地，不仅是内地与西南边疆沟通的必经之地，亦处在中国与东南亚、南亚各国的交通大道上。因此，其战略地位十分重要，俨然成为西南地区最重要的军事重镇和交通枢纽。[1]

元朝中央政府虽然未在贵州地域设置行省，但对贵州地域的管理高度重视，建立顺元城，并于至元十九年（1282）设置顺元等处

[1] 刘学洙、史继忠：《历史的理性思维——大视角看贵州十八题》，贵州教育出版社2004年版，第30～31页。

宣慰司都元帅府，直接控制顺元（黔中地区和八番即惠水、广顺一带）。其最重要之目的，仍是重视贵州地域在政治、军事策略上的战略通道地位。贵州作为经营西南的兵家必争之地，是因其为"驿道所经"。换句话说，是因为"驿道所经"呈现了贵州地域的通道地位，使之成为东进西出、南来北往的咽喉之地，成为西南地区的一个重要军事重镇。

在元朝修建的四大驿道之基础上，明朝政府加强了由湖广经贵州抵达云南的主干线的经营和管理，使贵州地域的通道地位再次得到更加充分的彰显。这条主干驿道，起于湖北江陵，南行经洞庭湖湖口，由湖南的醴陵至常德，沿水陆两路溯沅江而上，经桃源、辰州（今沅陵）、沅州（今芷江）、晃州（今新晃）等地进入贵州地域，在贵州境内经平溪（今玉屏）、镇远、偏桥（今施秉）、兴隆（今黄平）、麻峡（今麻江）、清平（今凯里）、平越（今福泉）、新添（今贵定）、龙里、贵阳、威清（今清镇）、安平（今平坝）、普定、安顺、安庄（今镇宁）、关岭、安南（今晴隆）、普安（今盘县）等地进入云南，在云南境内经平夷（今富源）、沾益、杨林（今嵩明）、马龙、曲靖、中庆（今昆明）、大理、永昌（今宝山）、腾越（今腾冲），出境通缅国（今缅甸）、八百媳妇（今泰国清迈、清莱一带）等地。

明朝政府特别重视这条交通主干线的经营，朱元璋洪武十四年（1381）发兵攻讨梁王、统一云南时，因有前车之鉴，故而对贵州通道的重要性有充分的估计。因为元成宗大德四年（1300）下诏远征八百媳妇，取道贵州，因大军征发夫马、勒索百姓而导致宋隆济、奢节等彝族起义抗争，导致驿道受阻，从而致使远征失败。朱元璋吸取这个教训，在发兵征讨梁王之前，就刻意笼络在此大通道中占统治地位的土司水西安氏和水东宋氏。洪武五年（1372）下令将水东和水西合并，设置贵州宣慰司，以水西土司霭翠为宣慰使，水东土司宋钦为宣慰同知。洪武六年（1371）又诏令明确"贵州宣慰使霭翠位居各宣慰之上"。朱元璋深知，"如霭翠辈不尽服之，虽有云南，亦难守也"，[1] 故刻意笼络以保障通道的畅通。所以，洪武十四年（1381），当傅友德率三十万大军取道贵州征讨云南时，贵州通道畅通无阻，还获得水西土司贡献的军事补给。由此可知，无论是元朝的征讨八百媳妇，还是明朝的征讨云南，确保贵州通道的畅通无阻，是获得胜利之关键因素。

为确保贵州通道的畅通无阻，傅友德率领的入滇大军就开始在沿湖广至安顺的通道上沿途设堡。平定云南后，于洪武十五年（1382）明王朝在贵州设立贵州都指挥使司，建立贵州卫和贵州前卫，又在湖广通往云南途经贵州的交通干线上设置"边六卫"（平溪卫、清浪卫、镇远卫、偏桥卫、铜鼓卫、五开卫）、"下六卫"（清平卫、兴隆卫、平越卫、都匀卫、新添卫、龙里卫）、"上六卫"（威清卫、平坝卫、普定卫、安庄卫、安南卫、普安卫）。把卫所基本上全部设置在这条交通驿道上，并将傅友德率领的三十万军中的二十万人留下驻防在贵州，实行军屯合一的管理制度，目的就是为了保证贵州这条通道的畅通无阻。其后，永乐十一年（1413）在贵州建立行省，其主要动机还是为了确保贵州通道的畅通，故王士性《广志绎》说："西南万里滇中，滇自为一国，贵竹线路，初本为滇之门户，后乃开设为省者，非得已也。"[2]（民国）《贵州通志·前事志》说："贵州四面皆夷，中路一线，实滇南出入之门户也。黔之设，专为滇设，

---

[1]　（民国）《贵州通志·前事志》卷二，贵州人民出版社 1984 年版，第 23 页。

[2]　周振鹤点校：《五岳游草·广志绎》，中华书局 2006 年版，第 333～334 页。

无黔则无滇矣。"[1] 对此，学者指出："如此一国政府为保护一条交通要道而专门设置一省级单位这样的重大举措，即使从世界范围内看，也可谓为罕见之举。"[2]

杨志强等民族学者基于这一通道的重大历史文化价值，提出重构"古苗疆走廊"，这是一个可以提振贵州文化主体性和影响力的重要学术创获，他们认为："从明代直到清代前期（雍正年间），朝廷对'苗疆'内土司及少数民族的多次用兵，其背景其实都与因其'阻塞官道'有关。而中原王朝实施的一系列政治、军事举措，如明代'苗疆边墙'的修筑、清初大规模的'改土归流'以及'开辟苗疆'等等，也无不与维护这条'官道'的安全通畅有着密切的关系。总的来看，整个明代，王朝权力在贵州的统治基本上采取的是'守势'策略，即以维护交通驿道的安全为中心而无暇顾及其他。"[3]

贵州的通道地位在抗战时期再次得到体现。抗战中后期，北京、上海、南京、武汉相继沦陷，国民政府迁都重庆，西南地区成为抗战的大后方，由内地进入西南抗战大后方，贵州成为必经之地，贵阳成为抗战大后方的交通枢纽。前往重庆、成都和昆明，皆需在贵阳中转。国民政府为了抗战的需要，抓紧公路建设，在 1935 年至 1937 年期间，修建了湘黔、滇黔、川黔、黔桂四条省际公路，纵横湖南、贵州、四川、广西、云南五省，全程共长二千七百八十余公里，交叉点便在贵阳，贵州成为整个西南地区公路交通的枢纽，西南公路管理局亦从长沙迁至贵阳。同时，开展国际援助的大通道——滇缅公路，由昆明到重庆，

---

[1]　（民国）《贵州通志·前事志》卷二，第 521 ~ 522 页。

[2]　杨志强、赵旭东、曹端波：《重构"古苗疆走廊"——西南地域、民族研究及文化产业发展新视域》，《苗学研究》2012 年第 1 期。

[3]　杨志强、赵旭东、曹端波：《重构"古苗疆走廊"——西南地域、民族研究及文化产业发展新视域》，《苗学研究》2012 年第 1 期。

贵阳亦成为必经之道。

当代国家的西部大开发中，中央政府规划建设的"五纵七横"国道主干线，贵州仍然处在一个交通枢纽地位。西南地区东进南下的几条铁路、高等级公路交汇于贵州大地，形成"井"字形架构，使贵州成为西南陆路交通枢纽和西南出海大通道。西南出海大通道由高速公路和高速铁路组成，纵贯重庆、贵州、广西、广东四省，贵州因此实现了北上通江、南下出海的交通格局，亦由此成为西南地区连接华南、华中、华东地区的大通道。

总之，自秦汉以来直至当代，贵州地域区位皆呈现出明显的通道特征，无论是中央政府，还是地方官员，对贵州地域社会的关注和重视，在很大程度上都是以维护通道的安全为首务，以保畅通为目的。学者以为："无论是国家军事需要，还是区域经济需要，贵州的开发都烙下了鲜明的'通道'烙印。作为政治、军事、经济往来的'大路'，通道的天然使命使贵州的开发始终围绕着'保通畅'的目的展开的。中国西南各省的发展，乃至于与东南亚诸国的交往，都是从这一片崇山峻岭中走出去的，都客观需要这个通道提供保证。贵州自明以来的开发，一直到二十世纪八十年代中国计划经济结束之前，都可以说是对通道的'拓宽''加固'式的开发。"[1] 所以，笔者认为，贵州地域区位的通道特征影响及于文化，使贵州地域文化亦有明显的通道文化特色。贵州地域区位的优势和劣势，贵州地域文化精神的优点和缺陷，皆与这个地域区位的通道特征有密切关系。

---

[1]　张幼琪：《贵州精神与本土文化凝聚力》，《贵州日报》2011年7月29日。

三、地域区位与贵州地域文化处境和特征

"塞天皆石，无地不坡"的地理特征，使贵州经济社会的发展一直在全国处于落后的位置。"边疆的腹地，腹地的边疆"的地域区位，又使贵州经常处于中央政府重点关注的视线之外，往往被忽视和轻视。多山多石的地理特征和不边不内的地域区位是产生贵州文化的地理背景。我们统称这种多山多石和不边不内的地理为大山地理，依此推之，我们称在大山地理背景上产生的有明显山地特征的文化为"大山文化"。大山文化的特点有二：一是边缘文化，二是通道文化。

1. 边缘文化：贵州地域文化的处境

无论是从地域的角度看，还是从文化的视野考察，贵州皆是一个边缘地带。它不仅是亚洲的边缘，还是中国的边缘，亦是西南的边缘。因此，贵州地理是典型的边省地理，贵州文化是典型的边缘文化。但是，无论是贵州地理的边缘性，还是贵州文化的边缘化，皆是被动的，不是主动的。即对于贵州本土来说，无论是地域还是文化，肯定都是以自我为中心的。只是将之置于西南、全国乃至亚洲的视野中，它的边缘性才凸显出来，只是在外省人的视野中，它的边缘性才彰显出来。所以，它的边缘化是被动的，是被边缘化的。因此，我们说贵州文化是一种被边缘的文化。

被边缘就意味着被忽视，乃至被轻视，以至被描写。或者说，被边缘就意味着远离中心，脱离主流视线，所以就被忽视。长期的被忽视，其优长之处亦逐渐被忽略或被掩盖，所以被轻视。长期的被轻视，就逐渐丧失了表述自己的话语权，自身的话语失去权威性和公信力，自身的立场需借助"他者"的话语以传达，所以被描写。

贵州文化的被边缘和被忽视，直接原因就是贵州地域文化的特色

优势不显著。大体上说，贵州地域文化是一种多元共存、五方杂处的拼合文化，其代表性品格不明显，故与周边的巴蜀文化、滇文化、荆湘文化、粤文化等特色鲜明的优势文化形成鲜明对比。关于这个问题，笔者赞同张晓松的看法：

> 许多人在研究过贵州文化之后，不约而同地发出感慨：很难对它的文化特征进行定性和概括。人们曾试图为它找到一个作为代表性的文化身份，比如，有人就从历史渊源和文化遗存方面，把它叫作"夜郎文化"；也有人从地理环境和文化气质的联系上把它定义为"高原文化"；还有人从它那丰富多彩的民族特征方面把它叫作"少数民族文化"。但是，这些定义都只从地理、历史、民族的某一个或几个方面着眼，虽然大致不错，但总不免失之偏颇，恐有挂一漏万之虞。贵州文化表象上的特征不明显，个性不突出，使人们难以找到如像"中原""巴蜀""荆楚"那样特质鲜明的主导型文化特征，也使人们在试图对它进行文化定性时，往往感到无所适从，于是只好含混地从区域而论，姑且称之为"贵州文化"。[1]

所以，有人说，贵州文化是一种没有鲜明特色的文化，或者说是以杂为特色的文化。因为没有鲜明特色，所以不易引起人注意，因此常常被人淡忘，往往被人忽视，甚至被人轻视，最终逐渐被边缘化。

历史上的贵州文化是一种被轻视的文化。古代贵州因山高谷深、无地不坡的地理特征而被轻视，因不边不内的地域区位而被忽视。其被轻视，主要表现在客籍人士的"畏黔"心理和本籍人士的"去黔"心态上。

首先，客籍人士普遍视贵州为畏途，有明显的"畏黔"心理。如孔尚任《敝帚集序》说贵州地理险峻和山川阻隔，外籍人士"轮蹄之

---

[1] 张晓松：《山骨印记——贵州文化论》，贵州教育出版社 2000 年版，第 107 页。

往来，疲于险阻，怵于猛暴，惟恐过此不速。即官其地者，视为鬼方、蛮触之域，恨不旦夕去之"[1]。卫既济《康熙贵州通志序》说贵州"地处荒徼，苗顽难驯，筮仕得此方，辄多瑟缩不前"。[2]这种"畏黔"心理，具有相当的普遍性。如陈尚象《黔记序》说：

> 尝观名山大川，载在图经，宇内寥廓昭旷之士恨不旦暮遇。乃退陬僻壤，岂无一丘一壑为造化所含奇者？即辀轩过之，不肯经览。人情贵耳贱目，贵远贱近，大抵然也。夫黔虽僻壤，自我明建藩以来二百余年，二祖之所创造，累朝所覆育，皇上之所观文成化，民鼓舞于恬熙，士涵咏于诗书，亦既彬彬，质有其文。第游谭之士，往往以其意轻之。士大夫闻除目一下，辄厌薄不欲往。[3]

丘禾实《黔记序》说：

> 今天下开府置官，属之地十有三，而黔最后。黔非特后也，籍黔之入，不足以当中土一大郡，又汉夷错居而夷倍蓰焉。此宇内往往少黔，其官于黔者或不欲至，至则意旦夕代去，固无怪其然。乃士生其间亦谬自陋，通籍后往往籍其先世故里，视黔若将浼焉。[4]

蓝鼎元《贵州全省总论》说：

[1] 《黔南丛书》第三集《敞帚集》卷首，贵阳文通书局铅印本。

[2] （康熙）《贵州通志》卷首，《中国地方志集成·省县志辑·贵州》，凤凰出版社2010年版。

[3] 《黔记》卷首，《中国地方志集成·贵州府县志辑》（第3册），巴蜀书社等2006年版。

[4] 《黔记》卷首，《中国地方志集成·贵州府县志辑》（第3册），巴蜀书社等2006年版。

> 当今仕宦，尚以黔为畏途，谓其山高地僻，土瘠以荒，民贫以鄙，无文献之足观，有异类之难驯。[1]

陈法《黔论》说：

> 黔处天末，崇山复岭，鸟道羊肠，舟车不通，地狭民贫。无论仕途者视为畏途，即生于黔而仕宦于外者，习见中土之广大繁富，亦多不愿归乡里。

据此可知，贵州之被轻视，"游谭之士"不屑至此，即使途经贵州者，亦是"惟恐过此不速"，游宦于此者，亦视之为畏途，或"厌薄不欲往"，或"恨不旦夕去之"，有着非常明显的"畏黔"心理。

其次，本籍人士因贵州身份的被轻视，亦往往有"去黔"心理。在文献中我们看到有些生于黔而仕宦于外者，"亦谬自陋"，或"不愿归乡里"，或"籍其先世故里，视黔若将浼焉"，有明显的"去黔"心理。如杨师孔就是一个典型例子，据钱塘梁同书《跋董子敏书杨师孔墓志铭》说："杨泠然先生善擘窠书，每榜书，辄署'吉州某'，不知为杨龙友文骢父也。父子异籍，阅此卷始了然，此古人所以重碑版文字也。"[2] 杨泠然即黔人杨师孔，杨文骢之父，虽然其祖籍是吉州，但已著籍为黔人，而其书法题名却总题"吉州某"，认同祖籍而不认同贵州，此乃部分仕宦于外之黔人的普遍心态。

黔人有意掩盖黔籍身份而认同祖籍，非仅是祖先崇拜观念的影响，更主要是因为长期以来贵州被人轻视，黔人身份被人瞧不起，便逐渐养成黔人的不自信心理。晚清四川著名诗人赵熙在《南望》一诗中说：

---

[1] （道光）《贵阳府志》余编卷三，贵州人民出版社 2005 年版，第 1649 页。

[2] 《黔诗纪略》卷十一，贵州人民出版社 1993 年版，第 462 页。

"绝代经巢第一流，乡人往往讳蛮陬。君看缥缈綦江路，万马如龙出贵州。"即使在贵州人才辈出的晚清时期，虽然"万马如龙出贵州"，产生了"绝代一流"的郑珍这样的"西南大儒"，黔人身份的被轻视亦仍然未能改变，所以"乡人往往讳蛮陬"。

概括地说，贵州之被轻视，主要有以下几个方面的原因：一是"地处荒徼"。中土人士自以为处天下之中，生活在政治、经济、文化之中心，养成自大自尊之心理，故对"地处荒徼"之贵州不屑一顾。二是"疲于险阻"。贵州地理"层蛮叠嶂，路不堪车，溪滩陡狭，复阻舟运"，[1] 故无论是游还是宦，皆视黔为畏途，甚至像柳宗元所说的，"播州非人所居"，[2] 即是不适合人居住的地方。这种状况类似于汉魏间人对江南的态度，因为"江南卑湿，丈夫早夭"，所以贾谊被贬为长沙王太傅，即有"寿不得长"的感慨。三是"怵于猛暴"。贵州是少数民族聚居区，少数族人性格刚烈，作风剽悍，行为猛暴，故在外籍人士看来，就是"苗顽难驯"，就是"民贫以鄙"，就是"骠悍成习"，故因"怵于猛暴"而视黔为畏途。

贵州文化是一种被边缘的文化，被轻视的文化，因而亦是一种被描述的文化。钱理群在《贵州读本·前言》中说：

> 鲁迅当年曾经谈到，近代以来，中国常常处于"被描写"的地位，这是一个弱势民族、文化在与强势民族、文化遭遇时经常面对的尴尬（参看《花边文学·未来的光荣》）。而无可回避的事实是，在现代中国文化的总体结构中，贵州文化也是一种弱势文化，也就会面对"被描写"

---

[1]　潘文芮：《黔省开垦足食议》，（道光）《贵阳府志》余编卷三，贵州人民出版社 2005 年版，第 1647 页。

[2]　韩愈：《柳子厚墓志铭》，《韩昌黎全集》卷三十二《碑志》九，中国书店 1991 年据世界书局 1935 年本影印。

或根本被忽视的问题。这正是许多贵州有识之士痛心疾首的：人们对贵州岂止是陌生，更有许多误会与成见，并形成了有形无形的心理压力；而黔人的"自我陌生"则造成了文化凝聚力的不足，更是贵州开发必须解决的精神课题。[1]

其实，非仅是"在现代中国文化的总体结构中"，而是自汉代以来，贵州文化就是一种弱势文化，贵州就处于一个被忽视乃至被轻视的处境，处于一个被描写的地位。被描写的确是"弱势民族、文化在与强势民族、文化遭遇时经常面对的尴尬"，这实际上涉及话语权的掌控问题，能否掌控话语权，或者说你的话语是否具有权威性，主要取决于你实力的大小强弱。实力强大，你的话语就有权威性，你就可以掌控话语权；实力弱小，你的话语就没有权威性，甚至没有发言的空间和余地，你就得看别人的脸色，甚至还得依据别人的话语来塑造自己，你就处于被描写的地位。实力强大，你就是这个世界的描写者；实力弱小，你就是这个世界的被描写者。

毋庸讳言，自汉代以来，与先进地区相比，贵州地区经济、文化的发展的确存在着较大的差距，贵州的确处于弱势地位，因此亦一直处于被描写的地位。但是，亦必须承认的是，外界对贵州的描写的确存在着诸多的误解和偏见。作为地域空间的贵州形象史，就是在自汉代以来的诸多误解、偏见和忽视、轻视的描写过程中逐渐建构起来的。

长期以来，作为地域空间的贵州形象，一直处于被贬损、被歪曲的状态。其中最大的误会和极端歪曲的描写，莫过于"夜郎自大"一语的形成和传播。据《史记·西南夷列传》载：汉使至滇，"滇王与汉使者言曰：汉孰与我大？及夜郎侯亦然。以道不通故，各自以为一

[1] 钱理群、戴明贤、封孝伦主编：《贵州读本》，贵州教育出版社2003年版。

州主，不知汉广大。"[1] "夜郎自大"成语出自于此。这段文字有两点值得注意：其一，滇王与夜郎王的"自大"，是因为"道不通故"，因为"不知汉广大"，即因交通阻隔所造成。其所以发问，并非出于虚矫狂妄，自高自大。引文的后三句话显然是司马迁的意见，解释滇王和夜郎侯何以有如此之发问，解释文字的字里行间并没有轻薄或批评之意，更多的是"同情之理解"。但是，如今通用的成语"夜郎自大"，则明显是一个贬义词。贬斥黔人坐井观天、虚矫狂妄、自高自大。非仅"夜郎自大"一语含有贬义，即便是"夜郎"一词，因为自然让人联想到"自大"，亦成为一个不光彩的称号。从《史记·西南夷列传》这段史料脱胎出来的"夜郎自大"这个成语，实在是学者对这段文字的过度阐释，这是贵州形象第一次不光彩的被描写。其二，从上下文看，首先发出"汉孰与我大"之疑问者，是滇王，而夜郎侯只是"亦然"。在原文叙述之语气上，有明显的轻重主次之别。可是，使人不解的是，后人为何由此仅仅演绎出"夜郎自大"一语，而于首先发问之滇王，则置之不语。这种主次颠倒、轻重倒置的做法，到底出于一种什么心理，很值得探究。

还有，晚明文人杨文骢，以诗、书、画三绝闻名于江南，颇受江南大家之推崇，在晚明王朝的复兴运动中，功勋卓著，颇富民族气节，最后是全家壮烈殉国。可是，在孔尚任的《桃花扇》中，却被塑造成一个奸诈小人。这种有意污损贵州文化名人的做法，又是出于一种什么心理？对于这个问题，笔者赞同刘齐的看法，贵州在被描写的过程中，"好事记在别人账上，倒霉事却落到自己头上"。[2]

---

[1]　司马迁：《史记》，中华书局1982年版，第2996页。

[2]　刘齐：《看贵州》，刘学洙、史继忠《历史的理性思维——大视角看贵州十八题》之"附录"，贵州教育出版社2004年版。

成语"夜郎自大"成为贵州人士二千余年难以摆脱的心理阴影，至今仍是外省人审视贵州的一种心理定式。前述"夜郎自大"，夜郎侯毕竟有过"汉孰与我大"之发问，尽管他是尾随滇王之后发出的，但还算有些关联，虽然有点冤屈，但总是事出有因。至于"黔驴技穷"一语对贵州的描写，则完全是一种移花接木式的错误描写，是把倒霉事生拉活扯、毫无依据地安在了黔人的身上。柳宗元《三戒》之《黔之驴》，其开篇云："黔无驴，有好事者，船载以入，至则无可用，放之山下。"[1] 明言此驴非黔驴，是"好事者船载以入"，这只外强中干的外地驴被聪明的贵州虎吃掉了。文章本意如此，可是掌握话语权的描写者，张冠李戴，随心所欲，不顾原文本意，演绎出"黔驴技穷"这个成语，把那个本来可以代表贵州形象的聪明老虎给遮蔽了，将那个外强中干的外地驴生拉活扯地说成是"黔之驴"，为贵州形象添上了极不光彩的却是浓墨重彩的一笔。再说，柳宗元所谓的"黔"，即唐代的黔中郡，地在今湘、黔、渝、鄂之交界处，治所在今重庆之彭水，事实上与贵州无多大关系。但是，描写者依然张冠李戴，将唐代的黔中等同于今日之贵州。由此，"黔驴技穷"又成为外省人贬抑黔人的一个重要口实，这是贵州形象又一次遭遇不光彩的、影响深远的描写。其实，柳宗元《黔之驴》本身并无有意轻贱的意图，但柳宗元本人却是有意无意间参与了描写贵州的工作。如刘禹锡被贬播州（今贵州遵义），柳宗元上书为之求情说："播州非人所居。"[2] 可能是受柳宗元的影响，同时人裴度亦说："播极远，猿猴所居。"[3] 就是这些不

[1] 柳宗元：《柳河东全集》卷二十，中国书店 1991 年据世界书局 1935 年本影印，第 232 页。

[2] 韩愈：《柳子厚墓志铭》，《韩昌黎全集》卷三十二《碑志》九，中国书店 1991 年影印世界书局本。

[3] 《旧唐书·刘禹锡传》，中华书局 1975 年版。

真实的认识和夸张的想象参与了对贵州的描写。可以说，自汉代以来，作为地域空间的贵州形象史，就是一部被歪曲和贬抑的历史，就是一部被描写的历史。

2. 通道文化：贵州地域文化的特征

所谓通道文化，是指为政治、经济、军事之目而开辟的交通路线，以此交通路线为中心的线性或带状区域内，当地土著、外地移民、政府官员、途经人员在相互交流和互动影响中形成的文化。通道的类型有三种：一是为政治、军事之需要而开辟的交通线路，如贵州的古苗疆走廊，即是在国家意志下开辟出来的通道，可称"官道"。二是为商业经济之发展由民间社会开辟出来的线路，如滇藏之间的茶马古道，可称为"商道"。三是族群长期沿着一定的自然环境如河流或山脉向外迁移或流动过程中形成的交通路线，如藏羌彝走廊、武陵走廊，借用费孝通的概念，可称为"民族走廊"。

通道文化以特定地域内的文化为研究对象，它属于地域文化中的一个特殊类型。通道文化与一般地域文化的区别，主要有以下几个方面。

第一，通道之形成往往是由于政治、军事、经济之实用目的而人为开辟的，地域则主要是由于自然、人文之因素长期积淀而自然形成的。前者是短期内人为开辟的，后者则是长期内自然形成的。因此，前者是人为的文化，后者是自然的文化。

第二，通道是连接两个或多个地域之间的狭长地带，因而是线性的或者带状的。地域则是围绕一个中心区域向四周辐射，因此是圆形的或者是弧形的。前者是线型或带状文化，后者是圆型或弧型文化。

第三，线型或带状的通道，一方面连接两个不同的地域，另一方面又穿越若干不同的地域，经历着众多地域的不同人群，包括土著、官员、军人、商人、文人、旅游者等，所以其文化以杂合为特征。而地域是围绕一个中心向四周辐射，其文化具有相对的稳定性和单一性，虽然它亦常受到外来文化的渗透，但其主体性特征往往能够保持。所以，通道文化是杂合而善变的文化，地域文化则是稳定而单纯的文化。

第四，通道是因为长时期有来自四面八方的人群穿行而形成的，因此而形成的通道文化具有开放性和包容性特征，以开放的姿态吸纳和包容各种异文化，各种异文化在通道中碰撞、渗透，其主体性往往逐渐淡化，或者从未形成主体性。以一个中心向四周辐射形成的地域，对异文化是排斥或者是有选择地吸纳，因而往往具有封闭性和保守性，其文化的主体性特点比较明显。前者因为异文化过于发达，主体性淡化或者消失，故而其内在聚合力和向心力不足。后者由于文化主体性能够长期保持不动摇，故其凝聚力和认同感较强。

第五，通道文化因有各种异文化的接触、碰撞、渗透和影响，故而相互激发，各种文化处于一种竞争性生存环境，故其充满竞争活力，其创造能力和创新精神比较发达。地域文化则因主体性强大，特定地域的限制，异文化发展的空间小，封闭性特征显著，缺乏竞争性生存空间，竞争意识薄弱，故其创造能力和创新精神略微欠缺。所以，相对而言，前者是创新型文化，后者是保守型文化。

第六，通道是为着某种实用目的而开辟的，当实用性目的不再具备之后，它就废弃了；或者当开辟出另外的更为方便、快捷的通道后，它亦可能被废弃。通道之被废弃，其所形成之文化亦就中断或者衰落了。所以，通道文化具有临时性或暂时性特点，如茶马古道、丝绸之路等，均是如此。而地域文化虽然亦受到外在因素的制约，如自然灾害，或者其他政治、军事原因而致使其中断或者衰落。但是，相对而言，它的稳定性和持续性，远远大于通道文化。

第七，通道和地域所受的关注点不一样。通道是连接起点和终点的交通线路，通道的开辟是为通，通道的管理和维护是为保证畅通。政府和民间社会以及过往行人关注通道的重点是畅通。只要畅通，其他均可置而不论。并且，人们关注的重心是起点和终点，即通道所连接的两个或多个中心地域或核心城市。其所导致的结果，是通道本身被遮蔽，被边缘化。因此，相对而言，通道文化是边缘文化，地域文化是中心文化。

综上所述，通道文化是人为的文化，地域文化是自然的文化；前者是线带型的，后者是圆弧型的；前者是杂合而善变的，后者则是单纯而稳定的；前者是开放包容的，后者是封闭保守的；前者的内在聚合力不足，后者的向心力较强；前者是创新型的，后者是保守型的；前者是临时的短暂的，后者是持续的稳定的；前者是边缘文化，后者是中心文化。

贵州地域区位有明显的通道特征，无论是楚国庄蹻借道夜郎开辟云南，还是秦朝常颊开辟的直抵云南的五尺道，抑或是武帝朝唐蒙开辟的沟通巴蜀与岭南的大通道，或者是元明清时期开通的自湖广经贵州抵达云南的南方交通主干线，还是当代中央政府规划建设的西南陆路交通网络和西南出海大通道，贵州地域区位皆被视为通道。由此而形成的贵州地域文化，亦就是典型的通道文化。基于上述笔者对通道文化特征的讨论，贵州地域文化的通道特点，主要体现在以下几个方面。

贵州文化的通道特点，首先体现在它的开放性和包容性上。处于通道地位的贵州地域，各种异文化纷至沓来，在这里形成一种杂而不争、共生共荣、多元一体的文化生存状态。所谓"杂而不争"，首先体现在它是一个多种文化杂糅而成的复合型文化，其中既有来自印度的佛教文化，来自西亚的伊斯兰文化，来自欧洲的基督教文化，来自中原的儒家文化和道教文化；亦有多民族文化的混杂共存，有氐羌族系的游牧文化，有苗瑶族系的山地文化，有百越族系的耕作文化。贵州文化的杂是全方位的，举凡民族、习俗、传统、语言、信仰、生产生活方式等，皆以杂著称。尤其值得注意的是，由于特定地域区位和地理特征的影响，贵州文化虽然杂但是不争，有杂而不争的特点，各民族文化、各地域文化多元共存，相互辉映，互相适应，彼此调节，相互交融，并未发生明显的矛盾和冲突，故曰"不争"。因为杂而不争，所以境内的各种文化处于共生共荣的状态。青岩古镇就是一个典型的个案，在这里，儒家文化、道家文化、基督教、佛教、天主教与民族文化和平共处，相安无事，是贵州多元文化共生共荣的一个缩影。镇远青龙洞亦是一个典型例子，在同一座山上，中原禅院、青龙道观、江西会馆、紫阳书院、戏院戏台聚集在一起，曲径通幽，相互联通，共生共荣，相互融会，而又各呈异彩。贵州地域文化此种杂而不争、共生共荣的特点，充分体现了中华民族文化多元一体的特征。[1]

贵州地域文化此种杂而不争、共生共荣的特点，其负面价值在于它未能形成特色鲜明、集中统一的文化身份标识；其正面价值就是它的巨大的包容性，始终能够以一种开放的姿态去接纳外来文化，为多元文化在贵州的生存和发展留下了广阔的空间。明白这一点，对理解贵州古近代文学的特征很重要。贵州古近代文学发展呈现出一个开放性的体系，杂多而不能自成一体，有一批驰名全国的诗文名家，甚至有大致统一的文学题材和艺术风格，却未能形成独具特色的地域诗文流派，这与贵州地域文化杂而不争、共生共荣的特征相吻合，与贵州

[1] 参见张晓松：《山骨印记——贵州文化论》，贵州教育出版社2000年版，第 108～123页。

文人开放的文化姿态密切相关。

贵州文化的通道特点，其次体现在它的创新精神和创造能力上。这主要表现在三个方面：一是生活在通道上的人群，性格上往往有开放和包容的特征，因而易于接受新鲜事物，对各种异文化亦能持一种兼容并包的态度，故而其人群本身具备创新的冲动和创造的潜质。二是因为处在通道位置，处于各种新事物、新观念和新文化传播的前沿位置，往往得风气之先，故而常常引领时代潮流和地域风尚，展现出追新求奇的特点。三是在通道地域，本土文化与各种异文化相互接触、碰撞、影响和渗透，各自皆处在一种竞争性生存环境中。相互之间的碰撞激发出创新活力，相互之间的竞争激发出创造能力。贵州地域的通道特征，不仅使贵州文化往往得风气之先，具有相当明显的开放性和包容性，能很快融入全国的主流文化风尚中，而且亦使之具有比较突出的创新精神和创造能力，一定程度上发挥着开启新风尚的作用。关于此问题，下节将有详论，兹不赘述。

贵州文化的通道特征，还体现在它在发展上的间断性和暂时性上。如前所述，贵州通道是中央政府为着政治、军事之目的，以国家意志开辟出来的，其通道地位是国家为着政治、军事之实用目的赋予的，与茶马古道、丝绸之路等由民间社会为商业目的开辟的商道不一样，它是官道。当中央政府的关注点在西南地区，着力于西南地区的开发和经营，它的通道地位就得以充分彰显，其经济和文化亦获得发展的机会，如明朝征讨云南时期、清朝"改土归流"时期、抗战时期、"三线建设"时期。但是，当中央政府的关注点转移，贵州通道的实用价值降低，其就处于发展低落的时期。如抗战胜利后，大批政府机构、学校、医院以及流民的回迁；"三线建设"工作结束后，大批厂矿的管理干部、技术人员的回迁，就是比较典型的情况。所以，作为通道的贵州地域区位，其文化发展的重要表现，就在于它的间断性或暂时性。贵州文化发展史上所谓的"千年断层"，其原因亦在于此。

贵州文化的通道特征，亦体现在文化身份上的模糊性或不确定性上。研究贵州文化的学者，往往都会遇到一个特别令人困惑的问题，即贵州文化身份的确定问题。时至今日，这依然是一个没有能够得到很好解决的问题。究其原因，就与贵州地域区位的通道特点和贵州文化的通道特征有密切关系。作为通道地域，必然带来大量的移民，历史上的几次大移民铸就了贵州"移民省"的身份特征。移民数量的过于庞大，致使贵州文化呈现出杂合的特点。而历史上的几次大移民，又多是被动移民，而不是主动移民。相对而言，贵州的地理环境和生存条件，与周边省区相比，与全国大部分地区相比，皆是比较差的。因此，这些被动移民，多从地理环境和生存条件比较好的地区移民到贵州"山国"。他们虽然被迫留居下来，但从心底里不认同贵州，不认可贵州土著文化，代代相传数百年依然还保持着对当地土著文化的轻视态度和对祖籍故土深深眷恋的移民心态。如屯堡人就是一个典型例子，集中居住在安顺的屯堡人，数百年来依然比较完好地保持从江淮地区移置过来的语言、服饰、风俗、习惯、信仰等文化要素，与周边地区的苗族、布依族文化呈现出显著的区别，这实际上体现的就是他们对故土文化的眷恋和对当地土著文化的不认同。虽然他们在贵州生活了六百多年，但那种老移民心态仍然代代相传，至今依然顽固地保持着。"在屯堡农家，你若问起他们的祖地，他们会爽快地告诉你，江南应天府石灰巷，或是安徽凤阳府临淮县、江西吉安府庐陵县、江南徽州府歙县，等等。你若再问是什么时候迁来的，他们会骄傲地说，朱元璋的时候。屯堡人无论男女老幼，无不记着自己的祖地和朱元璋。……他们始终顽强而又执著地保持着江淮人的衣马服饰和生活习俗，不为时尚所动。他们和外部世界似乎隔着一道藩篱，外面的人只能窥视他，而不能改变他"。[1] 这种情况，不仅存在于安顺地区，在贵州地域内凡以屯、堡、旗、哨命名的地方，都曾经是政府屯军之地，都可以称为屯堡，这些屯堡人亦如安顺屯堡人一样，存在着相当浓厚的老移民心态。甚至历来被视为贵州世居民族的苗族，其灵魂深处亦不乏移民心态，如流传于今麻山地区的苗族英雄史诗《亚鲁王》，是在为亡人举行祭奠仪式上的送魂曲和指路经，这些苗人生前不能回到故土，死后的灵魂却要沿着祖先迁徙的路线返回故里，其移民心态亦可谓浸入了苗人的灵魂深处。再如，在抗战时期，国土沦陷，大量人群涌入作为抗战大后方的贵州，而一旦抗战胜利，便立即返回故土。"三线建设"时期，为响应中央的号召，二十余万人迁入贵州开展"三线建设"，随着国际形势的变化，"三线建设"进入尾声，大批厂矿和技术工人便想方设法回迁故地或中心城市。历史上真正可以称为是贵州土著的，只有濮人，即仡佬族人。据说，在贵州，只有仡佬族人在移动死者之灵柩或者遗体时，不需要撒买路钱，因为这片土地本来就是他们的，他们才是真正的土著。而其他族群则必须撒买路钱，因为他们是移民，必须撒钱买路借道通行。如此因通道地位而造成的大量移民之涌入，如此大批移民构成的贵州地域社会，内在聚合力不足，是必然的现象。因内在聚合力不足，缺乏强烈的地域认同感和文化凝聚力，因而难以整合形成特征明显的地域文化身份，其必然的结果，就是导致贵州地域文化身份的模糊性或不确定性。

贵州文化的通道特征，还体现在它的边缘性上。通道文化的边缘性体现在两个方面：一是作为交通要道的时候，就受到高度关注和普遍重视，失去通道价值的时候，就被忽略被轻视被边缘。二是通

---

[1]　郑正强：《大山深处的屯堡》，河北教育出版社 2003 年版，第 1、7 页。

道作为连接两个或多个中心地域的交通线，其所关注的重点在于确保畅通，其所受关注的核心不是通道本身，而是通道所连接的中心地域。所以，学者认为："不沿江、不沿海、不沿边的内陆省贵州，就因其客观地域位置决定了自身的通道作用。通道的建设与发展及所受到的关注，自然远不及起点和目的地。因此，亦不如将贵州汉文化作为'通道文化'去审视。作为自明以来的军事通道，贵州文化的积淀，始终带有强烈的通道宿命。"[1]或者以为，贵州的主体性一开始便被通道所遮蔽，即军事功能对政区功能的遮蔽，云南遮蔽贵州（贵州的军事主体性是云南政区主体性所强加或赋予的），军事移民为核心的主流社会遮蔽了贵州当地少数民族率先发展的机会。[2]学者一针见血地指出：贵州通道对贵州文化主体性的遮蔽，就是贵州地域文化一直被边缘化的事实。[3]

贵州文化作为一种通道文化，其特征如上所述，其利弊得失，亦显而易见。概括地说，通道的开辟，对贵州经济社会发展的影响，具有双重性：一是为贵州人走出大山和异文化输入贵州提供方便，其对贵州经济社会发展的积极意义，不言自明；二是因为仅仅是一条通道，其所受的关注点和关注度皆不及通道所连接的两个或多个中心地域，因而有被边缘化的可能。作为通道文化的贵州文化，它具有开放性、包容性和多样性，富于创新精神，拥有创造活力，这是它的优势。另一方面，它的发生发展又具有间断性、暂时性，它的特征具有模糊性和边缘性，这是它的弱势。如何克服通道文化的局限性，避免其弱势，

[1] 张幼琪：《贵州精神与本土文化凝聚力》，《贵州日报》2011年7月29日。

[2] 孙兆霞、金燕：《"通道"与贵州明清时期民族关系的建构与反思》，《思想战线》2010年第3期。

[3] 杨志强、赵旭东、曹端波：《重构"古苗疆走廊"——西南地域、民族研究及文化产业发展新视域》，《苗学研究》2012年第1期。

发挥其优势，是当前贵州经济社会建设中的一项重要课题。

四、开放与创新：地域区位影响下的贵州地域文化精神

1. 边缘活力与文化创新

创新精神是文化发展的动力源泉，一种文化只有不断地被注入新鲜血液，处在有竞争压力的环境中，不断面临分裂性的挑战，或者常常进行危机性反省，并由此激发出创新精神，才能日新月异，充满生机和活力。封闭和保守的文化必将日趋萎缩，逐渐丧失生命力，最终走向死胡同。开放和创新的文化则能日新月异，保持旺盛的生命力。

文化创新的主体是人，是作为主体的人发挥自己的创新精神，给文化注入生机和活力，从而推动文化的发展和创新。然而，人总是生存于特定的地域环境、社会环境和文化背景中，他的创造能力的大小与创新精神之强弱，除了与其生存的社会环境和文化背景密切关联外，还与其生存的地域环境有紧密关系。学术界关于人的创造能力的研究，比较注重的是人本身的创造思维及其所处的社会、人文环境等方面的因素，而于地域环境对人的创造能力和创新精神的影响，则是略而不论，或者语焉不详。在本节，笔者以贵州古近代文化和文学为例，讨论贵州地域环境对地域文化和文学之创新精神的影响，探讨边省地域与创新精神的关系，进而为学术界广泛关注的"边缘活力"论提供一个实证。

"边缘活力"作为当代文化研究的一个重要学术概念，是由学者杨义率先提出和展开讨论的。杨义认为：文化和文学的发展皆有一个内在于文化的动力学系统。他将边疆的、边缘的文化动力，命名为"边

缘活力"，认为这是文化动力学结构系统中的决定性力量。他说：

> 边缘文化不是只会被动的接受，它充满活性，在有选择接受中原影响的同时反作用于中原文化。少数民族的文明、边疆的文明往往处在两个或多个文化板块结合部，这种文明带有所谓原始野性和强悍的血液，而且带有不同的文化板块之间的混合性，带有流动性，跟中原的文化形成某种异质对峙和在新高度上融合的前景。这么一种文化形态跟中原发生碰撞的时候，它对中原文化就产生了挑战，同时也造成了一种边缘的活力。[1]

在文学发展的动力系统中，最值得注意的是少数民族文学和民间文学。他认为：少数民族文学和民间文学作为重要的、有机的精神文化领域，在过去的主流文学话语中，只是一种边缘性的文学形态。但正是这种边缘文学，它丰富多元，千变万化，总是处在不稳定的流动状态，因而极具活力，能够源源不断地为中国文学注入新的生机，成为文学发展的主动力。[2] 杨义慧眼洞见文化和文学发展动力系统中的"边缘活力"问题，的为确论，故一经提出，即引起学术界的广泛关注，成为当代文化和文学研究的一个核心概念和重要视角，一些重要的学术话题由此引出，一些众说纷纭的问题由此得到有效解释。

"边缘活力"的重要表现之一，就是边缘地区的文化和文学，相对于中土地区来说，更具创新性和开放性。这种现象，在中国文学史上有明显的表现。比如，纵观中国文学发展史，我们发现，大部分独创性极强、富于浪漫精神，能开创一代新风气的作家，多来自民间或者边省，尤其是来自荆楚或巴蜀文化区，如屈原、司马相如、陈子昂、

---

[1]　杨义：《从文学史看"边缘活力"》，《人民日报》2010年2月26日。

[2]　施爱东：《杨义：让边缘活力成为中心话语》，中国民俗学网2007年11月26日。

李白、苏轼、郭沫若等。浪漫精神与艺术创造犹如一物之两面，创造性是浪漫精神之核心，浪漫精神是激发创造性的前提。一个富有浪漫精神的作家，往往就具有比较旺盛的创造能力。反之，创新意识强的人，往往不是倾向于现实理性而是热衷于浪漫激情。如屈原这样一位极具浪漫精神的作家，远离中原主流文化，在楚国民间文学之基础上，创造性地创作出与中原主流文学迥然不同的"楚辞"文学，影响了汉代四百年乃至整个古代中国文学的创作，其创造性和影响力，无与伦比。又如，汉代四大赋家，巴蜀地区就占有两位（司马相如和扬雄），再加上一个创作《洞箫赋》的王褒，边省文人几乎占去汉赋创作的半壁江山。此种现象，值得巴蜀文化研究者关注。更值得巴蜀文化研究者重视的，是中国文学史上影响最大的最具浪漫精神因而亦是最有创造性的几位作家，如前述司马相如、陈子昂、李白、苏轼、郭沫若等人，均来自相对于中原来说地处边缘的巴蜀文化区。这不是一个偶然的巧合，应当有某种地域文化基因所促成，用杨义的话说，这是一种典型的"边缘活力"。试着设想，汉代文学史上如果没有司马相如，进一步说，中国赋体文学史和中国古代文人心灵史上如果没有司马相如，将会是一个什么样的局面？是来自边省的司马相如拓展了赋体，并代表着赋体文学创作的最高水平，还影响着整个古代中国文人的心灵世界。[1]"一代唐音起射洪"，是来自边省的巴蜀才子陈子昂以其慧眼洞悉初盛唐之交中国诗歌发展之症结，以"汉魏风骨"改造有齐梁余风之初唐诗，为盛唐诗歌黄金时代的到来开辟了道路。[2] 所以，韩愈《荐士》诗说："国朝盛文章，子昂始高蹈。"还是来自巴蜀

---

[1]　汪文学：《传统中国文人的相如情结》，《博览群书》2008 年第 9 期。

[2]　汪文学：《一代唐音起射洪——论陈子昂在唐代诗文革新运动中的机遇问题》，《唐代文学研究》（第九辑），广西师范大学出版 2000 年版。

的天才诗人李白，以其卓越的天才创造和浪漫激情，以斩断众流的勇气和魄力，创造出中国古典诗歌创作的巅峰时代。没有李白的出现，唐代诗歌、唐代文化必将黯然失色，中国古典诗学亦将失去生机和活力。与李白双峰并峙并共同推进盛唐诗歌黄金时代到来的诗圣杜甫，亦在四川住了近十年，其诗歌创作技巧之成熟和创造力的充分体现，亦是在边省四川完成的。因此，在一定程度上可以这样说，没有巴蜀文化就没有唐代文化，没有巴蜀才子就没有唐代诗歌。文学史上的"边缘活力"，由此更得一有力之佐证。再说，苏轼之于宋词，郭沫若之于中国现代文学，亦有举足轻重的地位和至关重要的影响，同样以其浪漫激情和天才创造为当时文学创作开创了新局面。由上述现象呈现出来的文学发展规律，即民间或边省文人的艺术创新能力，大大超过中土主流文人，中国文学的每一次重大进展都依赖于边省文人的天才创造，这是值得中国文学史研究者特别注意的，亦许只有用"边缘活力"论才能获得合理的解释。

其次，"边缘活力论"可以为古代中国文学体裁的发生发展过程提供有效的解释。鲁迅曾经指出：古代中国的新文体皆来自民间，大体沿着由民间而庙堂的过程发展。关于这个问题，傅斯年有比较详细的讨论，他说：

> 若干文体的生命仿佛是有机体。所谓有机体的生命，乃是由生而少，而壮，而老而死。……就是这些大文体，也都不像有千年以上的真寿命，都是开头来自田间，文人借用了，遂上台面，更有些文人继续修整扩张，弄得范围极大，技术极精，而原有之动荡力遂衰，以至于只剩了一个躯壳，为后人抄了又抄，失去了扩张的力气；只剩了文字上的生命，没有了语言上的生命。韵文是这样，散文也一般，详细的疏证，待"文体"一章说。这诚是文学史中的大问题，这层道理明白了，文学史或者可和生物史有

同样的大节目可观。[1]

可惜傅斯年的讲义是一个未完成的讲稿，"文体"一章未见，所以详细疏证就不见下文。不过，他在这里已经讲得很明白：文体犹如有机体的生命，产生于田间，在田间时有"动荡力"，有"扩张的力气"。到了文人手里，"动荡力遂衰"，"失去了扩张的力气"，"只剩下一个躯壳"。换句话说，处于边缘状态时是有活力的，到了中心主流文人手里就逐渐丧失了活力。

的确，在中国古代文学史上，任何一种新兴的文体皆沿着由民间而庙堂、由边缘而主流的历程发展。诗歌是如此，没有国风即无雅颂，没有乐府古诗即无汉魏文人五、七言诗。或者说，庙堂之上的雅颂诗篇是在学习国风之基础上发展起来的，汉魏文人五、七言诗是在仿效乐府诗歌之基础上发展起来的。辞赋是这样，没有边缘文人屈原、司马相如的创作，就没有汉赋创作的繁荣局面。词、曲、小说亦然，它们最初亦产生于民间，是民间文人的创造，如果没有民间曲子词和民间讲唱文学，中土主流文人亦是无能为力的。古代中国文学文体之发展变迁，似乎昭示了这样一个事实，即任何一种新兴文体皆来自民间或边缘，中土主流文人只能被动地学习和模仿。一种来自民间或边缘的文体，引起中土主流文人之注意，进而学习和模仿，使其日益精致，渐趋典雅。但是，在日益精致、渐趋典雅的同时，又使其逐渐丧失生命力和动荡力，于是又从民间或边缘吸取另一种新文体来学习和模仿。如此循环往复，一部二千多年的中国文学史，大体上就是这样发展过来的。傅斯年在他的讲义中有一段文字讨论"楚辞"，就涉及这个问题：

楚辞的起源当然上和四言下和五言七言词乃至散文的平话一个道

---

[1]　傅斯年：《中国古代文学史讲义》，时代文艺出版社 2009 年版，第 7 页。

理，最初只是民间流传的一体，人民自造又自享用的。后来文人借了来，作为他自己创作的体裁，遂渐渐地变大规模，成大体制，也渐渐地失去民间艺文的自然，失去下层的凭藉，可以不知不觉着由歌词变为就格的诗，由内情变为外论，由精灵的动荡变为节奏的敷陈，由语文变为文言。……大约篇节增长，技术益工，不便即算是进步，因为形骸的进步，不即是文章质素的进步。若干民间文体被文人用了，技术自然增加，态情的真挚亲切从而减少。所以我们读"大家"的诗，每每觉得"大家"的意味伸在前，诗的意味缩在后；到了读所谓"名家"的诗时，即不至于这样的为"家"的容态所压倒；到了读"无名氏"的诗，乃真是对当诗歌，更无矫揉的技术与形骸，隔离我们和人们亲切感情之交接。[1]

一种来自民间或边缘的文体，到了主流文坛的大家名家手里，由"内情"变成"外论"，由"精灵的动荡"变成"节奏的敷陈"，技术上是进步了，但"态情的真挚亲切"减少了，亦就逐渐失去了生命力。

总之，在二千多年的中国文学发展史上，创造新文体、开创新风气的文士，多是民间或者边省文人，中土主流文人一般只能步其后尘，受其影响，吸其滋养。当然，中土主流文人无须为自己仅能模仿学习而自惭，民间或边省文人亦不可因其创造新文体和开创新风气而自大。其实，两者之间可以互相补充，相得益彰（详后）。文学史上的繁荣时代，往往就是两者之间相互联动的结果。

接下来需要讨论的是，为什么边省或民间文人能够开创新风气、创造新文体？为什么文学发展之历史会呈现出如此令人费解的局面？笔者认为：此种现象，关涉到文化经验与艺术创造、边缘活力与艺术创新之关系问题。

就艺术创作而言，其生命力之源泉在于创新精神，创新是艺术的

[1]　傅斯年：《中国古代文学史讲义》，时代文艺出版社 2009 年版，第 77 ~ 78 页。

生命。比如关于爱情题材，其内容不外乎男欢女爱、相思相慕、调情戏谑、生离死别，其题材本身的内容含量相当有限。但是，无论是古今还是中外，无论是凡夫还是雅士，皆乐此不疲，创作出足够汗牛之名篇佳什，可以预言将来还会不断产生名篇佳什。一个内容含量相当有限的题材，何以经得起历代文人的反复开采和将来文人的继续发掘？其中关键就是艺术家的创新精神，就在于你能否选择一个独特的视角对爱情题材中的某一个情节点作独具匠心的开掘。古今中外的爱情名篇，之所以能传世，皆缘于此。

　　一般而言，由若干历史年代积累下来的文化经验总是有用的，因为"以古为镜，可以知兴替"；由坎坷曲折之人生经历积累而成的生活经验亦是有价值的，因为它可以避免重蹈覆辙。经验是有用的，但它的适用度是有限的，比如，在科学研究中，丰富的经验积累可以避免少走弯路，尽快达到预期目的，取得预期效果。但是，在艺术创作中，经验的价值却要大打折扣。因为经验犹如传统，它是一种惯性力量，它盘踞在我们的头脑中，往往先入为主，我们甚至常常无法抗拒它的摆布，在经验面前我们往往是被动的。所以，经验具有一定的限制性，它会束缚一个人的创造性思维，限制一个人的创造性活动。大体而言，经验的多寡与创造性的高低成反比例，经验越丰富，创新能力就越低；经验越稀少，创新能力就越强。此正如意大利哲学家维柯《新科学》所揭示的：没有任何经验的儿童的活动，必然是诗的活动。原始民族作为人类的儿童，其创造的文化包括诗、宗教、语言和制度等，都是通过形象思维而不是抽象思维形成的，因而都带有创造和虚构的性质。因此，其活动是诗的活动，其文化是诗的文化。人类进入抽象思维的时代，亦就由童年期进入成年期，形象思维受制于抽象思维，诗亦就失去了原有的强旺的生命力。[1] 另外，据英国美学家爱德华·布洛的心理距离说，经验总是把事物的同一个面转向我们，突然从另一面，即寻常未加注意的一面去看事物，往往能给人一种启示，而这种启示正是艺术的启示。[2] 因此，艺术家成功的秘诀，就是摆脱经验的束缚和抽象思维的拘限，寻求寻常未加注意的另一个独特视角去观照对象，以获取与众不同的感受。明乎此，就能理解西方理论家为何常常认为儿童是天生的艺术家，中国学者讲创作为何尤其重视童心，古今中外文学大家的代表作为何总是创作于早期而不是晚期。

所以，要辩证地评价文化积淀和历史经验对人类社会生活的影响和意义，对于以创新精神为生命源泉的艺术创作来说，过于丰富的历史经验反而会带来消极影响，特别厚重的文化积淀因限制了人类创造力之发挥而对于艺术创作有负面的意义。而民间或边省文人，生活在文化积淀不算厚重和历史经验不算丰富的边缘地区，因而尤具活力，尤具开放精神和创新意识。所以，杨义认为：

> 中原文化要维持它的权威性，维持它的官方地位，它在不断的论证和发展过程中，自己变得严密了，也变得模式化、僵化了。这个时候，少数民族的文化带有原始性，带有流动性，带有不同的文明板块结合部特有的开放性，就可能给中原地区输进一些新鲜的，甚至异质的、不同于原来的文明的新因素。[3]

文化积淀太深厚，历史经验太丰富，官方权威地位得以树立，不再拥有危机性反省意识，自高自大，封闭自守，必然失去创造精神，因而

[1]　朱光潜：《西方美学史》（上卷），人民文学出版社 1979 年版，第 334 页。

[2]　朱狄：《当代西方美学》，人民出版社 1984 年版，第 295 页。

[3]　杨义：《从文学史看"边缘活力"》，《人民日报》2010 年 2 月 26 日。

亦必然失去生机和活力，变成僵化和模式的教条。因此，傅斯年的意见值得注意，他说：

> 文化只增加社会的复杂，不多增加社会的质实。一个民族蕴积他的潜力每在享受高等的物质文化之先，因为一个民族在不曾享受高等的物质文化时，简单的社会的组织，即是保留它的自然和精力的，既一旦享受文化之赐，看来像是上天，实在是用它早岁储蓄下的本钱而已。

所以，在他看来，"一个新民族，一旦震于文化之威，每每一蹶不振。若文化只能化了他的外表，而它的骨肉还能保存了它的'野蛮'，然后这个民族必光大"。[1] 这种观点，虽然略有反文化的嫌疑，但是，不可否认的是，"文化之威"确有可能制约创造精神，倒是原始的精力和野蛮的基因能助其发扬光大。

因此，可以结论的是，边缘为什么具有活力，就是因为边缘地区保留着原始精力和野蛮基因，边缘地区文化积淀不深厚，历史经验不丰富，可以任一己之本性而自由发挥，没有束缚，亦毋需有摆脱束缚之挣扎，故尤能藉其原始精力和野蛮基因，充分发挥其创造精神，所以相对于中土主流文化而言，就尤其具有活力。戴伟华关于地域文化与唐代诗歌的研究，就揭示了这样的现象，他说："文化认同造成了个性失落而产生诗风的平庸与内容的单一。……边缘诗人不受主流诗坛的影响，不会犯流行病，他们的诗歌或许能在保持旧传统上有别于时流而独树一帜于诗坛。"[2] 在深厚的文化积淀和丰富的历史经验构成的强大的传统文化背景上，文化认同是必然的，不是偶然的；是被动的，不是主动的。因此，"个性的失落""诗风的平庸"和"内容

---

[1]　傅斯年：《中国古代文学史讲义》，时代文艺出版社 2009 年版，第 26 页。

[2]　戴伟华：《地域文化与唐代诗歌》，中华书局 2006 年版，第 99 页。

的单一"是必然的产物，犯流行病亦是意料中的事。所以，朱伟华指出："中心往往因强大而至自足保守，缺乏危机性反省，'主流性'和'大传统'形成系统稳定的'熵'，阻碍新事物的发生。边缘负担少，有多重参照，还常面临分裂性挑战，常会更具活力。中国历史上东汉最具活力的文化基地不是中原而是江陵荆州。南北朝则是凉州，它们都以自身的成果回馈中原，亦为下一阶段准备了领袖人才。从较长的历史时段看，任一事物都自有兴衰，政治中心也是不断变换的，往往正是边缘反馈中心，并逐渐造成中心位移。边缘地域的文化和文学发展，由此或可增底气。"[1]边缘之活力对于社会文化和历史进程之影响，于此可见一斑。

边缘之所以具有强大的活力，除了上述的文化传统和历史经验的负担少而外，还在于它经常面临分裂性挑战，往往处于危机性的反省之中，因而能够产生创造性的适应能力。因为随着文化传播和交流的影响，"'发达'对'落后'，'现实'对'原始'的介入，当唤起一种觉醒后，会给本地文化文学，提供超越性发展视野和高度。这是因为外来文化进入，必然会产生排斥和抗拒，这种现象往往成为动力，造成一种创造性的适应"，据朱伟华说："这种千百年历史生态和文明成果的历时沉淀积聚，在一个共时中被激活的时刻，最易产生转型的新文化和文学创新杰作，我国'五四'时期也是如此。"另外，边缘之所以具有活力，还在于它本身具有融旧创新的广阔发展空间，"落后地区'继起'的文学，对人类精神文明成果占有'前沿'与'传统'之间广阔的领域，在现实生活中处于多种社会形态共存的立体空间，有融旧创新后发制人的机会。这种现象的存在，落后地区'继起'的

---

[1] 朱伟华：《地域文化与地域文学之断想》，《山花》1998 年第 3 期。

文学，给处于劣势的国家和地区发展文学带来信心和启示"。[1] 所以，在一定程度上，落后亦是一种优势，后发赶超是有学理依据的。继起的文学，落后的文化比主流文化或先进文化，更具发展潜力，更有发展空间。因为它不仅经常处于危机性反省中，具有创造性适应的能力；而且还处在前沿与传统之交汇点上，具有广阔的发展空间。

基于上述观点，我们便能理解边省文人的创新精神和中土主流文人的因循守旧。在文化上，边省文人犹如人生之童年，拥有一颗不受文化积淀和历史经验束缚的童心，其所处的边省地区文化相对落后，基本不具备或者少有艺术经验，文化积淀和历史经验亦不丰厚，抽象思维亦不发达，故其创作不受经验之约束，其举手投足，一笔一画，皆真情流露，自成佳境，故而能引领艺术发展新方向。中土主流文人犹如人生之中晚年，其所处地区的文化积淀和历史经验比较丰厚，其艺术经验亦比较丰富，形象思维受制于抽象思维，渐失童心，渐丧真淳。因此，所受经验的束缚亦尤其严重，故其创作常常陈陈相因，或借鉴边省之作以仿效之，或就某种文体作精致典雅之纵深开掘。所以，相对于边省文人的匠心独运，中土主流文人的确不免因循守旧；相对于边省文人引领艺术发展之新方向，中土主流文人仅能适应艺术之新发展。或者说，边省文人的特点是开风气，是"但开风气不为师"；中土主流文人之特点是精加工，树典范，是"不开风气自为师"。相较而言，边省文人的创作是新颖的，但因其缺乏艺术经验，所以其艺术技巧是古拙的，甚至是粗糙的，不能作优美典雅、精致华赡之表述，虽然能开创一代之新风气，但不能成为一代之艺术宗师。中土主流文人虽然缺乏创新精神，但因其拥有深厚的文化积淀和丰富的艺术经验，对艺术技巧的掌握是边省文人无法企及的，故其能作优美典雅、精致

[1]　朱伟华：《地域文化与地域文学之断想》，《山花》1998 年第 3 期。

华赡之纵深开掘，所以能成为一代艺术宗师。这样的例子，在中国文学史上屡见不鲜，如五言诗，当它还在汉代民间诗人手里的时候，虽然有开创一代诗歌新风尚之伟绩，虽然有"气象混沌，难以句摘"之美誉，但它在艺术上的确不免有些古拙和粗野，后经魏晋文人的学习和模仿，渐成诗坛主流诗歌形式，再经永明诗人和唐代诗人的加工创造，则日趋精致典雅，成为代表一代诗歌创作的最高典范。七言诗的发生发展过程亦大体如此。一种文体的创作，发展到精致典雅的状态，固然是其最高境界。可是，物极必反，愈是精致，过于典雅，就会逐渐失去生命活力和发展空间，最终退出主流，乃至死亡。于是，一种新兴的文体又从民间吸取过来，如唐宋之交的词，宋元之际的戏曲，又从民间文人那里进入到中土主流文人的手里，重复着五、七言诗的发生、发展和衰落历程。事实上，一部中国文学史就是这样发展下来的。

笔者在前面说过，中土主流文人无须为自己仅能模仿学习而自惭，边省文人亦不可因其创新精神而自大，两者之间可以相互补充，相得益彰。中国文学乃至中华文明历经两三千年之发展，依然能够保持旺盛的生命力和经久不衰的影响力，主要原因之一就是得自于两者之间的互相补充，民间文化为主流文化提供活力，主流文化对民间文化进行加工和提升。杨义说：

> 中华文明之所以具有世界上第一流的原创能力、兼容能力和经历数千年不堕不断的生命力，一方面是由于中原文化在领先进行精细创造的过程中，保持着巨大的吸引力和凝聚力，另一方面是丰富的边缘文化在各自的生存环境中保存着、吸收着、转运着多姿多彩的激情、野性和灵气，这两个方面的综合，使中华文明成为一潭活水，一条奔流不息的江河，一个波澜壮阔的沧海。

他将这种相互补充关系称为"内聚外活"的文化力学结构,认为"中华民族共同体里少数民族文明跟汉族文明之间,存在着共生性、互化性和内在的有机性,共同构成一个互动互化的动力学的系统","惟有把握这种'内聚外活'的文化力学结构,才能在精微处梳理出中华文明及其文学发展的内在脉络"。[1]

如前所述,创新的主体是人,而人总是生活在特定的地理环境和文化背景上。所以,地理环境和文化背景往往对人的创新精神发生决定性影响。或者说,是地理环境和地域文化本身所蕴含的创新基因,铸就了生活于其中的人的创新精神。边省贵州的地理环境、地域区位、制度特点和地域文化,均蕴含着丰富的创新基因,正是这种创新基因决定了贵州地域文化和文学的创新精神。

2. 贵州地理环境和地域区位蕴含着丰富的创新基因

贵州地理环境的开放性和立体性特征,使其蕴含着丰富的创新基因。贵州地理环境的开放性特点,主要体现在以下几个方面:

首先,表现在它的河流的走向上。贵州河流多发源于西部和中部,顺地势向北、东、南三面分流,呈扫帚状分布,分别注入长江水系和珠江水系。大抵在苗岭山脉以北,牛栏江、横江、乌江、赤水河、綦江、沅江、清水江、潕阳河等,均归于长江水系;苗岭山脉以南,北盘江、南盘江、红水河、都柳江等,均属珠江水系。乌江、赤水河、清水江、潕阳河、北盘江、南盘江、红水河、都柳江等贵州主要河流,均流向境外,是贵州与四川、湖南及两广的主要联系纽带,这便形成内部联系不紧、向外开放有余的地理格局,[2]其地理上的开放性特征由此彰显。

---

[1] 杨义:《从文学史看"边缘活力"》,《人民日报》2010年2月26日。

[2] 张晓松:《山骨印记——贵州文化论》,贵州教育出版社2000年版,第5页。

其次，贵州地理环境的开放性特点，还体现在它是"割楚、粤、川、滇之剩地"拼合而成的地理特征上。明朝在贵州建省，将原属湖、广、四川、云南的部分地区划出归并为贵州地域。亦就是说，贵州地域缺乏像四川或云南地域那种先天的整体性和一致性，地域的拼合所导致的直接结果，就是文化上的拼合。因此，贵州文化实际上就是由湖湘文化、粤文化，滇文化、巴蜀文化拼合而成，是一种多元共生的文化，因此亦是一种开放型的文化。

最后，贵州地理环境的开放性特点，还体现在它的地域区位处于全国政治军事版图上的通道位置。明清时期，中央王朝在经营西南边疆时，贵州作为一个重要军事基地的战略地位逐渐显现，因此而成为中央政府经营西南的军事重镇和要冲之地，是内地通往云南的必经之道，亦是中国通往东南亚的必经之道，所以，四川、湖广、云南的驿道都通过这里。国际国内战略通道地位的确立，亦使其地域区位呈现出明显的开放性特点。

地理环境和地域区位上的开放性特征，导致其地域文化上的开放性特点。贵州地域文化的开放性特点，直接影响就是导致其凝聚力和向心力不强大，缺乏地域认同和文化认同，致使本土内生发展动力的弱化。但是，从另外一个角度看，这种地理上的开放性所导致的文化上的开放性，正是其创造活力和创新精神之命脉所在。一般而言，开放就意味着对异域文化的兼容并包，吸纳异域文化之新生命以激活本土文化的创新活力。有异域文化的冲击，才能激活本土文化的创造力。所以，开放必然激发创新，魏晋玄学、宋代理学、五四新学的产生，皆是如此。封闭就意味着拒绝，拒绝吸纳异域文化，本土文化缺乏外来文化的冲击，缺乏异域文化的激发，必然渐趋保守，乃至死亡。甚至过度的文化认同亦有它的负面价值，因为文化认同必然导致文化流行病的盛行，即如戴伟华讨论唐代文学时所说："文化认同造成了个性的失落而产生诗风的平庸与内容的单一"[1]。所以，文化认同的过度发展必然导致封闭与保守，必然制约创造活力和束缚创新精神。贵州地理和文化上的开放性特征，黔人本土文化认同感的弱化，正是其创造活力和创新精神的根源所在。

贵州地理的又一个显著特点，就是它的立体性。贵州地区跬步皆山，苍山如海，山高谷深，河网密布，溪流纵横，百里之内，此燠彼凉，天气多变，乍寒乍暖，植被多样，种类繁多，在地形、气候、植被等方面皆呈现出立体化特征。正如张晓松所说："贵州山地区域的总特点是：'立体多样，纵横分割'，这样的立体垂直多样的地形地貌又为贵州带来了立体垂直多样的气候及物产格局。立体的地形、立体的气候与立体的物产之间相互作用的生态圈，是贵州文化形成的极为重要的基础。"[2]

地理环境的立体化特征，导致其气候、物产上的立体化特征，致使其风俗和文化呈现出立体化特点。"十里不同天"带来的是"十里不同俗"；山高谷深的阻隔，使其文化风貌亦各不相同，呈现出丰富多彩、个性鲜明的特点。地理环境和风俗文化的立体性，使黔人长期生活在复杂多样的地理环境中，涵蕴在丰富多彩的风俗文化氛围里，从而培养起丰富的想象力和创造力。

一般地说，想象力是创造力的动力源泉。想象力的大小与创造力的强弱成正比例关系，想象力丰富的人，其创造能力和创新精神亦相应地比较发达。想象力实际上就是一种超越现实羁绊和世俗束缚的能力，现实的往往是合理的，世俗的常常是获得普遍认同或约定俗成的，

[1]　戴伟华：《地域文化与唐代诗歌》，中华书局 2006 年版，第 99 页。

[2]　张晓松：《山骨印记——贵州文化论》，贵州教育出版社 2000 年版，第 7 页。

因而是保守的或封闭的，所以往往成为创新的羁绊和新变的束缚。想象力的突出表现就是突破这种羁绊和束缚，就是要超越这种合理的现实和世俗的约定。想象力对现实世界和世俗观念具有破坏性，这种破坏性，实际上就是创新精神；想象力就是对现实世界或世俗观念的破坏力，这种破坏力，就是创造能力。所以，想象力是创造力的动力源泉。

那末，想象力又是如何被培育或激发出来的呢？我们认为，想象力的大小，除了与个人本身的质性特征有关外，还与其生存的地理环境和文化背景有关。想象力需要新与变的刺激，因新而变，因变而新，如此才能超越现实世界和突破世俗观念。所以，新奇的、变化多端的、丰富多彩的环境，最能激发人的想象力；单调的、陈旧的、不变的环境，往往会制约人的想象力。比如，江南才子与中原文士相比，其想象力就比较发达，因为江南地区的佳山秀水，变化多端，新奇秀丽，故能激发江南才子的浪漫精神、想象能力和创新意识。中原地区的八百里秦川，一望无际，单调乏味，缺乏引人遐思的触媒，故中原文士的想象力和浪漫精神皆不及江南才子。贵州地区具有立体的地形、立体的气候、立体的物产，乃至有立体的风俗、立体的文化，其立体性就是丰富性和复杂性，就是新与变，所以最能刺激人的想象力，故而最能培育人的创造能力和创新精神。

3.贵州地域文化的包容性特征蕴含着丰富的创新基因

在贵州地区，不仅地理环境蕴含着丰富的创新精神，而且地域文化亦蕴含着丰富的创新基因。贵州地域文化的创新基因，首先在于贵州文化是一种边缘文化，文化积淀和历史经验不丰富，较多地保留着原始的精力和野蛮的基因，因而更具活力，尤能创新。关于这个问题，是所有边缘文化的共性，前已述明，兹不赘论。需要特别加以说明的，是贵州地域文化的包容性特征所蕴含的创新基因。贵州地域文化的包容性，主要体现在文化上"五方杂处"特征和制度上"土流兼治"特点两个方面，这两个方面都为贵州地域文化的创新精神留下了广阔的发展空间。

关于贵州地域文化"五方杂处"的特点，我们在讨论贵州地域文化的特性时，已经指出：古代贵州地区一直没有能够形成一个经济文化中心，从未产生过一种大范围、高度集中的强势文化，一直没有形成一种特色鲜明、个性充分、身份特别的地域文化。古代贵州地域文化最大的特点就是杂，所以，学者称贵州文化为拼合的文化，为多元共生的文化，为五方杂处、融而不合、合而不同、多元一体的文化，具有明显的边缘性和过渡性特点。因此，贵州地区亦被学者称为"文化的交角"或"各文化的连接带"。古代贵州地域文化"五方杂处"的特点，主要表现在以下三个方面：

第一，古代贵州地域文化是由周边各地域文化拼合而成，是拼合的文化，具有"五方杂处"的特点。古代贵州之建省，是"割楚、粤、川、滇之剩地"拼合而成，因此，其文化亦基本上是由楚、粤、川、滇之文化拼合而成。大体而言，黔东、黔东南地区是湘楚文化的延伸部分，黔南、黔西南与南粤文化有着十分密切的关系，黔北地区则基本上属于巴蜀文化系统，黔西北地区则是滇云文化的推广和延伸。楚、粤、川、滇之文化共存杂处于贵州大地，其杂的特点显而易见。

第二，古代贵州地域文化又是由各民族文化拼合而成，呈现出多元一体、共生共荣的特点。贵州地区是一个民族流动的大走廊，西南古代四大族系在这里交流汇聚，汉族亦不断地从四川和湖南等地移入。大体而言，黔东南为苗族、侗族的聚居区，黔南、黔西南及黔中地区是布依族、苗族、水族等民族错杂而居，黔西北、黔西为彝族、回族、苗族、仡佬族等民族的聚居地，黔东北多为土家族，黔北则多为汉族，各民族共生共存，贵州大地亦因此成为各民族文化相互碰撞、彼此影响、相互渗透、彼此置换的文化交融的大走廊。[1]

第三，古代贵州地域文化是贵州本土文化与中原主流文化的共生共存，呈现出边缘与主流、传统与前沿相互影响、彼此渗透的共生状态。关于这个问题，又与古代贵州的制度文化密切相关。

在古代中国的地理版图上，贵州地区处于一个相当特殊的位置，即所谓不边不内的位置，"既不内又不外，既不中又不边，所谓不边不内、内陆临边的地方，是内地与边疆的过渡地带"。若论边疆，它不及云南、西藏、新疆，不是真正的边疆；若论内地，又不如四川、湖南更靠内地而接近中原，不是真正的内地。这种不边不内的地域区位决定其与中原王朝之间形成一种不边不内的隶属关系，由此产生在中国历史上比较少见的、近似于"一国两制"的"土流兼治"的制度文化。据张晓松说：贵州"这里既不像西藏、新疆那样完全实行土官统治，又不像内地那样完全实行流官统治。原生形态的土官制度依然保存，而中央权力又不断地向它渗透，逐渐纳入统一的轨道。于是贵州就出现了土流兼治的局面，由不内不边的边境生成了既'土'又'流'的权力制度。但这里的'土'既非完全边疆化的'土'，也不完全像内地的'流'，而是两者兼而有之，'土'与'流'结合起来，并存并治。土流并治是贵州制度文化的最大特点。"[2]

土流兼治是形成贵州地域文化特征的制度背景，这种制度文化背景亦蕴含着丰富的创新基因。具体地说，主要表现在以下两个

---

[1]　以上两段文字参见张晓松：《山骨印记——贵州文化论》"二、文化的交角""三、多元一体"两章，贵州教育出版社 2000 年版。

[2]　张晓松：《山骨印记——贵州文化论》，贵州教育出版社 2000 年版，第 82～83 页。

方面：

一是文化发展空间广阔，异质文化之间相互包容。土流兼治的地方行政管理制度，既有中央政府对它的集权控制，又体现了地方自治的机动与灵活，一张一弛，为异质文化的共生共存提供了广阔的发展空间。所以，学者认为："'土流兼治'是一种政治上的相互妥协，文化上的相互包容。在政治权力与精神意志的松动与容忍、文化影响与接受、文化的同化与异化之间，中原文化与贵州本土文化彼此都找到了一种在夹缝中的生存空间和传承方式。"[1] 因此，与完全实行流官制度的内地相比，土流兼治的贵州地区是一块较少受到汉文化浸润和统辖的地域，因而能够更好地保存地域文化的本土特色，为本土文化的发展留下了相对自由的空间，使其在相当长的历史时期内依然保持其激情、野性和灵气，有自身发展的独立性和自主性，从而焕发出强大的想象力和创造力。

二是异质文化之间的交流，传统文化与前沿文化之间的互动，少数民族文化与汉文化之间的碰撞，使本土文化经常处于危机性的反省之中，从而激发出创造性的适应能力。与完全实施土司制度的真正边疆如西藏、新疆相比，土流兼治的贵州地区，其文化又常常处于与异质文化的交流、互动和碰撞中。如前所述，文化逐渐形成一种传统，亦就渐渐养成其惰性，并逐渐趋于封闭和保守，慢慢丧失其创新精神。所以，文化的发展需要激发，需要异质文化的不断碰撞，才能激活其慢慢沉睡过去的创新能力。比如，中国传统文化在魏晋时期和五四时代，正是遭遇着外来文化的碰撞和激发，才焕发出无与伦比的创新能力，从而迎来中国学术思想史上的黄金时代。对于贵州地区来说，永乐设省和"改土归流"无疑是地域文化发展史上的两件大事，土流兼

---

[1] 张晓松：《山骨印记——贵州文化论》，贵州教育出版社 2000 年版，第 87 页。

治是贵州文化发展的一个重要契机，局部地区土司制度的保存，实际上是为本土地域文化的传承留下了一个空间；而流官制度的实施，大量流官的进入，带来的是异质文化，当然亦是主流文化和前沿文化。当因流官制度而传入的主流文化与因土司制度而传承下来的本土文化两者之间发生交流与碰撞，这时候，"'发达'对'落后'，'现实'对'原始'的介入，当唤起一种觉醒后，会给本土文化文学，提供超越性发展视野和高度。这是因为外来文化进入，必然会产生排斥和抗拒，这种现象往往成为动力，造成一种创造性适应"，产生"融旧创新后发制人的机会"。[1]

综上所述，无论从地理环境、地域区位，还是从地域文化、制度文化方面考察，贵州地区皆蕴含着丰富的创新基因。正是这种创新基因的代代相传，凝结为贵州士子的一种内在能力，培育出贵州士子特立独行、敢为人先、标新立异的鲜明个性。

"边缘活力论"作为当代文化研究的一个重要理论，已得到学术界的普遍认同和高度关注，并广泛使用在地域文化特别是边缘文化和文学的研究中。而且，因为边缘活力理论视角的引入，地域文化和边缘文化研究中的诸多问题亦得到合理的解释。贵州文化作为一种地域文化，是一种典型的边缘文化，准确地说，是一种不边不内的边缘文化。边缘文化的活力，来自于它的激情、野性和灵气，以及在此基础上焕发出来的与中土主流文化迥然不同的想象力和创造力。创新精神是边缘活力的核心动力，贵州地域文化作为一种边缘文化，它的活力就来自于它的创新精神。

---

[1] 朱伟华：《地域文化与地域文学断想》，《山花》1998 年第 3 期。

4. 贵州古近代地域文化创新事件举隅

如前所述，贵州的地理环境和地域文化，皆蕴含着丰富的创新基因。因此，从理论上讲，古代贵州地域文化在明清时期应当独领风骚，大有作为。但是，事实上，贵州地域文化的创新精神得以充分体现，并在全国文化界发生重要影响，则是在晚清时期。或者说，经过长期的涵孕、积淀，贵州地域文化的创新精神厚积薄发，在晚清以来得到充分彰显，于政治、经济、文化、教育等方面，其创造性成绩，均居全国前列。换言之，晚清以来，开创一代新风气，领袖一代新时尚的创造性行为，多起于贵州，或由贵州士子的主动参与和积极推动而得以完成。

讨论贵州地域文化的创新基因，最引人注目的古代例子，莫过于阳明心学在贵州地区的发生与发展。的确，具有浓厚自由主义精神和反传统特质的阳明心学，不发生于中原或其他文化比较发达的地区，而形成于文化相对落后的贵州地区。张晓松的解释是值得注意的："因为儒家的正统思想在贵州并不像其他地区那样根深蒂固，作为统治思想的程朱理学影响不深，而且儒家思想经过中原的千年发展后，已经到了盛极而衰的年龄，正是在贵州这样的文化边缘地带，在尚未完全被儒家思想浸润过的文化空间里，才能给那些有见地的思想家提供发言的场所和机会。"[1] 是贵州地区特殊的地理环境和文化背景中的创新基因，促成了阳明心学的发生和发展，而阳明心学在贵州地区的传播，又激发和强化了贵州士子和宦黔文人的创新精神和求真意识。贵州地域文化思想上的创新意识，厚积薄发，在清末民初便有特别耀眼的表现。

首先，在教育体制改革方面敢为人先。文化思想的发展，端赖教

[1] 张晓松：《山骨印记——贵州文化论》，贵州教育出版社 2000 年版，第 77 ～ 78 页。

育体制的改革，清末民初中国社会的巨大变革，首先就体现在教育观念的变革和创新上，而领导近代中国教育改革的两大先驱——李端棻和严修——皆与贵州地域有关联。或者说，终结中国古代教育萌兴近代教育的先进理念，皆与贵州地域文化背景有密切的关系。光绪二十二年（1896）黔人李端棻上奏《请推广学校折》，该方案的基本构架是一经五纬，即以学校为经，以设藏书楼、创仪器馆、开翻译局、立报馆、选派游历者为纬。在学校设置上，"自京师以及各省、府、州皆设学堂"；在教学内容上，于传统之经、史外，传授"万国近事"，以及"天文、舆地、算学、格致、制造、农商、兵矿、交涉等学"；增设藏书楼并对外开放；创仪器馆，注重科学实验；开译书局以引进西学；设报馆以传播文化思想；选派学者出国游历、考察和学习。这是近代中国最完整最系统的教育改革方案，在当时的文化教育界产生了极其重要的影响。学者认为，此方案"不仅是中国教育史上的一个重要里程碑，而且是近代文化变迁的重要纲领"。[1]

与李端棻差不多同时的，是严修提出的《奏请设经济特科折》。严修虽然不是贵州人，但是他曾宦游贵州，任贵州学政四年，其《奏请设经济特科折》就是他在贵州学政任上提出的。所谓"经济"，即指经世致用之学，包括内政、交涉、理财、经武、格致、考工六门。所谓"特科"，即指"破常格以搜才"，包括"录用不拘资格""去取无限额数""考试不定常期""选送不限疆域"等。学者认为，严修此折，"是科举制度改革的先声，是近代人事制度的重大变革，在用人制度上体现一种开广才路的新思想、新观念，具有超前意识"。[2]

[1] 刘学洙、史继忠：《历史的理性思维——大视角看贵州十八题》，贵州教育出版社 2004 年版，第 82 页。

[2] 刘学洙、史继忠：《历史的理性思维——大视角看贵州十八题》，贵州教育出版社 2004 年版，第 83 页。

光绪二十二年（1896），李端棻上奏的《请推广学校折》被光绪皇帝采纳，依此在北京创立了京师大学堂。1897年3月严修在贵阳改革学古书院，创建经世学堂；同年9月熊希龄在湖南创建时务学堂。而且，严修和熊希龄都是李端棻保举的维新派人士。经世学堂和时务学堂亦就成为当时实践近代教育改革、宣传维新变法的主要阵地。而贵州经世学堂的成立，比后来名噪一时的湖南时务学堂，还要早半年之久，黔人敢为天下先的创新意识，于此可见一斑。中国近代教育改革的两大先驱，一位是黔人（李端棻），一位虽然不是黔人（严修），但其教育改革思想却是在贵州产生和形成的。所以，笔者认为，是贵州地域文化中的创新基因培育了李端棻的创新精神，使他能够提出近代教育改革的总方案《请推广学校折》；是贵州地域文化中的创新精神激发了严修的革新意识，使他能够提出改革科举制度的总方案《奏请设经济特科折》。

其次，在政治文化革新方面敢为人先。中国近代史上的两个重大事件——戊戌变法和"五四"新文化运动，虽然其发生的主要地点在京城，但是贵州士子在这两次事件中，皆积极参与，并得风气之先而有倡导之功。如1895年9月2日康有为联合十八行省应试举人进行的"公车上书"，据统计，当时签名上书者共603人，其中贵州举人就有95人，占总人数的六分之一，参与人数在十八行省中排名第二。"公车上书"的目的就是要推动朝廷在政治、经济、文化诸方面的全面改革，而贵州士子如此热情地参与"公车上书"，其求新图变的创新意识昭然可鉴。再说，1898年康有为发起组织保国会，前后召开过三次会议，其中有一次会议就是在北京的贵州会馆举行。因此，可以肯定的是，保国会的活动得到了在京贵州士子的积极肯定和热情参与，其追新求变的意识，亦同样得到有力地彰显。而时任礼部尚书的李端棻，更是维新变法活动的主要策划人和积极支持者，是他力荐康有为、梁启超、谭嗣同等十八位维新人士入朝。在变法期间，他在康、梁与光绪皇帝之间的联系中起过重要作用。所以，他应当是当时清廷中最早"言新政"的二品大员之一，因而被梁启超称为"二品以上大臣言新政者一人而已"。与此同时，在贵州大地上，有1897年严修于贵阳创建的经世学堂，有1898年湘人吴嘉瑞于贞丰组织的仁学会，介绍西学，鼓吹变法，抨击时政。在当时全国性的政治活动中，这些人物和组织，皆得风气之先，皆有倡导之功，这亦同样体现了贵州士人的创新求变意识。

"五四"新文化运动的主要阵地是在京、沪等文化中心地区，但贵州大地亦同样得风气之先，较早汇入时代洪流，开展以民主、科学为宗旨的新文化传播。比如，受梁启超《少年中国说》的影响和鼓励，贵州士子于1918年在贵阳成立"少年贵州会"，在时间上比李大钊等人发起的"少年中国会"还略早。参加"少年贵州会"的成员，有在校青年教师和学生，有留学归来的军政界少壮派人士，有工商界人士，还有开明士绅和社会贤达。并在全省建立77个分支机构，成员达3000余人，还出版发行《少年贵州报》，盛况空前，做了大量的文化宣传和民族警醒工作，在活跃思想、改变风气、警醒民魂、传播文化等方面，起到了积极的推动作用。[1]

最后，在工农业的体制改革方面敢为人先。贵州近代工业随着洋务运动的发展而兴起，起步早，得风气之先。在清末三十年掀起的近代化浪潮中，在引进外国科学技术和先进设备时，亦引进了资本主义的生产经营模式。如贵州青溪铁厂筹办于光绪十一年（1885），它是贵州第一个官商合办的股份制企业，亦是国内最早的股份制企业之

[1] 刘学洙、史继忠：《历史的理性思维——大视角看贵州十八题》，贵州教育出版社2004年版，第83页。

一，比张之洞创建的汉阳铁厂早三年，比上海轮船招商局早十三年。英法水银公司（万山）创办于光绪二十五年（1899），是贵州第一个外资企业，亦是国内较早的外资企业之一。正安铅矿公司创建于光绪二十八年（1902），是贵州第一个中外合资企业。贵阳文通书局创立于光绪三十四年（1908），是贵州第一个民办独资企业。[1] 上述贵州近代工业的四个第一，放在全国的视野中考察，亦是比较早的，这体现了黔人敢为人先的创新精神。

这种敢为人先的创新精神，在当代仍有充分体现，其中最突出的个案莫过于"顶云经验"。顶云，即今贵州省关岭布依族苗族自治县顶云乡。在20世纪70年代中期，顶云乡创造出闻名全国的"顶云经验"，有"中国农村改革第一乡"之称。1976年，顶云乡农民为了提高生产积极性，增加粮食收入，解决生活问题，他们冒着极大的政治风险，在全国率先改变传统队为基础的农村生产管理方式，实行定产到组和包产到户的管理方式，极大地提升了农民的生产积极性，解决了农民的吃饭问题。学者称这种方式为"顶云经验"，称顶云人大胆创新、勇于探索、敢为人先的精神为"顶云精神"。与此同时稍后在安徽省凤阳县小岗村亦开始实行农村大包干改革。因此，学者认为关岭顶云和凤阳小岗是中国农村改革最前沿的两面旗帜，"北凤阳、南顶云"成为中国农村改革的先导。"顶云经验"是顶云农民对贵州乃至中国农村改革方面进行的超前探索，是为生存问题而展开的大胆尝试和改革壮举。"顶云精神"就是一种绝处逢生的拼搏精神和勇于开拓的创新精神。[2]

---

[1] 刘学洙、史继忠：《历史的理性思维——大视角看贵州十八题》，贵州教育出版社 2004 年版，第 115 页。

[2] 参见陈慧萍：《关岭三国文化的历史意蕴与现代价值》，华中师范大学 2013 年硕士论文。

综上所述，贵州地理环境和地域文化蕴含着丰富的创新基因，这种创新基因厚积薄发，在清末民初以来得到充分的体现，它不仅培育和激发了中国近代教育史上的两位教育改革先驱的创新精神和改革激情；而且亦创立了传播新知识的经世学堂和仁学会，推动维新变法活动的开展；创立了少年贵州会，推动新文化运动的发展；创建了近代中国较早的现代企业，推进中国的现代化进程；甚至为当代中国的农村改革亦做出了卓有成效的探索和创新。可以说，清末民初以来的贵州，无论是在政治、经济方面，还是在文化、教育方面，均得风气之先，在全国居于领先地位，充分体现了一种敢为人先的创新精神。我们认为，这与贵州地理环境和地域文化蕴含的创新基因密切相关。贵州地理环境和地域文化蕴含的创新基因，既培育了本土人才的创新精神，亦激发了宦黔士子的创造理念，所以能在历史剧变之关键时刻迸发出创新精神，在政治、经济、文化、教育等方面均有卓尔不凡的创新举动。

但是，正如我们在前面讨论"边缘活力"论时所指出的，边省文人富于创新精神，是"但开风气不为师"；中土主流文人渐趋封闭与保守，是"不开风气自为师"。贵州士子的创新精神，亦体现了"但开风气不为师"的特点。如王阳明于龙场悟道，创建心学，这是中国思想史上的大创造，但阳明心学之发扬光大却是在文化中心地区，而不是在边省贵州，故黄宗羲《明儒学案》把王门后学分为浙中、江右、南中、楚中、北方、粤闽、泰州七大派，忽略了贵州以孙应鳌、李渭、马廷锡为代表的贵州王门后学。严修开"经济特科"的教学思想形成于贵州学政任上，但是这种教育思想得以充分实现，发挥较大影响，则是在他回到天津后，借助京津地区政治文化优势资源才得以实现。严修创办的经世学堂，虽然在时间上略早于湖南新学——时务学堂，但它历时不足一年，培养的学生不过四十余人，其在中国近代思想史上的影响远远不及时务学堂。"公车上书"签名者中，黔人占总人数的六分之一，位居全国第二，可是贵州本土并未产生维新变法的新局面。"少年贵州会"的成立虽然略早于"少年中国会"，但其影响力和历史贡献却远远不及后者。青溪铁厂虽然是中国最早创立的股份制企业之一，比张之洞的汉阳铁厂早三年，但它在苦心经营、艰难支撑了不足二十年后便倒闭了，而后者则发展成为中国洋务运动的支柱性、代表性企业。以上事实说明，边省贵州地区蕴含着丰富的创新基因，无论是本土人才，还是宦游士子，都能得其沾溉而萌发创新理念，激发出敢为天下先的创新激情，所以能够开创一代新风气，引领一代新潮流。但是，要将这种新风气或新潮流推向一个更高的阶段，创造更大的成就，则又显得底气不足，所以是"但开风气不为师"，必要等到中土主流士子借助其丰厚的文化底蕴，才能开花结果，产生更大的成就和影响，所以中土士子是"不开风气自为师"。

第四章 人文传统与贵州地域文化精神

    精神以传统为特质，以文化为内涵，精神力量与文化传统之间是一种相互依存和互动影响的关系。本章在概述人文传统与地域文化精神的一般性关系之基础上，讨论贵州地域人文传统与贵州地域文化精神之关系。地域人文传统是通过学者的体认和建构逐渐呈现出来的，贵州古近代文人通过反复的体认和追寻，逐渐建构起以学统和文统为基本框架的贵州地域人文传统，并着力搜集、整理和传播地方文献，以支撑此地域人文传统。贵州地域人文传统中最引人注目的是阳明心学。阳明心学在贵州地区的酝酿和形成，与贵州地域的自然环境和人文传统的影响有关，阳明心学在贵州地区的传播，对贵州地域人文传统和地域文化精神的形成，有重要影响。

一、贵州古近代地域人文传统的建构及其意义

1. 人文传统与地域文化精神的一般性关系

    笔者在第一章讨论"精神的传统特质和文化内涵"时，已经指出：

作为一种文化现象，精神以传统为特质，以文化为内涵。精神不是喊出来的口号，而是从内心或者土地上生长出来的，是在祖先经验、传统文化、种族记忆或者集体无意识之基础上提炼、升华出来的。所以，精神是有根有源的，精神以文化为根，以传统为源。精神是文化的精神，精神是传统的精神。

事实上，精神力量与文化传统之间存在着一种互动影响、相互依存的关系。首先，精神的凝练和建构以文化传统为根基，是在对文化传统的追溯、体认和凝练之基础上建构起来的，缺乏文化传统的精神是无根的精神，亦是没有社会影响和社会价值的精神。所以，文化传统对精神的建构具有决定性的影响和根本性的制约，古今中外具有悠久历史和强大生命力的民族精神或地域精神，无不是根植于丰富、博大、悠久、深远的历史文化传统之中。

其次，文化传统的传承主体是人，人类之所以执着于对文化传统的保护和传承，在于他的根性，在于他对精神的守护和维持。因此，文化传统的传承以人类精神为载体或依托，是一种强大的民族精神或地域精神支撑着民族文化和地域文化传统的有效传承。在一定程度上，文化传统的有效传承与精神力量的强弱成正比例关系。在中外历史上，有曾经辉煌一时的文化，如埃及、巴比伦文化，在历史的滔滔洪流中衰落了，甚至消失了，其原因就是承载和传承此文化之人群的精神不够健全和强大，不足以支撑此文化的发展和传承。华夏文化传承数千年而不衰败，至今依然对世界文化产生深刻影响，而且其影响力还有逐渐张大之势，就在于数千年来华夏族人拥有博大、均衡、健全、正常的民族精神，足以支撑华夏文化传统的传承和发展。所以，文化传统为精神的凝练和建构提供资源，精神的力量支撑着文化传统的传承和发展，文化传统与精神力量之间是一种互动影响和相互依存的关系。

文化传统培育国民精神，国民精神是立国的根本和前提。悠久的历史文化传统和丰富的学术文化资源培育出健康、均衡、博大、正常的国民精神，健康、正常的国民精神支撑着民族国家的建立和发展。在国难深重的20世纪30年代，张君劢讨论国家之建立和民族之复兴，就尤其重视建立民族国家的学术基础，他说：

　　　　民族国家之成绩，亦曰内部政治之安定，继以国际主体之资格，竞争于列强之间，然当内部政治安定之先，其在文学、哲学、科学方面，须先有其民族固有的作品或其民族自创的学说，以为之征象。譬之英帝国发展之先，以莎士比亚、培根、密尔顿为先导；法之由大革命脱颖而出，以笛卡尔、孟德斯鸠、卢梭等为前驱；至于德意志统一事业，有赖于文学哲学之援引，尤为显著。……民族建国之大前提，曰民族情感民族思想民族意志之融化，此一事也。非政府或警察之力所能强致，要在有全国人所推崇之文艺与学说，则情感、思想与意志自随之而集合而融化。歌德与席勒之文艺，是德意志人民在其统一前所推崇之学说也。有此二者以灌溉之，以培植之，则民族之知情意凝合为一，而政治家建国之业自易于成就，所谓水到渠成者，正此之谓。

即以民族之文学、哲学和科学涵养其民众的情感、思想和意志，以民族之情感、思想和意志培育民族的自尊心和自信心，凝练其民族精神，从而为国家之建立和民族的复兴提供精神力量，此即张君劢所谓"民族之自信心、自尊心，而间接推动民族建国之大业"者也。

　　精神以传统和文化为根基，因此，精神健全、博大、均衡、正常的民族，常常以维护和传承民族文化传统为首务。文化传统的呈现有多种形式，其中，历史是最主要的载体。因此，在中外历史上，凡是文化积淀深厚的民族，无不对其民族历史倍加珍重，用心呵护，常加体验和追认，华夏民族就是如此。华夏民族强大的生命力量，与华夏族人强烈的历史意识密切相关。可以说，在世界民族史上，华夏族人对历史的珍重，是无与伦比的，延续三千年不间断的历史记录（中国历史的准确纪年始于西周共和元年，即公元前 841 年），在世界史上是独一无二的，自《史记》至《清史稿》，前后相续的二十五史，共计 3000 多卷，在世界各国的历史著作中，亦是绝无仅有的。所以，黑格尔说："中国人具有最准确的国史……中国凡是有所措施，都预备给历史登载个仔细明白。印度则恰好相反。"[1] 此种强烈的历史感，一方面固然有"原始察终，见盛观衰"之"殷鉴"目的，即唐太宗所谓"以古为镜，可以知兴替"的现实意义。但是，笔者认为，其中更重要的，亦是最值得重视的，可能是慎终追远的民族生命精神的传承意识。龚自珍说：

> 灭人之国，必先去其史；隳人之枋，败人之纲纪，必先去其史；绝人之材，湮灭人之教，必先去其史；夷人之祖先，必先去其史。

在龚自珍这里，历史并非只有"殷鉴"或"资治"的形下意义，而是上升到保国保教保种的形上高度，所以他说："史存而周存，史亡而周亡。"[2] 近似的观点亦体现在黑格尔的《历史哲学》中，他说：

> "历史"这样东西需要理智——就是在一种独立的客观的眼光下去观察一个对象，并且了解它和其他对象之间合理的联系的这一种能力。所以只有那些民族，它们已经达到相当的发展程度，并且能够从这一点出发，个人已经了解他们自己是为本身而存在的，就是有自我意识的时候，那种民族才有"历史"和一般散文。……历史对一个民族永远是非常重

---

[1]　［德］黑格尔：《历史哲学》，王造时译，上海书店出版社 1999 年版，第 204 页。

[2]　《龚自珍全集·古史钩沉论》，上海古籍出版社 1957 年版。

要的；因为他们靠了历史，才能够意识到他们自己的"精神"表现在"法律"、"礼节"、"风俗"和"事功"上的发展行程。……假如没有历史，他们在时间上的生存，在本身中就是盲目的——任性在多种形式下重复表演而已。历史使这种偶然性停止。[1]

在自我意识觉醒以后，人类才具备历史感。有了历史，人类才能注意到精神的体现和发展历程。有了历史，人类在时间上的生存才具备意义。在这里，历史已经超越了"殷鉴"或"资治"的形下意义，而具备了精神载体的价值。

以历史为核心的人文传统是培育民族情感、思想和意志的重要文化资源。因此，传承历史，追溯历史，体认历史，便成为传承、培育、凝练和张扬民族精神的重要手段。历史学家的史书修撰，"殷鉴"或"资治"是其重要目的之一，但更为重要的原因，则是借修史以存史，借存史以培育、涵养民族精神，传承民族生命精神之命脉。故熊十力《关于修中国通史的意见》说：

> 历史之学，所以数往知来，其意义幽广，幽者幽深，广者广博。其责任极重大。凡一国之历史，其对于民族思想之指示，与民族力量之启发，恒于不知不觉之间，隐操大权。故史学，未易言也。国家艰危，民族忧患，莫甚于今日。吾望有深心卓识之史学家出焉，能出一部"中国通史"，勿像学校教科书一类性质的编著。[2]

在国难深重的20世纪三四十年代，此类指示民族思想、启发民族力量的"中国通史"，尤为急需。钱穆的《国史大纲》，堪称此类

---

[1] ［德］黑格尔：《历史哲学》，王造时译，上海三联书店1999年版，第205～206页。

[2] 熊十力：《论六经·中国历史讲话》，中国人民大学出版社2009年版，第153页。

著作之典范。钱穆持着"对本国已往历史之温情与敬意"撰写《国史大纲》，其书首之告读者书说：

> 凡读本书请先具下列诸信念：一、当信任何一国之国民，尤其是自称知识在水平线以上之国民，对其本国已往历史，应该略有所知（双行小字略，下同）。二、所谓对其本国已往历史略有所知者，尤必附随一种对其本国已往历史之温情与敬意。三、所谓对其本国已往历史有一种温情与敬意者，至少不会对其本国已往历史抱一种偏激的虚无主义，亦至少不会感到现在我们是站在已往历史最高之顶点，而将我们当身种种罪恶与弱点，一切推诿于古人。四、当信每一国家必待其国民备具上列诸条件者比数渐多，其国家乃再有向前发展之希望。

最后一条尤其重要，一国之国民皆当对其本国之历史保持温情与敬意，"其国家乃再有向前发展之希望"。他在该书的《引论》中进一步解释说：

> 凡对于已往历史抱一种革命的蔑视者，此皆一切真正进步之劲敌也。惟藉过去乃可认识现在，亦惟对现在有真实之认识，乃能对现在有真实之改进。故所贵于历史智识者，又不仅于鉴古而知今，乃将为未来精神尽其一部分孕育与向导之责也。……若一民族对其已往历史无所了知，此必为无文化之民族。此民族中之分子，对其民族，必无甚深之爱，必不能为其民族真奋斗而牺牲，此民族终将无争存于并世之力量。今国人方蔑弃其本国已往之历史，以为无足重视；既已对其民族已往文化，懵无所知，而犹空呼爱国。此其为爱，仅当于一种商业之爱，如农人之爱其牛。彼仅知彼之身家地位有所赖于是，彼岂复于其国家有逾此以往之深爱乎！凡今之断脰决胸而不顾，以效死于前敌者，彼则尚于其国家民族已往历史，其有一段真诚之深爱；彼固以为我神州华裔之生存食息于天壤之间，实自有其不可侮者在也。故欲其国民对于国家有深厚之爱情，

必先使其国民对国家已往历史有深厚的认识。欲其国民对国家当前有真实之改进，必先使其国民对国家已往历史有真实之了解。我人今日所需之历史智识，其要在此。[1]

　　以历史为核心内容的人文传统，不仅具有鉴古而知今的作用，更为重要的是它对"未来精神"之"孕育"与"向导"，即指示民族思想和启发民族力量之功效。因此，缺乏深厚悠久的人文传统，或者既有丰厚的人文传统而践踏之，蔑视之，则其民族精神将无所依托，或者根本无法凝聚成全民族共有的精神力量。拥有深厚的人文传统，或者其人文传统并不深厚，而有识之士刻意建构之，用心张扬之，使其民族或国家之分子涵孕其中，受其陶染，而培育其对民族或国家的热爱之情，并凝聚成推动民族或国家发展进步的民族力量或民族精神。

　　总之，我们认为，在世界史上，任何一个能延续上千年的民族，必定有一种博大、均衡、坚韧、强健的民族精神作支撑。民族精神就是一个民族的联系纽带和发展动力，直接决定这个民族的生存现状和发展前景。这种精神力量是如何培养起来的呢？我们坚信，就是靠这个民族世代相传、世代尊奉的人文传统涵孕培育起来的。概括地说，人文传统培育民族精神，民族精神支撑民族生命的生存和发展。一个没有全民族共同尊奉的人文传统的民族，就是没有民族精神的民族，就是没有前途的民族。一个不懂得尊重民族人文传统的民族，就是精神不健全、凝聚力不强大的民族，就是没有前景的民族。中华民族是一个懂得尊重人文传统的民族，中国人最重人文传统的权威性。源远流长的华夏人文传统，涵孕培育成中华民族博大、均衡、健康、纯正的民族精神，这种民族精神不仅成为联系华夏各族的精神纽带，而且

[1]　钱穆：《国史大纲》，商务印书馆 1996 年版，第 2 ~ 3 页。

亦是推动中华民族发展前进的精神动力，同时亦是维系中华民族延续两三千年不衰败的精神支柱。

人文传统培育国民的民族精神，对于民族或国家是这样，对于地域社会来说，亦是如此。地域人文传统培育地域人群的地域精神，地域精神激发地域社会的凝聚力、向心力和认同感。这种地域凝聚力和认同感是联结地域社会的精神纽带，是维系地域共同体的精神支柱，亦是推动地域经济社会发展的精神动力。

2. 贵州地域人文传统的体认和建构

讨论贵州文人对地域人文传统的体认和建构，力图对以下问题试作回答：贵州古近代文人为何热衷于建构地域人文传统？通过什么方式建构什么样的地域人文传统？贵州地域人文传统的意义何在？效果如何？等等。

综观贵州明清以来的地方史志和其他文献材料，可以发现：贵州古近代文人在讨论地域学术思想和文学创作时，总是秉持着一种追本溯源的方法，力求再现贵州古代学术思想和文学创作的来龙去脉，为当下的学术研究寻源头，以求建立起一脉相承的学统；为当下的文学创作寻根源，以求建立起渊源有自的文统。无论是学统的建立，还是文统的追寻，其最终目的就是为了体认和建构贵州地域人文传统，以为当下的学术研究和文学创作提供一个精神上的源头和文化生态上的背景，从而增强文化自信心，激发地域凝聚力。

人文传统以及以之为基础构成的文化生态，对当下文化建设的影响至关重要，是在一片文化荒漠上开展文化建设，还是在有悠久人文传统之背景上展开文化建设，其建设者的心态和建设效果，是完全不一样的。乡邦文化的渊源有自和深厚底蕴，能为当下的文化建设者提供一种自信心和原动力，进而影响当下文化建设的方向。所以，贵州古近代文人热衷于体认传统，热心于建构地域人文传统，从内在需求上看，就是为了给当下的地域文化建设提供自信心、原动力和方向感。其次，如前所述，古代贵州文化长期以来一直处于被忽略、被轻视和被描写的地位。长期处于被忽略和被轻视的地位，给贵州文人造成了一种巨大的心理压力，进而形成一种自卑感，乃至发展成一种具有普遍性的"去黔"心态。长期处于被描写的地位，使贵州文化经常处于被误解和被歪曲的处境。所以，明清以来的贵州文人积极主动地体认和建构地域人文传统，实际上就是力求改被动描写为主动描写，变他者描写为自我描写，力图还贵州文化以本来面目，张扬贵州文化遗产和文化精神，进而逐渐改变长期以来倍感压抑的被轻视和被忽略的地位。贵州明清文人就是在这种内在需求和外在压力的双重因素之影响下，展开地域人文传统的建构工作。

相对于其他地域文化而言，贵州地域文化之发展和特色的彰显，均是较晚的。促使其文化发展和特色呈现的一个重要契机，是明永乐十一年（1413）贵州建省这一重大历史事件。虽然政治事件与文化建设并无直接决定关系，但是，不可否认的是，随着贵州以全国第十三个行省的身份，作为一个独立的行政建制，成为全国大家庭中的一员，对当地文化的发展和特色的呈现，的确产生过重要的推动作用。首先，建省以后实行的流官治黔制度，导致贵州人才的大引进、文化上的大交流和大开放，直接促进了贵州文化、学术、思想和文学的发展。其次，建省以后，学校的推广，书院的建立，科举乡闱的设置，教育的发展，人才的培养，为贵州地域文化的发展，起着特别重要的推动作用。最后，贵州建省，乃"割楚、粤、川、滇之剩地"组合而成，即将原属湖、广、四川、云南的部分地区划出归并到贵州省行政区域中。虽然这种地理区域特征导致贵州文化长期以来以一种拼合的文化姿态呈现，体现出"五方杂处"的特点。但是，这依然是一个重要契机，政治上的强制措施将不同地域文化拼合在一起，正为日后地域文化特色的逐渐呈现打下了基础，虽然这种特色的呈现要经历相当长一段时期，经过若干代人的努力才能逐渐呈现。基于上述三项原因，贵州地域文化的发展和文化特色的逐渐呈现，确是从明永乐年间开始的。所以，学者体认和建构贵州地域人文传统，基本上皆以明永乐建省为一个重要的分界点。如杨慎《嘉靖贵州通志序》说：

> 贵州为邦，在古为荒服，入圣代始建官立学，驱鳞介而衣裳之，伐菼乱而郡县之，寨落而卫守之，百七十年来骎骎乎济美华风。而嘉靖中又特开科增额，人士争自磨砺，以笃祜文化，翼赞皇猷，与为多焉。[1]

莫与俦《贵州置省以来建学记》说：

> 学校之兴，人才所系。贵州自明永乐十一年二月始割隶四川之贵州宣尉司，置贵州布政司治之。……当永乐置省才有三学，洪熙元年令贵州生儒就试湖广，宣德四年又令附云南乡试，定贵州贡士额一人。至嘉靖十六年贵州已增建二十余学，遂与云南分闱，贵州解额二十五人。其后，学额至三十余，贡士增至四十人，会试成进士者，科亦四、五人。而自宣政以来，名臣如张孟弼、黄用章；名儒如孙淮海、李同野，敢谏如詹秀实、陈见羲，忠贞如申天锡、何云从，循吏如易天爵、陆兑峰，文学如谢君采、吴滋大诸老先生联袂而起。至于卫官、镇将如杨天爵、石希尹，不离戎马，亦有儒风，较之初省，亦可谓极盛也已。[2]

---

[1] （嘉靖）《贵州通志》卷首，《中国地方志集成·贵州府县志辑》（第 1 册），巴蜀书社等 2006 年版。

[2] 《黔诗纪略》卷一，贵州人民出版社 1993 年版，第 1～4 页。

莫友芝在《黔诗纪略》之开篇亦说：

> 黔自上元而五季，皆土官世有，至汉唐郡县，几不可寻。英流鲜闻，安问风雅。逮有明开省增学，贡士设科，文献留诒，乃稍可述。故是编甄录，断自胜朝。[1]

永乐建省是贵州文化发展的一个重要转折点，贵州地域人文传统之形成和特色之初步彰显，亦大致以此为起点。

可是，地域人文传统之建构，犹如民间社会的家谱族谱之修撰一样，或追本溯源，或附丽张皇，总之必有一个精神源头，始可开启一姓一族之繁衍，始可统领一时一地之文化。所以，贵州明清文人关于地域人文传统之体认和建构，自然不能满足于永乐之建省和嘉靖之分闱，往往溯诸汉代，以汉代的贵州"三贤"（盛览、舍人、尹珍）为贵州地域人文传统之始祖。如贵州明代诗人张谏《望古》诗云：

> 赋心既传盛，经术复开尹。并兴巴彭城，名德乃与准。
> 牂牁处荒维，困此山隐嶙。如何初郡县，贤俊已连轸。
> 人文张华夏，覆载诓畦畛。乃知豪杰士，不受山川窘。
> 遥遥今几世，嗣响何泯泯。望古一长叹，负重愁绝骸。[2]

"盛"，即盛览，据《西京杂记》卷三载：

> 其（司马相如）友人盛览，字长通，牂牁名士，尝问以作赋。相如曰：合綦组以成文，列锦绣而为质，一经一纬，一宫一商，此赋之迹也。赋家之心，苞括宇宙，总览人物，斯乃得之于内，不可得而传。览乃作《合

---

[1] 《黔诗纪略》卷一，贵州人民出版社 1993 年版，第 1 页。

[2] 《黔诗纪略》卷一，贵州人民出版社 1993 年版，第 11 页。

组歌》、《列锦歌》而退，终身不复敢言作赋之心矣。[1]

考察这段文字，相如传授的作赋方法，包括"赋迹"和"赋心"两个方面，盛览所得者乃"赋迹"，故其能"作《合组歌》《列锦歌》"，而于"苞括宇宙，总览人物"之"赋心"，却不能理会，故其"终身不复敢言作赋之心"。观《西京杂记》之文意，实际上是借盛览学赋说明"赋迹"可传而"赋心"不可传，"赋心"近似于文学创作中的天分与才气。故其文意虽不至于有过分贬抑盛览之意，但亦确无褒扬之意。所以，张谏所谓的"赋心既传盛"的说法，不符合历史事实，是贵州文人为了梳理地域人文传统而建构起来的。"尹"即尹珍，据《华阳国志》卷四《南中志》说：

> 明、章之世，毋敛人尹珍，字道真，以生僻裔，未渐庠序，乃远从汝南许叔重受五经，又师事应世叔学图纬，通三材；还以教授，于是南域始有学焉。[2]

所以，贵州文人在建构地域人文传统时，于文统以盛览为始祖，于学统以尹珍为鼻祖。

贵州汉代"三贤"中，还有舍人。关于舍人，据史载，其为汉犍为人，著《尔雅注》三卷，其书久佚，今存辑本。据马国翰《玉函山房辑佚书序》称：舍人是汉武帝时与东方朔同时待诏者，"当是初为郡文学，后补太守卒史，以能诙谐，善投壶，入为待诏舍人也"，故"引者或称'文学'，或称'舍人'，要是一人之言。"其《尔雅注》，"在汉时释

---

[1]　葛洪：《西京杂记》，《笔记小说大观》（第一册），江苏广陵古籍刻印社1983年版。

[2]　刘琳：《华阳国志校注》，巴蜀书社1984年版，第380页。

经之最古者。本多异字，尤可与后改者参校，而得《尔雅》之初义焉。"[1]
贵州士子建构地域人文传统时，常常将舍人与尹珍并列为贵州学统之始祖，如郑知同《犍为舍人尔雅注稽存序》说：

> 世以文学陋南中日久，谓罕淹通之士。以余论之，当汉代经义萌芽之始，而吾郡初入版图，已有《尔雅》大师如犍为舍人者，世固未尝深究也。……（舍人）为吾郡传经之鼻祖。吾郡先后汉各一经师，先汉犍为舍人，后汉毋敛尹道真也。道真受五经于许叔重，归教南中，其有著述与否不可知。而舍人独首明《雅》学，以翼群经，致足尊矣。惜其仅以名见，阅久而姓不可稽。……异哉！舍人岂不伟哉？夫犍为郡初置于武帝建元六年，舍人生犍为而适武帝世，岂非舍人甫起于学校草创即具出类拔萃之才，远引乎百家众技之末，一意止耽经术，粹然底于名儒，以开我邦百年之学乎。[2]

地域人文传统之建构，除了从文献上追本溯源外，还有就是建构物化纪念物以彰显之。如贵州明代便建有所谓的"尹公讲堂"。明代遵义人程生云《尹公讲堂》诗说："北学破南荒，风在讲堂树。后来应有人，徘徊不能去。"[3] 据莫友芝说：

> 讲堂在绥阳县东北十里，今废。明绥阳知县詹淑《尹公讲堂铭序》云：万历甲辰秋，余修旺草公署，掘地得碑，题曰：汉尹珍讲堂，唐广明元年七月六日播州司户崔礽立。西南人向学自道真始。唐人标其遗迹，必有所据。广明距今六百年，讲堂不知圮于何代。[4]

---

[1]　（民国）《贵州通志·艺文志》卷三，贵州人民出版社1989年版，第60页。

[2]　（民国）《贵州通志·艺文志》，贵州人民出版社1989年版，第60～61页。

[3]　黄万机等点校：《郑珍全集》第七册《播雅》，上海古籍出版社2014年版，第25页。

[4]　《黔诗纪略》卷二十四，贵州人民出版社1993年版，第993页。

总之，自盛览始，贵州"文教始开"；舍人"开我邦百年之学"，为贵州"传经之鼻祖"；尹珍以"北学破南荒"，"西南人向学自道真始"。据现存史料，虽然盛览在文学上并无卓越建树，尹珍亦无著作传世，舍人仅存《尔雅注》残本，他们对贵州地域文化建设的贡献和特色之彰显，到底有多大影响，尚难定论。但是，通过贵州明清士人的体认和建构，凝练成贵州汉代"三贤"之称号，并建三贤祠以祀之，视为贵州地域人文传统之始祖，对他们开创贵州文教之丰功伟绩进行反复的追认、陈述和建构，而逐渐为贵州士子和客籍文人所接受，以至今日我们讨论贵州地域文化，皆会自然联想到此"三贤"，并理所当然地认为他们是贵州地域文化之鼻祖。

需要指出的是，贵州士子在建构地域人文传统时，常常面临着一个"千年断层"的问题。所谓"千年断层"，是指贵州地域文化之发展，自汉代"三贤"之后，从魏、晋至宋、元的一千多年时间里，贵州人文出现了非常明显的断层现象，除了学者常常提到的宋代赵高峰（著有《青莲院诗集》，已佚，仅存集名），元代的杨汉英（著有《明哲要览》九十卷，《桃溪内外集》一卷，已佚，仅存诗一首）外，几乎没有可圈可点的重要文化人物，登科进士亦寥寥无几。据莫友芝说：

> 《四川通志》载，宋嘉熙二年周坦榜举进士者，有冉从周，遵义军人，官珍州守。《明一统志》谓时呼"破荒冉家"者也。播州以宋安抚杨价请贡岁士，乃有进士。嘉熙后举者，复有遵义杨震、李敏子、白震、杨邦彦、杨邦杰，播州犹道明、赵炎卯，凡七人，而从周为之先，宋后则无闻矣。[1]

数百年间进士及第者仅寥寥七人，而此七位进士又基本无文教政

---

[1] 《黔诗纪略》卷三，贵州人民出版社1993年版，第119页。

绩传世。故前引张谏《望古》诗，在历数盛览、尹珍等人文始祖之后，即感慨说："遥遥今几世，嗣响何泯泯。望古一长叹，负重愁绝骸。"所以，说贵州地域文化之发展有"千年断层"现象，可谓名副其实。罗绕典《黔南职方纪略序》亦提到这个问题：

> 春秋之末，牂牁常不通中国矣，而庄蹻以楚民楚俗化之，百余年即有盛览，能词赋，追随乎园令。唐蒙之开南夷也，徙蜀中龙、傅、尹、贾诸大姓于牂牁，于是牂牁遂同蜀俗，久之而尹道真诸人出焉，彬彬乎汝颍士大夫之学术矣。厥后谢氏、赵氏世笃忠贞，保有牂牁，为国家藩扞，亦云盛矣。天宝以后弃而不问，南中遂寂无人物。元明再辟以来，又复日新月盛，岂真际会为之？乌江、赤水之乡，周衰而汉盛，唐宋薄，而元明敦邪？实守土之吏与夫五方之士夫所以感化遵率者异，而俗因以有淳漓耳。[1]

基于贵州地域文化发展"千年断层"之现状，贵州士子在体认和建构地域人文传统时，常常不能不做"跨代"之论，即以明代贵州建省以后之人文传统上承汉代"三贤"，以弥合"千年断层"，构成一脉相承的地域人文统系。如莫友芝说："黔人著述见于史者，别集始于王教授（训），经说始于先生（易贵），并明一代贵州文教鼻祖，其开创之功，不在道真、长通下。"易贵精于经学，著有《易经直指》《诗经直指》等，《明史·艺文志》著录《诗经直指》十五卷。王训擅长诗文，诗境苍凉雄郁。学者认为，明代贵州文学"开草昧之功，不能不首推教授（王训官新添卫教授）也"。[2]《明史·艺文志》著录王训《文集》三十卷。此乃贵州文人著作首次见于正史"艺文志"著录，

[1] 杜文铎等点校：《黔南识略·黔南职方纪略》，贵州人民出版社1992年版，第273～274页。

[2] 《黔诗纪略》卷一，贵州人民出版社1993年版，第6页。

其开有明一代贵州文教，远绍尹珍、盛览，成为"千年断层"后贵州地域人文传统之命脉承续，虽然他们的作品已经散佚。

贵州明代学者以其学术思想在全国发生较大影响而引起重视的，当数晚明理学家孙应鳌。故学者论贵州地域人文学统，常以孙应鳌远绍尹珍、舍人之统系。如陈矩《淮海易谈跋》说：

> 黔南江山灵秀，贤豪挺生，若汉犍为文学舍公、长通盛公、后汉道真尹公，德行、经学、词章，方之蜀都四子，殆无愧色，黔中不可谓无人矣。厥后兵燹屡生，黔服没于邻邦者半，湮于蛮荒者亦半，山灵不轻钟毓，寂寞流风，千有余载。有明中叶，始得淮海先生焉。[1]

田雯《黔书》说：

> 黔之人物，尹珍以上无论已。明之以理学文章气节著者，如孙应鳌、李渭、陈尚象以及王训、詹英、黄绂、秦颙、蒋宗鲁、徐节、田秋、徐卿伯、易楚诚、张孟弼、许奇、申祐、吴淮、邱禾实、潘润民、王祚远、蒋劝善，皆大雅复作，声闻特达者也，而文恭为之最。[2]

贺长龄《道光安平县志序》说：

> 呜呼，地岂不以人重哉？黔，一荒服耳，自有尹珍北学于中国，肇豁蒙翳而耀光明，至明之清平孙文恭公出，直接洙、泗、濂、洛之传，一时名德巨公争相引重，黔遂居于邹鲁矣。[3]

---

[1] （民国）《贵州通志·艺文志》卷一，贵州人民出版社 1989 年版，第 2 ~ 3 页。

[2] 田雯：《黔书》卷三《人物名宦》，《中国地方志集成·贵州府县志辑》（第 3 册），巴蜀书社 2006 年版。

[3] 《道光安平县志》卷首，《中国地方志集成·贵州府县志辑》（第 44 册），巴蜀书社等 1989 年版。

黎庶昌《刻督学文集序》说：

> 吾黔偏在西南隅，自后汉时，道真尹公从许慎、应奉受经书图纬，还教乡里，以北学开南中之陋，仕至荆州刺史，历有名德，惜无传书。厥后土宇乖分，黔服陷于蛮夷，郁千年不能振拔，遂无人焉。能继起以昌明圣学、兴起斯文为己任者，至明乃有文恭孙淮海先生。[1]

孙应鳌不仅是明代贵州最著名的学者，而且亦是贵州历史上在全国思想界产生较大影响、著作得以完整保存的学者，所以，莫友芝说他“以儒术经世，为贵州开省以来人物冠”[2]，李独清以为他的“功业文章为吾黔开省人物最”[3]。

就其学术渊源来说，孙应鳌是贵州王学传人之中流砥柱，他先后从阳明弟子徐樾、蒋道林问学，是王阳明的再传弟子。王阳明心学形成于贵州龙场，并在贵州地区广泛传播，故贵州学者在建构地域人文传统时，尤重阳明心学在贵州地区的传播和影响，视王阳明为黔学之奠基和功臣。如莫友芝说：

> 王阳明先生守仁之谪龙场驿丞也，提学席副使书请居文明书院，为诸生讲知行合一之学。席公公余常就见论难，或至中夜，诸生环而观听，常数百人，于是黔人争知求心性。得其传者首推陈宗鲁及先生（汤冔）。宗鲁得阳明之和，先生得阳明之正，文章吏治皆有可称。……两先生承良知之派以开黔学，岂区区诗文足以重两先生。[4]

[1] （民国）《贵州通志·艺文志》卷十三，贵州人民出版社 1989 年版，第 547 页。

[2] 《黔诗纪略》卷五，贵州人民出版社 1993 年版，第 184 页。

[3] 《督学文集跋》，（民国）《贵州通志·艺文志》卷十四，贵州人民出版社 1989 年版，第 550 页。

[4] 《黔诗纪略》卷三，贵州人民出版社 1993 年版，第 117 页。

萧重望《李先生祠记》说：

> 尼山开万世道学之统者也，周茂叔开宋儒之统者也，薛文清开昭代诸儒之统者也。贵筑之学倡自龙场，思南之学倡自先生（李渭），自先生出而黔人始夔然悚然知俗学之为非矣。[1]

宦游贵州的翁同书在《道光贵阳府志序》中亦说：

> 黔学之兴实自王文成始，文成尝主讲文明书院矣，即今贵山书院是也。其时文成方以忤大阉谪穷荒，读其《瘗旅》之文，有足悲者，卒乃悟反身之学，揭良知之理，用是风厉学者而黔俗丕变。[2]

阳明心学的贵州传人主要有孙应鳌、李渭、马内江，一时讲学风盛，黔俗丕变，人文浓郁，可谓贵州学术思想史上的一座高峰。

自晚明起，贵州学统代有传人，然作为贵州古代学术思想之集大成者，作为古代贵州学统之殿军者，当推郑珍和莫友芝，此省内外学者之公论。郑珍精于经学，长于小学，著述弘富，先后著有《考工轮舆私笺》二卷、《凫氏为钟图说》一卷、《仪礼私笺》八卷、《深衣考》一卷、《巢经巢经说》一卷、《亲属记》一卷、《说文逸字》二卷、《说文新附考》六卷、《汗简笺证》八卷、《郑学录》四卷、《樗茧谱》一卷、《母教录》一卷，辑《播雅》二十四卷，主编（道光）《遵义府志》四十八卷，另有《巢经巢文集》六卷、《巢经巢诗集》九卷，等等。还兼通书法和绘画。刘书年《说文逸字序》说："郑君于贵州，

---

[1] 《黔诗纪略》卷十二，贵州人民出版社 1993 年版，第 430 页。

[2] （道光）《贵阳府志》卷首，贵州人民出版社 2005 年版。

实始为许、郑之学。"[1] 陈田亦说:"余尝论当代诗人,才学兼全,一人而已。篆法远绍冰、斯,从容合矩,国朝钱、邓以下未见其俦。兴趣所在,间亦点染山水,苍朴萧散,超绝时世。经学大师,兼长三绝,古有子瞻,今有先生。"[2] 黎庶昌称其为"西南儒宗"。[3] 陈夔龙说:"遵义郑子尹征君以朴学崛起西南,蔚为儒宗。"[4]

莫友芝精于小学、史地和目录版本之学,著有《唐写本说文木部笺异》一卷、《宋元旧本书经眼录》三卷、《韵学源流》一卷、《郘亭知见传本书目》十六卷、《郘亭诗钞》六卷、《郘亭遗诗》八卷、《郘亭遗文》八卷、《影山词》二卷,辑录《黔诗纪略》三十三卷。陈衍《石遗室诗话》说:"黔诗人郑、莫并称……子尹精经学、小学,子偲长于史地之学,二人功力略相伯仲。"[5]

郑珍和莫友芝究心经学和小学,在一定程度上得自于贵州地域人文传统精神的激发和鼓励。如郑珍,其字"子尹",是恩师程恩泽所赐。"尹",即贵州人文鼻祖尹珍。程恩泽以贵州先贤姓氏赐字郑珍,就是以贵州先贤尹珍北上问学许慎之精神激励郑珍。学者亦常将莫友芝视作尹珍之学的传人,如黄统《郘亭诗钞序》说:

> (子偲)自以所籍独山为汉毋敛,有道真尹公远出汝南许君授五经,开南域学,本朝通儒说经,尊守许君文字书几圣作等,矧刚水渊源所在者,故既殚心求通会以治经,而服友子弟讲习问难,亦必以许君义强聒

[1] (民国)《贵州通志·艺文志》卷三,贵州人民出版社1989年版,第69页。

[2] (民国)《贵州通志·艺文志》卷十六,贵州人民出版社1989年版,第695页。

[3] 黎庶昌:《巢经巢文集序》,(民国)《贵州通志·艺文志》卷十六,贵州人民出版社1989年版,第696页。

[4] 《郑征君遗著序》,(民国)《贵州通志·艺文志》卷十六,贵州人民出版社1989年版,第702页。

[5] 陈衍:《石遗室诗话》,《民国诗话丛编》(第1册),上海书店出版社2002年版。

焉。其弟芷升，寻以小学文字先后见赏丁虚园、翁祖庚两前辈，贡成均，于是许君书贵州乡僻悉有，皆子偲倡导以然也。……信乎其将继道真、张刚水者。[1]

莫友芝治经学和小学，与郑珍相似，皆以贵州先贤尹珍自期，黄统亦以尹珍之文教事功激励莫友芝。乡贤先辈和地域人文传统对地方文化事业之发展所产生的潜移默化之作用，于郑珍、莫友芝这两位古代黔学重镇和殿军之身上，表现得非常充分。

文统的梳理亦是建构地域人文传统的重要内容。贵州文人有诗文传世，是从明代开始；有诗文传世并且在全国发生过一定影响，是从晚明开始。可以说，是晚明以来的贵州学人才开始有意识地进行贵州文学创作渊源统系的建构工作。在贵州文士之心目中，地域文统之始祖是盛览，甚至当代学者研究贵州地域文学，编撰贵州地域文学史，如黄万机的《贵州汉文学发展史》，就是以盛览开篇。实际上，且不说《西京杂记》载录盛览之名时微显贬义，单就盛览传世之作品仅有《合组歌》《列锦歌》二篇之篇名看，盛览只能作为贵州地域文统的一个精神源头。或者说，只能显示贵州地域文学源远流长而已，并无创作上的实际指导意义。贵州后学不遗余力地追认这个统系源头和精神象征，其意义亦仅在于此。在贵州地域人文传统的"千年断层"中，唐代或有可能成为贵州地域文学的一个重要发展期，因为李白、王昌黎等唐代重要诗人或许到过贵州，带来诗坛主流新风尚。但是，李白、王昌黎与贵州的关系在疑似之间。虽然贵州文人和民间社会一直致力于证实李、王二人确实抵达贵州，其用心之良苦虽可获得"同情之理解"，但是，毋庸回避的是，唐代贵州文坛实际上并无只言片语传承

---

[1]　（民国）《贵州通志·艺文志》卷十六，贵州人民出版社 1989 年版，第 706 页。

下来，文统的断裂和学统的"千年断层"，正相吻合。

从宋代开始，史书中开始提到贵州文人的创作，如宋代的赵高峰著有《青莲院诗集》、元代杨汉英有《桃溪内外集》六十四卷、明初宋昂和宋昱兄弟有《联芳类稿》，然上述三部作品皆散佚，仅存数篇而已，无法论定其价值和地位，故其在贵州地域文学统系中，亦只能如盛览一样，作为一个象征性的文脉传承符号，被贵州后学追忆和钦仰。贵州文士有作品传世，并形成一个创作高潮，在全国发生一定影响，则是在明末清初。故贵州文脉的由隐而显和贵州文统的一脉相承，亦是从这个时期开始的。莫友芝《雪鸿堂诗集序》说：

> 黔自明始有诗，萌芽于宣、正，条衍于景、成以来，而桐豫于隆、万。自武略而止庵、廷润、竹泉、放锡，而时中、田园，而唐山、子川、宗鲁、伯元，而道父、吉甫、徐川、元淑，百有余年，榛莽递开，略具涂轨。山甫、湜之、内江诸老又一意儒学，特余事及之。洎乎用霖《味淡》、卓凡《屡非》、炳麟《铿訇》，道乃大启。一时方蘷、邓州、泠然、瑞明、心易、循陔、美若、无近、少崖、小范，旗鼓相应，延、温、沅、舞间，几于人握灵珠，家抱荆璧。而其咀嚼六代，步骤三唐，清雄宕逸，风格隽远，尤以君采谢先生称首。[1]

"黔自明始有诗"，此言不虚。莫友芝此篇文字，实乃贵州明代诗学发展统系之脉络大纲，其以谢三秀为贵州明代诗学之集大成者，亦是贵州文士之共识。贵州晚明诗学呈现出辉煌局面，成就较大者，当推谢三秀、孙应鳌、越其杰、吴中蕃、杨文骢等人，而又以谢三秀称首。如郑珍《书周渔璜先生桐野书屋后》说："贵州数诗家，有明

---

[1] （民国）《贵州通志·艺文志》卷十四，贵州人民出版社 1989 年版，第 567 页。

推雪鸿。"[1] 莫友芝亦说："贵州自成祖开省迄于神宗，阅二百年，人才之兴媲于上国，而能专精风雅，隽永冲融，驰骋中原，卓然一队，虽前之文恭，后之龙友、滋大，未有先于君采者也。"[2] 故清代以来，谢三秀常常成为品评贵州诗人之参照和典范，如吴振棫《燕黔诗钞序》评狄觐光诗说：

> 黔之山雄峻而深，黔之水湍厉而清，诗境也，宜黔之人多工诗。然而明三百年，以诗传者，谢君采三秀《雪鸿》一集而已。……余谓司马（狄氏官司马）之诗，不滞不亢不晦不薄不浮，于君采作诗之旨深有合者，固足以传矣。[3]

李维桢评价谢三秀诗，有"格整而不滞，气雄而不亢，旨深而不晦，致清而不薄，辞丽而不浮"之目，[4] 故吴氏移之以评狄诗，以明其渊源有自。

晚明贵州诗学兴盛一时，入清以后，更是名家辈出，在贵州文脉统系上先后占有重要位置者，有周起渭、潘淳、田榕、傅玉书、郑珍、莫友芝、黎庶昌、姚华等，这种一脉相承的文脉统系，是在贵州文人不断地追忆和体认中建构起来的。如傅玉书《黔风旧闻录》称："予少时闻先君子及诸父论乡先辈以诗名者，谢雪鸿蜚声前代，周桐埜驰誉今时。"[5] 陈田说："黔中诗人，渔璜而后，瑞云、南垞差堪步武。"[6]

---

[1] 杨元桢：《郑珍巢经巢诗集校注》后集·卷一，贵州人民出版社1992年版，第400页。

[2] 《黔诗纪略》卷十四，贵州人民出版社1993年版，第543页

[3] （民国）《贵州通志·艺文志》卷十六，贵州人民出版社1989年版，第663～664页。

[4] 李维桢：《雪鸿堂诗集原序》，《黔诗纪略》卷十四，贵州人民出版社1993年版，第544页。

[5] （民国）《贵州通志·艺文志》卷十六，贵州人民出版社1989年版，第846页。

[6] （民国）《贵州通志·艺文志》卷十五，贵州人民出版社1989年版，第622页。

的确，谢三秀之后，能代表贵州诗学成就者，首推周起渭。继周起渭而起，作为贵州古代文学之殿军者，是郑珍和莫友芝。如赵懿《莘斋诗钞序》说："谢雪鸿、周桐野之诗，黔之启镳风雅者与，而犹未焕著于人世；郑经巢、莫邵亭两征君出，然后腾耀海内，骧驾古今，或庶几与韩、孟、苏、黄相后先乎？"[1] 柳诒徵《遂雅堂全集题语》说："黔中诗家，焜耀海内。俶落雪鸿，袭奕桐野。邵亭经巢，堂鞠弥廊。雄夺万夫，秀掩千哲。鳞部振采，煜于龙鸾，黔水缋文，蔚乎濉涣。"[2]

总之，通过历代学者的反复体认和追寻，逐渐建构起以学统和文统为基本框架的贵州地域人文传统，这个以汉代"三贤"为起点，中经"千年断层"，至晚明由孙应鳌、谢三秀、越其杰、吴中蕃、杨文骢诸人振兴，再经周起渭、田榕、潘淳、傅玉书的创为，最后以郑珍、莫友芝、黎庶昌为殿军的地域人文统系，成为贵州地域文化发展的人文背景和精神动力。

二、阳明心学与贵州地域文化精神

阳明心学作为明代中后期的主要哲学思想，其主体内容是王阳明在贬谪贵州期间建构的，并首先在贵州地区广泛传播。阳明心学在贵州地区的形成，与贵州地域文化的影响有关；阳明心学在贵州地区的传播，对贵州地域文化精神的形成有重要影响。

1. 阳明心学的主要内容

阳明心学作为一种系统的哲学思想，主要包括"心即理""知行

---

[1]　（民国）《贵州通志·艺文志》卷十七，贵州人民出版社 1989 年版，第 784 页。

[2]　（民国）《贵州通志·艺文志》卷十七，贵州人民出版社 1989 年版，第 821 页。

合一"和"致良知"三部分内容。

"心即理"是阳明心学的理论基础。首先，王阳明认为，"心只是一灵明"。他说："心不是一块血肉，凡知觉处便是心，如耳目之知视听，手足之知痛痒，此知觉便是心。""心者，身之主宰，目虽视而所以视者心也，耳虽听而所以听者心也，口与四肢虽言动而所以言动者心也。"其次，心是至善的。他说："至善者，心之本体。"[1]因此，心是论定是非善恶的标准，"求之于心而是也，虽其言出于庸常，不敢以为非也；求之于心而非也，虽其言出于孔子，不敢以为是也"。[2]所谓"理"，即社会实践活动中的各种法则或自然规律。在他看来，"理也者，心之条理也，是理也……千变万化，至不可穷竭，而无非发于吾之一心"。[3]所以，他提出："心包万理。""心者天地万物之主也。""天下之事虽千变万化，而皆不出于此心。""心与理合二为一，互不分离。""心外无物。"[4]因此，他反省说："圣人之道，吾性自足，向之求理于事物者误也。"[5]

在"心即理"之理论基础上，王阳明提出"知行合一"学说。"心即理"理论确立了心的道德主体地位，为了将此理论在现实中加以实践和检验，从道德理论到道德实践，他提出了"知行合一"学说。所谓"知"，即"良知"。他认为："良知者，孟子所谓'是非之心也，人皆有之者'也。""见父自然知孝，见兄自然知悌，见孺子入井自然知恻隐，此便是良知。"[6]所谓"行"，是指实践活动，亦包括意

---

[1] 《语录》三，吴光等编校《王阳明全集》卷三，上海古籍出版社2011年版。

[2] 《语录》二，吴光等编校《王阳明全集》卷二，上海古籍出版社2011年版。

[3] 《语录》一，吴光等编校《王阳明全集》卷一，上海古籍出版社2011年版。

[4] 《语录》一，吴光等编校《王阳明全集》卷一，上海古籍出版社2011年版。

[5] 《年谱》一，吴光等编校《王阳明全集》卷三十三，上海古籍出版社2011年版。

[6] 《大学问》，吴光等编校《王阳明全集》卷二十六，上海古籍出版社2011年版。

念活动。"知行合一"，二者不可分离，"知是行之主意，行是知的功夫"。[1]"知之真笃即是行，行之明察即是知"。[2]

"致良知"是阳明心学之核心。"良知"即"道"或"理"，就是宇宙的本体，这个本体存于心。他说："夫良知就是道。"[3]"良知是造化的精灵，这些精灵，生天生地，成鬼成神，皆从此出。""自圣人以至愚人，自一个之心，以达于四海之远，自千古之前，以至万代之后，无有不同是良知也，是谓天下之大本也。"[4]所谓"致良知"，就是通过认识和修养的功夫使"良知"得以恢复和显豁。

上述阳明心学的三项内容自成一体，如果说"心即理"只讲本体，未及功夫；而"知行合一"是只讲功夫，不及本体；那末"致良知"则是将本体与功夫结合起来，使其成为一个有系统的理论。[5]

大体上说，阳明心学的主要内容和基本路径仍是沿袭程朱理学而来，但是它吸取了陆九渊心学之精髓，强调心灵对于真理和价值的判断，在一定程度上是对程朱理学的修正。程朱理学将心和理分开，理是认识的核心，心是认识的主体，在心和物之外有一个精神性的理存在，它化生万物而又不离万物，学者通过格物致知以即物穷理；它把人欲与天理分开，通过压制人欲以获得天理。这种以"存天理，灭人欲"为核心内容的哲学成为社会意识形态话语后，天理就会以权力的话语和话语的权力化为一种严厉的制度和训诫的规则，成为对人的自由心灵的一种约束。还有，"它对世俗世界的极端鄙夷和对超越世界的过度推崇，恰恰可能使得始终生活在世俗中的人变得无所适从，当这些

[1]　《语录》一，吴光等编校《王阳明全集》卷一，上海古籍出版社 2011 年版。

[2]　《答友人问》，吴光等编校《王阳明全集》卷六，上海古籍出版社 2011 年版。

[3]　《语录》二，吴光等编校《王阳明全集》卷二，上海古籍出版社 2011 年版。

[4]　《语录》三，吴光等编校《王阳明全集》卷三，上海古籍出版社 2011 年版。

[5]　余怀彦：《王阳明与贵州文化》，贵州教育出版社 1996 年版，第 61 页。

看上去绝对高尚的道理由于过于高尚，而只能成为官方训诫的教条、社会约束的严厉规则和考试中的记忆和背诵内容时，它更可能窒息人们在公共生活中的活泼想象和自由思索"。[1] 所以，阳明心学之产生，就是基于程朱理学不能适应当前社会之需要，就是要通过修正程朱理学来破除它的约束和窒息，为自由思索和活泼想象提供理论支撑。因此，沟口雄三说："阳明学的兴起，并非一般的冲动，它所展示的是要提出与明代人的现实状态相适应的新型的理观这一明代的冲动。阳明指摘朱子析心与理为二，这正表明宋代理观早已不再适应明代人的心了。"[2]

2. 阳明心学的形成与贵州的地域文化背景

从思想史发展逻辑看，从学理之自然演进看，阳明心学的产生有其思想发展和学理演进之内在理路。但是，学术思想在遵循内在理路之演进时，亦必须有相应的外缘影响来刺激和促进。产生阳明心学之外缘影响，首先是明代中后期现实境况的迫切需要，而更直接、更明显的契机，则是贵州地理环境和人文生态的刺激与触发。

阳明心学的三大组成部分，即"心即理""知行合一"和"致良知"。其中前两部分是王阳明贬谪贵州时提出来的，"心即理"是正德三年（1508）王阳明"龙场悟道"的成果。"知行合一"是正德四年（1509）王阳明应贵州提学副使席书之邀在贵阳文明书院首次提出并加以系统讲授。"致良知"是王阳明晚年才明确提出来的，但其基本内容则是萌芽于龙场，形成于贵州。所以，王阳明说："吾'良知'

---

[1] 葛兆光：《中国思想史》（第二卷），复旦大学出版社 2000 年版，第 413 页。

[2] ［日］沟口雄三：《中国前近代思想之曲折与展开》，陈耀文译，上海人民出版社 1997 年版，第 55 页。

二字，自龙场以后，便不出此意。"钱德洪《论年谱书》亦说："（先师）至龙场，再经忧患，而始豁然大悟良知之旨。"因此，阳明心学的发源地和形成地是在贵州，"龙场悟道"是王阳明建构心学体系的直接触媒和主要契机。据《年谱》记载：

> （正德）三年戊辰，先生三十七岁，在贵阳。春，至龙场。先生始悟格物致知。龙场在贵州西北万山丛棘中，蛇虺魍魉，蛊毒瘴疠，与居夷人鴂舌难语，可通语者，皆中土亡命。旧无居，始教之范土架木以居。时瑾憾未已，自计得失荣辱皆能超脱，惟生死一念尚觉未化，乃为石墩，自誓曰：吾惟俟命而已！日夜端居澄默，以求静一；久之，胸中洒洒。而从者皆病，自析薪取水作糜饲之；又恐其怀抑郁，则与歌诗；又不悦，复调越曲，杂以诙笑，始能忘其为疾痛夷狄患难也。因念：圣人处此，更有何道？忽中夜大悟格物致知之旨，寤寐中若有人语之者，不觉呼跃，从者皆惊。始知圣人之道，吾性自足，向之求理于事物者误也。乃以默记"五经"之言证之，莫不吻合，因著《五经臆说》。[1]

黄宗羲《明儒学案·姚江学案》说：

> 先生之学，始泛滥于词章，继而遍读考亭之书，循序格物。顾物理吾心终判为二，无所得入，于是出入佛老久之。及居夷处困，动心忍性，因念圣人处此，更有何道？忽悟格物致知之旨：圣人之道，吾性自足，不假外求。其学凡三变而始得其门。[2]

"龙场悟道"是王阳明建构心学之关键。而王阳明之所以能在龙场悟道，与其在龙场"居夷处困，动心忍性"的经历有直接关系。或

---

[1] 《年谱》一，吴光等编校《王阳明全集》卷三十三，上海古籍出版社 2011 年版。
[2] 黄宗羲：《明儒学案》，浙江古籍出版社 1992 年版。

者说，贵州大山地理对于成就王阳明悟道而建构心学有直接的激发作用。对于王阳明这样一位出身于官宦之家，长于浙江、宦于京城的文人来说，贵州的大山地理，尤其是"万山丛棘中"的龙场，无疑是险恶艰辛的，亦是新鲜神奇的。正是这种险恶艰辛和新鲜神奇的大山地理启发了王阳明的"龙场悟道"。

贵州地理，"塞天皆石，无地不坡""尺寸皆山，地极硗确""怪石累累""层峦叠嶂"，是典型的大山地理。这种地理特征，的确让初入贵州的外籍人望而生畏。王阳明初入贵州，贵州极其险峻的地理形势和非常艰辛的生活环境，给予他最严峻的考验。一路走来，"连峰际天，飞鸟不通"，旅途之艰辛给他深刻印象，"客行日日万峰头，山水南来亦胜游"，[1] "贵竹路从峰顶入，夜郎人自日边来"。[2] 而贵州之山更给他触目惊心之感，他在《重修月谭寺建公馆记》中描述了他的这种感受："天下之山，萃于云贵，连亘万里，际天无极。行旅之往来，日攀缘上下于穷崖绝壑之间。虽雅有泉石之癖者，一入云、贵之途，莫不困踣烦厌，非复夙好。"[3] 地理之险峻如此，而生活之艰辛更是使他几乎达到可忍受之极限。"魑魅魍魉，蛊毒瘴疠"，时刻威胁着生命安全，用他的说话："某之居此，盖瘴疠蛊毒之与处，魑魅魍魉之与游，日有三死焉。"[4] 物质匮乏，缺衣少药，连起码的居处都没有。初到龙场，驿站无处容身，他便在附近搭建一所简陋的草屋居住。这间草屋，"草庵不及肩"，"土阶漫无级"。[5] 后来又迁居到驿站东北约三里处龙冈山上的一个古洞里。在这里，气候潮湿，

[1] 《罗旧驿》，吴光等编校《王阳明全集》卷十九，上海古籍出版社 2011 年版。

[2] 《兴隆卫书壁》，吴光等编校《王阳明全集》卷十九，上海古籍出版社 2011 年版。

[3] 吴光等编校：《王阳明全集》卷二十三，上海古籍出版社 2011 年版。

[4] 《答毛宪副书》，吴光等编校《王阳明全集》卷二十三，上海古籍出版社 2011 年版。

[5] 《居夷诗》，吴光等编校《王阳明全集》卷十九，上海古籍出版社 2011 年版。

天气阴冷，旧病复发，"路僻官卑病前闲"，"卧病空山无药石"。[1]
物质上又极端匮乏，常常缺粮断炊，"谪居屡在陈，从者有愠见"，[2]
还要歌诗调曲以娱从者。"与居夷人，鴃舌难语"，与周边民众的沟
通有困难，还不时遭到地方官吏的嘲弄与侮辱。"危栈断我前，猛虎
尾我后。倒崖落我左，绝壑临我右。我足复荆榛，雨雪更纷骤"，[3]
这些诗句正是他当时处境之危难与生活之艰辛的真实写照。在如此艰
难的环境中居然活过来了，连他自己都觉得是个奇迹。所以，他后来
曾自豪地说："他年贵竹传异事，应说阳明旧草堂。"如果说刘瑾之
祸使他超脱了得失荣辱，那末龙场之苦使他超越了生死之念，并进而
思考"圣人处此，更有何道"，乃"端居澄默，以求静一"，体味《易经》
中视险若夷、否极泰来、寒以反身、困以遂志的真谛，并以孟子所谓
"天将降大任于斯人也，必先苦其心志，劳其筋骨，饿其体肤"自勉，
故能在艰难困苦中泰然处之，顿悟"圣人之道，吾性自足"的大道理。

　　超越了得失、荣辱、生死之念的王阳明，以平常心投入到日常生
活中，从事各种生产劳动，建房、修园、砍柴、播种、收谷、浇灌、
担水、做饭等活计，皆亲自参与，如《观稼》诗说："下田既宜稌，
高田亦宜稷。种蔬须土疏，种蒩须土湿。寒多不实秀，暑多有螟螣。
去草不厌频，耘禾不厌密。"犹如一位经验丰富的老农，如数家珍般
地谈论农事经验。通过亲自参加生产劳动，他悟出"物理既可玩，化

[1]　《龙冈漫兴五首》（其三）、《却巫》，吴光等编校《王阳明全集》卷十九，上
　　　海古籍出版社 2011 年版。

[2]　《谪居绝粮请学于农将田南山永言寄怀》，吴光等编校《王阳明全集》卷十九，
　　　上海古籍出版社 2011 年版。

[3]　《杂诗三首》（其一），吴光等编校《王阳明全集》卷十九，上海古籍出版社
　　　2011 年版。

机还默识"的道理。[1]《采薪二首》描述采薪、汲水之艰难，得出"薪水良独劳，不愧食吾力"结论，认为生产劳动可以去私除蔽，净化心灵。[2]《龙冈新构》写建房、开路、理园，最后说："素缺农圃学，因兹得深论。毋为轻鄙事，吾道固斯存。"[3]在《观稼》诗中亦有同样的说法："即是参赞功，毋为轻稼穑。"[4]总之，王阳明直接参加生产劳动，从中体认大道之理，体味到心外无物、心外无理、心物同体的哲学真谛，为其顿悟"心即理"奠定了基础，为其提出"知行合一"学说准备了条件。所以，多年以后，王阳明仍念念不忘这段贵州经历，他在与友人信中说："及谪贵州三年，百难备尝，然后能有所见，始信孟氏'生于忧患'之言非欺我也。"[5]又说："吾平生讲学，只是'致良知'三字。""区区所论'致知'二字，乃是孔门正法眼藏。"这种见解是"从百死千难中得来，实千古圣圣相传一点滴骨血也。"[6]

龙场艰难的生活环境激发了王阳明的圣人之志，并进而顿悟"圣人之道，吾性自足"。同时，贵州的佳山秀水亦助成了他对道的体会与感悟。正如魏晋名士以玄对山水，"山水以形媚道"，通过自然山水以感悟玄道。王阳明对贵州的自然山水，有一个从惊恐到欣赏的认识过程。初入贵州，"日攀缘上下于穷崖绝壑之间"，确实"困踣烦厌"。"处之旬月，安而乐之，求其所谓甚陋而莫得"。[7]尤其是破除荣辱、得失、生死之念以后，他以一种达观的态度、平静的心情观赏贵州佳

---

[1]　《观稼》，吴光等编校《王阳明全集》卷十九，上海古籍出版社 2011 年版。

[2]　《采薪二首》，吴光等编校《王阳明全集》卷十九，上海古籍出版社 2011 年版。

[3]　《龙冈新构》，吴光等编校《王阳明全集》卷十九，上海古籍出版社 2011 年版。

[4]　《观稼》，吴光等编校《王阳明全集》卷十九，上海古籍出版社 2011 年版。

[5]　《与王纯甫书》，吴光等编校《王阳明全集》卷四，上海古籍出版社 2011 年版。

[6]　《年谱》二，吴光等编校《王阳明全集》卷三十四，上海古籍出版社 2011 年版。

[7]　《何陋轩记》，吴光等编校《王阳明全集》卷二十三，上海古籍出版社 2011 年版。

山秀水，则别是一番感觉，不再以为陋，故名其轩曰"何陋轩"，著《何陋轩记》以记之。其在《龙冈漫兴五首》（其一）中说："投荒万里入炎州，却喜官卑得自由。心在夷居何有陋？身虽吏隐未忘忧。春山卉服时相问，雪寨蓝舆每独游。拟把犁锄从许子，漫将弦诵止言游。"《始得东洞遂改为阳明小洞天三首》（其一）诗说："夷居信何陋，恬淡意方在。"生活安定下来，王阳明渐起游观之兴，"古洞闲来日日游，山中宰相胜封侯。"[1] 其《居夷诗》共 180 余首，其中以写景为主的诗有 30 余首，如《过天生桥》《木阁道中》《元夕木阁山水》《陆广晓发》《七盘》等，皆称名篇，抒发了作者对贵州山水的喜爱之情。"青山清我目，流水静我耳"，远离尘世，亲近山水，与山水自然融合，摒弃私心杂念，澄怀味道，山水引发道机。其所以能在龙场顿悟"心即理"，贵州的佳山秀水定有澄怀静默、引发道机之功效。

　　"居夷处困"激发了王阳明的圣人之志，佳山秀水锻炼了王阳明的澄静胸怀，亲耕稼穑使王阳明体会到世俗之乐，种种因缘使他顿悟"心即理"，提出"知行合一"说。而与贵州少数民族的亲密交往和深厚感情，又为他的"良知"说提供了具体鲜活的感知和触发。王阳明谪居龙场，刚到不久，草庵初成，周边少数民族就给他留下了深刻印象，其《初至龙场无所止结草庵居之》说："群獠环聚讯，语庞意颇质。鹿豕且同游，兹类犹人属。污樽映瓦豆，尽醉不知夕。缅怀黄唐化，略称茅茨迹。""鹿豕"句颇有轻视之意，虽然言语不通（"语庞"），但其质朴善良之品性还是明显感觉到了（"意颇质"）。接下来，周边的苗、彝等少数族人，在其自身处境很艰难的情况下，所做的两件事情，让他非常感动。第一，是为他修建房屋。王阳明从茅

[1]　《夏日游阳明小洞喜诸生偕集偶用唐韵》，吴光等编校《王阳明全集》卷二十九，上海古籍出版社 2011 年版。

庵迁居龙冈山洞，"居久，夷人亦日来亲狎。以所居湫湿，乃伐木构龙冈书院及寅宾堂、何陋轩、君子亭、玩易窝以居之"。当地少数族人不仅教他农耕稼穑，还在衣、食、住、行等方面给他以很大的帮助，王阳明有《谪居绝粮请学于农将田南山永言寄怀》以记之。第二，保护其人生安全。据王阳明《答毛宪副书》说："（太府）差人至龙场凌侮……龙场诸夷与之争斗。"《年谱》说："思州守遣人至驿侮先生，诸夷不平，共殴辱之。守大怒，言诸当道。毛宪副科令先生请谢，且谕以祸福。先生致书复之，守惭服。"[1] 通过这两件事情，王阳明认识到少数族人的淳朴善良和耿直性格。所以，他说："夷居虽异俗，野朴意所眷。"[2] 少数族人的质朴善良和真情厚意，使他逐渐爱上了龙场和龙场的苗、彝土著，有了"山中宰相胜封侯"的欣喜之情。对苗、彝等少数族人的认识，集中体现在他的名篇《何陋轩记》中，其云：

> 人皆以予自上国往，将陋其地，弗能居也。而予处之旬月，安而乐之，求其所谓甚陋者而莫得。独其结题鸟言，山栖羝服，无轩裳宫室之观、文仪揖让之缛，然此犹淳庞质素之遗焉。盖古之时，法制未备，则有然矣，不得以为陋也。夫爱憎面背，乱白黝丹，浚奸穷黠，外良而中螫，诸夏盖不免焉。若是而彬郁其容，宋甫鲁掖，折旋矩镬，将无为陋乎？夷之人乃不能此。其好言恶詈，直情率遂，则有矣。世徒以其言辞物采之眇而陋之，吾不谓然也。……嗟乎！诸夏之盛，其典章礼乐，历圣修而传之，夷不能有也，则谓之陋固宜。于后蔑道德而专法令，搜挟钩繁之术穷，而狡匿谲诈，无所不至，浑朴尽矣。夷之民方若未琢之璞，未绳之木，虽粗砺顽梗，而椎斧尚有施也，安可以陋？斯孔子所谓欲居也与？虽然，典章文物，则亦胡可以无讲。今夷之俗，崇巫而事鬼，渎礼而任情，不中不节，卒未免于陋之名，则亦不讲于是耳。然此无损于其质也。

---

[1] 《年谱》一，吴光等编校《王阳明全集》卷三十三，上海古籍出版社 2011 年版。

[2] 《诸生来》，吴光等编校《王阳明全集》卷十九，上海古籍出版社 2011 年版。

诚有君子而居焉，其化之也盖易。而予非其人也，记之以俟来者。[1]

我们以为，这段文字是理解王阳明"良知"学说最重要的材料，虽然其在晚年才正式提出"致良知"，但这种观点的萌芽与形成，则是在贬谪龙场期间。概括地说，这段文字有以下几个问题值得注意：

第一，苗、彝浑朴，苗、彝不陋。苗、彝"结题鸟言，山栖羝服，无轩裳宫室之观、文仪揖让之缛"，"好言恶詈，直情率遂"。这种"淳庞质素"，是为"浑朴"之美。因此，苗、彝"若未琢之璞，未绳之木，虽粗砺顽梗"，但未可以陋视之。即使其"崇巫而事鬼，渎礼而任情，不中不节"，亦无损其浑朴质素，亦不可以陋视之。

第二，苗、彝浑朴，犹存上古遗风。其"结题鸟言，山栖羝服"，是因为"法制未备"，故无"轩裳宫室"，不讲"文仪揖让"。其无诸夏之"典章礼乐"，故"好言恶詈，直情率遂"，故"崇巫而事鬼，渎礼而任情，不中不节"。此种未经"文明"洗礼的上古遗风，其本质是好的，犹如"未琢之璞，未绳之木"。若以礼乐化之，"其化之也盖易"。

第三，苗、彝不陋，诸夏亦未必尽善。其实，这段文字中隐含着一个不便明说但却是显而易见的观点，即与苗、彝的浑朴质素相比，崇修典章礼乐的诸夏或有虚矫伪饰之嫌。诸夏之人崇尚典礼，表面上"彬郁其容，宋甫鲁掖，折旋矩镬"，但其内心"爱憎面背，乱白黜丹，浚奸穷黠"，以至"蔑道德而专法令，搜抉钩絷之术穷，而狡匿谲诈无所不至"，这种"外良中蟊"的表现，才是真正的陋。在这里，王阳明虽然亦说"典章文物，则亦胡可以无讲"，但字里行间透露出来的意思，则是在说典章文物败坏风俗，导致虚矫伪饰。

[1]　《何陋轩记》，吴光等编校《王阳明全集》卷二十三，上海古籍出版社 2011 年版。

苗、彝的淳朴质素，正是王阳明"良知"之范本，或者说是苗、彝的浑朴淳庞启迪了王阳明的"良知"之说，使他认识到"致良知"的可能性。所谓"良知"，就是内在心灵自有的神明；"致良知"就是发掘内在心灵自有的神明。"天下之人，用其私智，以相倾轧"，就是因为"良知之学未明"，所以要"致良知"。当诸夏之人因典章礼乐之熏陶而渐趋虚矫伪饰时，未经礼制浸润的苗、彝的浑朴淳庞之性就弥足珍贵。在世人渐失"良知"之时，苗、彝之"良知"正是时代所急需。同时，世人之渐失"良知"，一定程度上与典章礼制有关，而苗、彝之保有"良知"，正是因为他们"礼制未备"。这在一定程度上亦使王阳明坚信"心即理"，坚信"圣人之道，吾性自足"，"吾心自足，不假外求"。所以，上引文字透露出王阳明"良知"学说的两项重要内容：其一，天生的淳庞浑朴之性就是"良知"，就是"心"，就是"理"，就是"真"。它只有善没有恶，更不可名之曰"陋"。它存在于每一个人的心中，即使苗、彝之愚夫愚妇亦和圣人一样，拥有这淳庞浑朴、清澈神明的"良知"。虽然王阳明亦并未完全放弃礼制典章之教化，但他实际上亦启示了阳明后学的激进的自然主义取向。其二，上文暗示典章法制导致"良知"渐失，导致虚矫伪饰，使王阳明转向内心，提倡"吾性自足""吾心自足"。虽然他未明确否定典章制度，但他实际上亦启发了阳明后学"非圣无法"的激进的自由主义取向。这种颇具理想主义色彩的激进的自然主义和自由主义，萌芽于龙场，表述于《何陋轩记》，其后渐渐越出王阳明设定的范围，亦越出主流意识和政治秩序允许的边界，对于长期在程朱理学之禁锢下变得几乎麻木不仁的明代中后期的士人来说，无疑具有相当的吸引力和诱惑力，因此成为当时社会最具影响力的学术思潮。

总之，阳明心学的三大构成，"心即理"顿悟于龙场，"知行合一"

首倡于贵阳，"致良知"形成于龙场。阳明心学体系的系统建构，与王阳明"居夷处困"有关，与他躬行稼穑的实践活动有关，与贵州佳山秀水的陶染有关，与贵州苗、彝敦庞浑朴质性的启迪有关。可以说，贵州地理环境和地域文化是产生阳明心学的外缘背景。

3. 阳明心学对贵州地域文化精神的影响

作为明代中后期在思想界占主流地位的阳明心学，据黄宗羲《明儒学案》的划分，有浙中、江右、南中、楚中、北方、粤闽、泰州七大学派。其实，在阳明心学中占有重要地位的还有黔中王学，由于贵州文化长期以来处于被边缘、被轻视、被描写的地位，所以，黔中王学亦就被学者边缘化了。笔者认为，遗忘黔中王学，就是遗忘阳明心学之根本。研究阳明心学，必须将黔中王学置于重要位置。王阳明在贵州的嫡传弟子，比较著名的有二十余人，其中以陈宗鲁、汤伯元、叶子苍三人的事功最为突出。宦游贵州的外籍弟子，对黔中王学的发展做出重要贡献者，有蒋信、徐樾、邹元标等人，通过数代学人的耕耘和培育，贵州地区涌现出以孙应鳌、李渭、马廷锡为代表，包括陈尚象、蒋宗鲁、田秋、徐卿伯、易楚城、许奇、吴淮、丘禾实、潘润民、王祚民、蒋劝善等一大批研习者和传播者，形成了所谓的"黔中王学"。[1]评述黔中王学的成就不是本篇的任务，在这里，笔者需要讨论的，是阳明心学对贵州地域文化品格和文化精神形成的影响。

王阳明在贵州生活的时间前后约三年，时间不长，并且位卑官微，但王阳明及其黔中王学对贵州古近代文化的影响却是十分显著的。学者讨论贵州文化之发展，往往将王阳明与尹珍并提，视为在贵州传播中原文化的关键人物，如何绍基《题阳明遗像》诗云：

---

[1] 余怀彦：《王阳明与贵州文化》，贵州教育出版社1996年版，第117页。

> 学术孰始开黔陬，许君弟子尹荆州。
> 图书且成授乡里，千载坠绪悬悠悠。
> 先生施教遥与继，礼乐须明典章制。
> 黔士无徒仰止劳，欲悟良知先六艺。

雷廷珍《黔学会缘起》说：

> 吾黔自道真讲学于汉季，阳明提倡于前明，桐野、子尹，辉映后先，
> 汉学宋学，得谓无人！ [1]

贵州学者论及贵州文化的早期开发，必以尹珍为始，犹如论及贵州文学之创始，必以盛览为先。其实，尹珍和盛览对贵州文化的贡献，毕竟像一个"传说"，因为他们都没有作品传世，其影响到底有多大，还很难说。对贵州文化有实实在在的贡献，对贵州文明之进程有重要影响的，还应首推王阳明。所以，郑珍《阳明祠观释奠记》说：

> （王阳明）操持践履之高，勋业文章之盛，即不谪龙场，吾侪犹得师之，矧肇我西南文教也。今吾黔莫不震服阳明之名。[2]

"矧肇我西南文教"之评，并非虚美之辞。黄彭年《王文成公画像记》说："公谪黔，黔人慕公，犹邹鲁之于孔孟。"其于王阳明在黔人心中之位置的描述，亦是符合实际的。王杏《新建阳明书院记》描述王阳明讲学贵州的盛况和黔人对他的仰慕说：

> 先生抵龙场，履若中土，居职之暇，训诲诸夷。士类感慕者云集听讲，

---

[1] 转引自余怀彦：《王阳明与贵州文化》，贵州教育出版社 1996 年版，第 293 页。

[2] 《巢经巢文集》卷二，见《郑珍集·文集》，贵州人民出版社 1994 年版。

居民环聚而观如堵焉，士习用变。意者文教将暨遐方，天假先生行以振起之乎？嘉靖甲午，予奉圣天子命出按贵州，每行都闻歌声，蔼蔼如越音。予问之士民，对曰：龙场王夫子遗化也。且谓夫子教化深入人心，今虽往矣，岁时思慕，有亲到龙场奉祀者，有遥拜而祀者。

这个描述应该是可靠的，因为其时距王阳明去世仅六年。据此可知王阳明讲学在贵州的轰动效应及其重要影响。田雯《黔书》卷三"阳明书院"条说：

> （先生）当日坐拥皋比，讲习不辍，黔之闻风来学者，卉衣鴃舌之徒，雍雍济济，周旋门庭。观其课诸生四条，并问答语录，俾尼山之铎，施及罗施鬼国，弦诵流传，以讫今日。黔之士肆成人有德，小子有造，彬彬然盛矣。而且里巷歌声，蔼蔼如越音。岁时伏腊，咸走龙场致奠，亦有遥拜于其家者。先生之教何其广，而泽何其深且远与！ [1]

嘉庆年间贵州学政张辅《阳明祠记》亦说：

> （先生）谪居龙场，潜心大道，顿悟良知，三百年来，黔人知圣贤之学者，实自先生倡之。高山景行，馨香俎豆，宜也。乃下至乡曲里巷，感思瞻礼像设，震耀无穷，是岂强而至者哉？盖先生之德，入人甚深，感人甚广，故黔人尊崇先生者，心悦诚服，不介而孚也。 [2]

道光年间贵州提学使翁同书《贵阳府志序》亦说：

---

[1] 田雯：《黔书》，《中国地方志集成·贵州府县志辑》（第3册），巴蜀书社等2006年版。

[2] 贵阳扶风山阳明祠石刻，转引自余怀彦《王阳明与贵州文化》，贵州教育出版社1996年版，第76～77页。

黔学之兴自王文成公始，文成……揭良知之理，用是风厉学者而黔俗丕变。[1]

据统计，王阳明讲学贵州之前，贵州书院仅有二至三所；阳明讲学贵州之后，贵州书院勃兴，仅在明代中后期有史可载的书院就达三十余所。而且这些书院的建立，绝大部分与王门有关，或由王门弟子建置，或邀请王门弟子讲学，或祭祀阳明及其弟子。其教学内容亦大体以王学为宗，以心学为教。[2] 所以，李崇畯《龙冈书院讲堂题额后跋》说："黔中之有书院，自龙冈始也；龙冈之有书院，自王阳明先生始也。"甚至如前引翁同书所说："黔学之兴自王文成公始。"总之，王阳明是最早在贵州大地大力传播中原文化并产生重要影响的思想家，其对贵州文化教育事业之发展，人文精神之培育，读书向学风气之开展，重文尚艺风尚之形成，风俗习尚之转变，皆产生了前无古人可与之比肩的重要影响，对塑造贵州地域文化品格和文化精神，有着特别重要的意义。

阳明心学的影响，诚如东林党领袖顾宪成所说："当士人桎梏于训诂词章间，骤而闻良知之说，一时心目俱醒，恍若拨云而见白日，岂不大快。"[3] 这种颇具理想主义、自然主义和自由主义色彩的"异端"思想，受到明清时期民间知识界的普遍欢迎，因为它"给中国的知识、思想和信仰世界带来的，是一种自由的风气，一方面，由于人们趋向于怀疑主义的思路，原本一统的意识形态被各种怀疑态度瓦解，思想界出现了前所未有的裂缝，知识阶层逐渐建立起相当宽松的言论空间，另一方面，由于陆王之学更加尊重心灵的最终裁判权，所谓'东海西

---

[1]　（道光）《贵阳府志》卷首，贵州人民出版社 2005 年版。

[2]　余怀彦：《王阳明与贵州文化》，贵州教育出版社 1996 年版，第 110～111 页。

[3]　顾宪成：《小心斋札记》卷三，台北广文书局 1975 年版。

海心同理同'，则使人们趋向于普遍主义真理观，又为一个新的多元思想世界提供了基础"。[1]

讨论阳明心学对贵州地域文化品格和文化精神的影响，尤其值得注意的是，阳明心学本身就产生、形成于贵州地区，其心学之内容与建构心学之思维与方法，皆与贵州地域文化有着十分密切的关系，所以，当它反过来传播于贵州并对贵州地域文化发生影响时，与其他地域相比，又有不同的意义。最明显的，就是它在贵州地区的传播，绝对不可能有水土不服或削足适履的问题。

王阳明基于苗、彝敦庞浑朴之质性提出的"良知"学说，它在贵州地域的传播和影响，有利于消解苗、彝族人的自卑感，增强民族自信心和自豪感。因为这种敦庞浑朴之质性，长期以来遭遇社会习惯势力或外省礼仪之邦的鄙薄和轻视，王阳明撰《何陋轩记》为之辩护，以为它就是"良知"，是人类内在心灵的一片神明，是王阳明用以批判长期以来在礼仪典章之氛围中培育而成的虚矫伪饰之风的重要武器。可以想象，如此的"良知"学说，理所当然能够得到黔人的普遍认同和绝对欢迎，对于树立黔人的民族自信心和文化自豪感，具有相当重要的意义。

阳明心学的反传统倾向、创新意识、求真精神、自由风气等，皆孕育于贵州地域传统文化背景下。事实上，阳明心学之所以能在贵州形成，是"因为儒家的正统思想在贵州并不像其他地区那样根深蒂固，作为统治思想的程朱理学影响不深，而且儒家思想经过在中原地区的千年发展后，已经到了盛极而衰的年龄，正是在贵州这样的文化边缘地带，在这个尚未完全被儒家思想浸润过的空间里，

[1] 葛兆光：《中国思想史》（第二卷），复旦大学出版社 2000 年版，第 436 页。

才能给那些有见地的思想家提供发言的场所和机会"。[1] 身处边缘地带的贵州文化，本身具有浓郁的自由主义精神和自然主义特质，置身其中的贵州士子亦相应地具有浓厚的求真意识、创新观念和反叛精神，[2] 这是产生阳明心学的文化背景。而阳明心学在贵州的传播和影响，又强化了黔人突破传统、大胆创新、自由发展、去伪存真、独立思考的精神。所以，我们认为：阳明心学产生于以创新求真为特点的贵州文化背景下，阳明心学在贵州的传播，又强化了黔人的创新精神和求真意识。

---

[1]　张晓松：《山骨印记——贵州文化论》，贵州教育出版社2000年版，第77～78页。

[2]　关于贵州地域文化的创新精神，参见本书第三章第四节"创新与开放：地域区位影响下的贵州地域文化精神"。

第五章 民族民间文化传统与贵州地域文化精神

　　地域文化精神的形成，是一个复杂的系统工程，受到多方面因素的影响。它与地理环境、地域区位等外在的物质因素密切相关，同时亦受到地域文化传统的影响。本书讨论地域文化精神，非仅指地域内知识精英的精神气质，而是包括地域内所有人群的一般精神状态。因此，研究地域文化精神的历史积淀和当代建构，不仅要重点关注地域内知识精英建构的人文传统及其体现出来的人文精神，亦应该特别重视地域内一般大众的知识、信仰和思想，及其所体现出来的文化精神。对于贵州这样一个以学术思想为核心的人文传统相对薄弱的地域而言，影响地域文化精神形成的决定性因素，可能主要是民间社会一般大众的知识、信仰和思想。因此，研究贵州地域文化精神的历史渊源和当代价值，民族民间文化传统与一般大众的民俗和信仰，就尤其值得重视。

一、贵州民族民间文化传统概说

1. 民族民间文化传统与地域文化精神的一般性关系

在通常情况下，学者所理解的人文传统，主要是指由知识精英创造的以学术思想为核心内容的知识系统。而所谓的人文精神，亦主要是指以学术文化思想为核心的人文知识之涵育下培植起来的精神。但是，我们认为，人类所创造的思想文化，除了知识精英创造的学术思想，还有民族民间的文化观念，两者共同构成人类的知识谱系和思想系统，并且在推动人类社会的进步和发展中起着同等重要的作用。因此，所谓的人文传统，应当包括知识精英的学术思想系统和民族民间的文化传统两个部分，二者共同涵育人类的精神世界，培植推动社会进步的精神动力。在上一章，我们讨论了以知识精英的学术思想为主的人文传统对地域文化精神的影响。在本章，笔者主要探讨贵州民族民间文化传统与地域文化精神的关系。

由知识精英创造的学术思想和民族民间文化观念共同构成的人文传统，对地域社会之精神的培植和养成，有决定性的意义。但是，二者之性质及其所发生的作用，又有显著的区别。相对而言，前者是理想化的，后者是现实性的；前者是为理想而建构的，后者是基于现实而实存的；前者的作用是引领性的，后者的价值是涵化性的。或者说，知识精英创造的学术思想，是基于某种现实需要或者理想需求而建构起来的，它虽然来源于现实，但又高于现实，它与现实的文化观念之间存在着一定的差距，所以是理想化的，因而对大众的作用是引领性的，即引领大众超越现实而进入理想化的境地。而民族民间文化传统则是实存于大众的日常生活中，与知识精英的理想化观念不同，它是现实性的。它既非理想化的高自标持，亦不是抽象化的观念形态，而是实实在在的现实呈现。

因此，知识精英大力宣传和提倡的思想，不能完全等同于世俗生活中一般民众实际奉行的观念。正如知识精英所建构的思想史不能完全取代民间思想史一样。[1] 有时候，知识精英宣扬的思想，可能是从一般民众实际奉行的观念中提炼出来的。但是，在大多数情况下，知识精英宣传的思想则可能与民间观念截然对立。或者说，知识精英之所以大力宣传某一种思想观念，是因为现实生活的迫切需要，是因为现实生活中出现了某种"异端"观念，知识精英则必须提倡一种"正统"的思想，来加以引导和改造。从这个角度看，知识精英的思想就与民间奉行的观念呈现出完全不同的面目，知识精英建构的思想史就不能完全等同或取代民间思想史。

比如，古代中国男尊女卑的思想观念，就应该从这个角度去考察。我们认为：古代中国男尊女卑的观念，主要是古代知识精英提倡的一种伦理观念，是一种理想化的观念，民间社会实际奉行的男女尊卑观念未必如此。理想与现实之间存在着较大的差距。在民间社会的家庭内部，在相当大的程度上，虽不能说是女尊男卑，但妇女的地位并不像我们想象的那般低贱。亦许，正是在民间社会的家庭内部，普遍存在着与男权社会的一般特点相抵触的男女尊卑观念。知识精英为了适应男权社会的需要，才感觉到有提倡男尊女卑的必要，才不遗余力地提倡和论证男尊女卑观念的必要性和合理性。而近代以来在反传统反礼教的时代潮流中，激进思想者发出的反男权的呼声，描绘的血淋淋的女性悲剧命运，以及对男尊女卑观念的深恶痛绝，其所依据的往往是古代思想家提供的思想材料，或者说，激进思想者所反对的只是古代思想家宣扬的男尊女卑观念。对古代民间社会实际奉行的男女尊卑

---

[1]　葛兆光：《中国思想史》（第一卷），复旦大学出版社 1998 年版，第 13～17 页。

观念，他们并未作过认真深入的考察。所以，高彦颐指出："'五四'模式（引者按：即'五四'激进思想家建构的'男尊女卑'模式）在很大程度上，衍生于对理想化准则的静态描述。"[1]亦就是说，近百年来流行意识所描绘的妇女生活状况的糟糕局面，其所依据的资料是古代思想家的高文典册，民间社会妇女的生活状况并非完全如此。笔者亦相信，自宋元以来，道德家提倡的一些残害妇女的陋习，的确对妇女的身心造成了极大的伤害，但是，这些陋习实施的范围到底有多广？影响面到底有多大？是否对古代大部分妇女都产生了极大的伤害？这实在值得怀疑。笔者更愿意相信：古代道德家提倡的男尊女卑观念，以及依照这种观念而制定的若干伤害妇女的鄙陋规则，亦许对官宦之家或书香门第的妇女的确造成过伤害，但对平民社会的普通妇女，则没有多大约束力和影响力。更为重要的是，我们不仅不能忽视，而且应该特别注意的是理想观念与实际生活之间的差距。事实上，正如高彦颐所说：

> 伦理规范和生活实践中间，难免存在着莫大的离距和紧张。儒家社会性别体系之所以能长期延续，应归之于相当大范围内的灵活性，在这一范围内，各种阶层、地区和年龄的女性，都在实践层面享受着生活的乐趣。……"三从"这一规范，无疑剥夺了女性的法律人格和独立的社会身份，但她的个性或主观性并未被剥夺。[2]

通过对传统民间社会妇女生活的真实情况的研究，可以证明：传

---

[1] ［美］高彦颐：《闺塾师——明末清初江南的才女文化》，李志生译，江苏人民出版社2005年版，第9页。

[2] ［美］高彦颐：《闺塾师——明末清初江南的才女文化》，李志生译，江苏人民出版社2005年版，第7页。

统社会妇女的社会地位并不像我们想象的那样低贱，相反，倒是更普遍地存在着男女平等甚至是女尊男卑的伦理现状。

因此，由知识精英理想化的学术思想构成的人文传统对地域文化精神之形成，有重要影响和引领作用；但是，由民族民间文化观念构成的人文传统对地域文化精神形成的意义，亦不容忽略，甚至更为重要。日本民俗学家柳田国男的看法值得我们参考。战败后的日本，为了解决民族失去自信心的问题，日本政府欲建立"社会科"而征询柳田国男的意见，柳田国男建议将西方的民俗学引进到日本，其用意是"想通过乡土研究，在农民的生活习尚中，发现协同日本普通民众成长的传统文化的积极成分，从而进一步认识日本人固有的国民性，他们之所以能有今天的原因以及在新世界面前更好生存所应持有的文化立场和对策"。[1] 即从民间民俗中发掘其"积极成分"，培植"在新世界面前更好生存所应持有的文化立场和对策"。简言之，即用民间文化观念培植民族文化精神。

所以，探讨地域文化精神形成的历史根源，既要注重由地域知识精英创造的以学术文化思想为核心的人文知识传统，亦不能忽略在民间社会由一般大众创造的以民俗文化和民间信仰为核心内容的民族民间人文传统。事实上，正是在这两者的共同作用和影响下，形成了各不相同的地域文化精神。需要强调的是，二者于地域文化精神形成的作用和影响，并无尊卑之分，亦无轻重之别。就其影响之广度和作用之深度而言，民族民间人文传统亦许更值得重视，它的大众性决定了它影响的广度，它的日常性决定了它作用的深度。因此，探讨地域文化精神的历史渊源，二者具有同等重要的价值。建构当代地域文化形象，凝练当代地域文化精神，二者皆不可偏废。

---

[1] 陈勤建：《20 世纪中日民俗学学术倾向及前瞻》，《民俗研究》2001 年第 1 期。

2. 以节日狂欢为核心的贵州民族民间文化传统

贵州大地是一个少数民族较为集中的地区，是一个民族流动的大走廊，亦是汉族移民较多的地区。据统计，贵州的少数民族人口大约占全省总人口的三分之一，并且民族成分复杂多样，仅世居少数民族就有十七个之多，其中以苗、布依、侗、彝、水等民族的人数最多，分布区域最广。境内少数民族在文化上分属苗瑶、百越、氐羌、濮四个族系，在语言上均属汉藏语系，分属苗瑶语族、壮侗语族、藏缅语族和仡拉语族。操苗瑶语的有苗族、瑶族、畲族等，属苗瑶族系，古称"南蛮"。操壮侗语的有布依族、侗族、水族、毛南族等，属百越族系，古称"越人"。操藏缅语的有彝族、土家族、白族等，属氐羌族系，古称"氐类"。操仡拉语的有仡佬族等，属濮系，古称"濮人"。据考察，在早期的贵州大地上，最早的居民应是濮人，其西面居住的是氐羌，东面居住的是苗瑶，南面居住的是百越。秦汉以后，四大族系发生变动，开始大规模的持久的迁徙活动。濮人逐渐衰落，氐羌、苗瑶、百越等民族纷纷迁入到地广人稀的贵州地区。唐宋以后，汉族人口亦大量迁入，终于使贵州成为西南四大族系和汉族的交汇点。大体而言，在贵州的移民进程中，汉族由北向南迁入，氐羌自西向东迁入，苗瑶自东向西迁进，百越则自南向北推进，他们从四方八面进入贵州，分散乃至挤走了原先定居在此地的濮人，最终形成"大杂居、小聚居"的民族网型分布格局。概括地说，在贵州的几大区域中，黔东南、黔南和黔西南主要集中了苗瑶和百越两大族系，黔西北、黔东北则主要居住的是氐羌族系，黔北则以汉族居多，仡佬族则因被其他民族隔开而呈点状分布。因此，贵州大地亦就成为各民族文化相互碰撞、互相对流、彼此影响、相互渗透、互相置换的文化交融的大走廊。[1]

---

[1] 张晓松：《山骨印记——贵州文化论》，贵州教育出版社2000年版，第98～104页。

在贵州这样一个众多少数民族"大杂居、小聚居"的地理空间中，最引人注目的民族民间文化传统，就是他的民间传统节日活动。最能彰显贵州少数民族的文化认同、诗性精神和浪漫情趣的，亦是这些丰富多彩的民间传统节日活动。一般认为，民族传统节日是族群成员强化文化认同、表达文化诉求、凝聚民族感情的重要活动，是民族文化的血脉，是民族情感认同的黏结剂，是民族文化传承的活态载体。每一个民族节日的产生，都有一定的文化背景和历史渊源，具有记录历史、传播文化的功能。同时，每一个民族节日的开展，就是一次民族歌舞文化的展演，就是一次民族服饰的展示，就是一次饮食文化的呈现，就是一次民族情爱文化的张扬，就是一次民族历史文化的传承，就是一次民族的大狂欢活动。

据原贵州省民族事务委员会和省文化厅编印的《贵州省民族节日概况一览表》统计，一年之中，全省各族的节日活动有1046次（处），是全国民族节日最多的一个省份，平均每天有3个民族节日，故而贵州有"千节之省"或"节日博物馆"之称，有"大节三六九，小节天天有"的说法。按民族区分，一年之中，苗族有651次（处），布依族有171次（处），侗族有84次（处），水族有43次（处），彝族有23次（处），回族有13次（处），仡佬族有11次（处），瑶族有2次（处），其他民族有48次（处）。贵州少数民族节日，不仅数量多，而且规模大。据统计，参加人数在1000人以上5000人以下的，约占10%；5000人以上10000人以下的，约占60%；10000人以上的约占30%。其中比较著名的，如二月二（苗）、三月三（苗、布依）、四月八（苗、布依、侗、瑶）、六月六（苗、布依、侗）、跳洞（苗）、跳月（苗）、跳花（苗）、赶查白（布依）、赶圣德山（侗）、踩桥（苗）、踩山（苗）、火把节（彝）、牛王节（苗、布依、侗）、龙船节（苗、汉）、鼓社节（苗）、吃新节（苗、仡佬）、敬桥节（苗）、姊妹节（苗）、端节（水）、卯节（水、瑶），等等，五花八门，种类繁多，特色鲜明。

这些丰富多彩的民族节日，按其性质，大体可以分为四类：一是季节性节日，包括农事性节日和节令性节日。具有动员春耕和督促生产的作用，这类节日在贵州各民族地区达数百个之多，是数量最大的。农事性节日比较有代表性的，如苗族的种棉节、杀鱼节、捕鱼节、水鼓舞节，布依族的蚂螂节、龙山节，侗族的采桑节、种棉节。节令性节日比较有代表性的，如苗族的苗年、侗族的侗年、彝族的彝年、水族的端节和卯节。二是纪念性节日，或是纪念民族英雄人物，或是纪念重大历史事件，这类节日数量亦不少，约有70余个。比较有代表性的，如侗族的林王节。三是祭祀性节日，或祭奠英雄和祖先，或祭祀古树、奇石等灵物，亦有近40个。[1]比较有代表性的，如苗族的鼓藏节、侗族的萨玛节，还有许多少数民族都有的吃新节、祭桥节等。四是社交性节日，主要是少数民族青年男女谈情说爱的节日。比较有代表性的，有台江苗族的姊妹节、凯里舟溪的芦笙节、黄平谷陇的芦笙会、兴义顶效的查白歌节、水城的跳花节等。

贵州地区的民族节日不仅种类繁多，数量庞大，特色鲜明。与汉族以家族本位为特征的节日活动不同，贵州地区的民族节日活动，通常以民族、地域为本位，大多数节日都有集中的活动场所。特别引人注目的，是它的规模特别庞大。据《贵州省民族节日概况一览表》统计，人数在万人以上的达200多次，在千人以上、万人以下的达500余次。如镇远、三穗、天柱等地的侗族于七月十五日赶圣德山，天柱渡马苗族、

---

[1] 吴正光：《贵州高原上的少数民族节日》，贵州省文管会办公室等编《贵州节日文化》，中央民族学院出版社1988年版，第1～5页。

侗族于七月二十日举行的七月二十坪歌节，黄平谷陇苗族的九月芦笙会，台江施洞苗族的五月龙船节，兴义布依族的查白歌节等，都是贵州地区著名的节日盛会。因此，可以说，贵州地区的民族节日，不仅数量繁多，在全国是名列前茅；而且参与人数众多，在全国亦是首屈一指。

如号称"东方情人节"的台江苗族姊妹节，是一个极其隆重和极富特色的民族节日，每年农历三月十五至十七日连续过三天。这个节日，"以一个氏族为单位，以本氏族的女性为主体，在氏族内部集体招待另外一个通婚氏族的男子们的地域性的婚恋社交联谊活动，实际是一个通婚集团的'两个组织'之间男女青年围绕婚姻这个主题进行的集体交往的联谊活动"[1]，是一个娱人性质的节日。在节日里，一切事务均由妇女们组织操办，男子只能参与而不能干预。在节日期间，妇女们以社区或宗族为单位，到田里捕鱼，用各种花草树叶汁染糯米，蒸制成五彩糯米饭，称为"姊妹饭"。她们用鸡鸭鱼肉、姊妹饭和美酒招待那些应邀前来或主动前来的其他寨子的男性团体，他们在一起饮酒作乐，唱歌跳舞，谈情说爱，交欢联谊，通宵过旦，长达三天三夜。

又如有侗族"狂欢节"之称的肇兴谷雨节和泥人节。每年谷雨这天，肇兴侗族过谷雨节，吃一种特制的乌米饭。在当天，已订婚的男子把乌米饭送到女方家作定婚礼物，其他男子把竹篓扔到女孩家里，讨要乌米饭。男子进门拿乌米饭时，女孩们用锅底灰抹到男孩子脸上。当天晚上，整个寨子热闹无比，男子们都被抹上花脸，到处讨要乌米饭，整个村寨就是一个狂欢夜。肇兴侗族还有一个泥人节，即抢鱼打泥仗。每年中秋节这天，人们把稻田鲤鱼放入塘中，然后到塘里抢捉，随着

[1] 张志发：《办好苗族姊妹节，大力发展台江经济》，贵州省文物局等编《贵州民族传统节日文化保护与发展》，贵州科技出版社 2015 年版。

水位的降低，水塘里全是泥浆，大家在捉鱼的同时，相互打泥巴仗取乐，全部都变成了泥人。我们认为，无论是谷雨节，还是泥人节，都具有民族大狂欢的娱乐性质。

节日是在一定地域和时间内举行的具有周期性、稳定性和群众性的集体活动。民族节日集民情风俗、民间歌舞和民间工艺于一体，是呈显民族文化和民族记忆、展示风尚习俗和民族精神的一个重要舞台。值得注意的是，无论是季节性节日和纪念性节日，还是祭祀性节日，皆有非常浓厚的娱乐性特征，展示了少数族人强烈的诗性精神。或者说，即便是在纪念性节日和祭祀性节日中，纪念和祭祀的仪式虽然必不可少，但是，它仅仅是一个仪式或者载体，而借助这个载体开展的娱乐性活动，往往才是其主体部分。这种娱乐性特征，具体表现在它的游戏性、艺术性和浪漫性三个方面。

首先，贵州民族节日的娱乐性特点，集中体现在普遍开展的艺术性活动中，尤其是在歌舞艺术的展演上。在人类历史上，节日活动与歌舞艺术的展演，从一开始就是相伴而生，密不可分。常常是有节就有歌，有歌便有舞，往往是歌舞相伴，且歌且舞。在贵州地区，一次隆重的民族节日，就是一次民族群体的大联欢，亦是一次民族歌舞艺术的大展演。

其次，贵州民族节日的娱乐性特点，还集中体现在普遍开展的游戏性活动中。这些游戏性活动五花八门，特色鲜明，比较常见的，有斗牛、斗雀、斗鸡、斗猪、赛马、射弩、摔跤、拔河、拉鼓、划龙船、踢毽子、登山、捕鱼、耍狮子、舞龙灯、打磨秋、抢花炮等。

最后，贵州民族节日的娱乐性特点，还体现在青年男女在各种节日里开展的谈情说爱活动中。如苗族的游方、布依族的赶表、侗族的行歌坐月等，这些各族青年男女极富浪漫色彩的恋爱活动，大多是在节日期间开展。或者说，节日盛会就是青年男女谈情说爱的大舞台。

总之，贵州少数民族丰富多彩的节日活动，往往伴随着歌舞展演、游戏活动和谈情说爱等内容，体现出民族大狂欢的特点，显示其以游戏性、艺术性和浪漫性为特征的娱乐精神。这种娱乐精神，实际上就是一种浪漫精神或诗性精神。笔者以为，处于边省地区的少数民族，在娱乐精神或诗性精神上，往往比处于政治、经济、文化中心地区的汉族人，更强烈，更充沛，更浓郁。

一般而言，诗性精神是人类特有的一种精神状态，亦是人类与生俱来的一种精神品质。并非只有诗人才具备此种精神，常人皆有诗性，只是与诗人相比，有轻重强弱之不同而已。事实上，就像人人都具备成为圣人的素质一样，人人皆有成为诗人的先天条件，只不过由于种种原因，此种潜在的基质没有能够充分地展现，此种先天条件没有得到充分地利用。而诗人则是将此种潜在基质和先天条件充分展示和利用了的人群。所以，在一般情况下，诗人当是最富诗性精神的人群。"诗性精神"一词最早见维柯的《新科学》。所谓"诗性精神"，是指人类原初的一种思维方式，恩斯特·卡西尔称之为"神话思维"，列维·斯特劳斯称之为"原始思维"。根据维柯《新科学》所揭示的观点：没有任何经验的儿童的活动，必然是诗的活动。原始民族作为人类的儿童，其创造的文化包括诗歌、宗教、语言和制度等，都是通过形象思维而不是抽象思维形成的，因而都带有创造和虚构的性质。人类最初的创造，完全是诗性的创造，是以"诗意的"方式对待世界上的一切。因此，其活动是诗的活动，其文化是诗的文化。人类进入抽象思维时代，亦就由童年期进入成年期，形象思维受制于抽象思维，诗亦就失去了原有的强旺的生命力。[1]的确如此，童心即诗心，少数民族的诗性精神往

[1]　朱光潜：《西方美学史》（上册），人民文学出版社 1979 年版，第 334 页。

往是最强烈的、最浓郁的。因此，西方文学理论家常常认为儿童是天生的艺术家，传统中国学者讲创作亦尤重童心，古今中外文学大家的代表作常常是创作于早期而不是晚期，而中国文学史上大部分独创性极强、富于浪漫精神和诗性精神、能开创一代新风气的作家，多来自文化相对落后的民间或边省，而不是文化相对发达的中心地区。少数民族地区是歌舞的海洋，少数族人热衷于游戏活动，能够比较浪漫自由地谈情说爱。少数族人以诗传情，以歌叙事，以舞娱神，其诗性精神和娱乐精神往往较文化发达地区的汉族人更强烈、更充沛。

二、民族民间民俗传统与贵州地域文化精神

对于贵州少数民族来说，丰富多彩的节庆活动是民族民间物质文化和精神文化展示的一个平台。在节日期间，游戏文化、情爱文化、歌舞文化、服饰文化、饮食文化、祭祀文化等纷纷登台，渐次展示。本节选取其中比较有代表性的游戏文化、情爱文化和歌舞文化为例，分析其中展现的贵州少数民族的游戏精神、浪漫精神和诗性精神。

1. 游戏文化与贵州地域文化精神

讨论游戏文化与贵州地域文化精神，我们首先要说明的是，人为什么要游戏？游戏文化的特征是什么？ 游戏精神的实质是什么？

关于游戏文化和人的游戏精神，席勒的观点值得参考。他在对人性的分析中，继承康德把人性分成感性和理性两部分的观点，认为"分裂的人格"有两种冲动，即"感性冲动"（或物质冲动）和"理性冲动"（或形式冲动）。"完满的人格"是在"感性冲动"和"理性冲动"之基础上产生第三种冲动，即"游戏冲动"。用席勒的话说，"感

性冲动"是由"人的物质存在或者说是由人的感性天性而产生的"，它是自然，是物质，受时空限制，它"唤醒人的天禀"，近似于中国古代哲学中讲的"自然"。"理性冲动"来自于人的理性天性，它"竭力使得以自由，使人的各种不同的表现得以和谐"，它"要求真理和合理性"，是自由，是形式，近似于中国古代哲学中讲的"名教"。前者"造成个案"，后者"建立法则"。[1] 这两种冲动是对立的，犹如中国哲学中"自然"与"名教"的对立一样。"一个要求变化，一个要求不变"，"人的天性一体性好像完全被这种本原的极端对立给破坏了"，在这种状态下，人是分裂的人格。建立"完满的人格"，必须将"感性冲动"与"理性冲动"结合起来形成一种新的冲动，即"游戏冲动"。游戏的根本特点，就在于它是自由活动，就是同时摆脱"感性的物质强制与理性的道德强制的自由活动"。席勒说："只有当人是完全意义上的人，他才游戏；只有当人游戏时，他才完全是人。"[2] 这种"游戏冲动"，近似于孔子所谓"随心所欲不逾矩"的自由状态，近似于魏晋玄学家提出的"名教即自然"的状态。

"游戏冲动"既满足了感情的追求，亦满足了理智的要求；既解除了物质的束缚，亦解除了道德的压制。它消除了感性与理智的矛盾，达到了二者的和谐与统一。所以"完满的人格"，应当通过"游戏冲动"来实现。[3] 人性完满的完成就是美，"游戏冲动"是"感性冲动"和"理性冲动"的结合，"游戏冲动"的对象是美。正是"游戏冲动"所创造的美，使人成为"完满的人格"。"感性的人通过美被引向形

---

[1]　［德］席勒：《审美教育书简》第十二封信，冯至、范大灿译，上海人民出版社2003年版，第99页。

[2]　［德］席勒：《审美教育书简》第十五封信，冯至、范大灿译，上海人民出版社2003年版，第124页。

[3]　蒋孔阳：《德国古典美学》，商务印书馆1980年版，第184页。

式与思维，精神的人通过美被带回到物质，又被交给感性世界"。[1]
美在人性发展过程中起着中介作用，席勒认为："要使感性的人成为
理性的人，除了首先使他成为审美的人以外，别无其他途径。"[2] 人
的发展必须经历自然阶段、审美阶段和道德阶段，"任何一个时期都
不可能完全跳跃过去，就是这些时期前后衔接的次序也不可能由于自
然或意志而有所颠倒"。[3] "道德状态只能从审美状态中发展而来，
而不能从物质状态中发展而来"。[4] 审美阶段为塑造"完满的人格"
的必要阶段。所以，"要把自私自利的腐化了的人变成依理性和正义
行事的人，要把不合理的社会制度变成合理的社会制度，唯一的路径
是通过审美教育；审美自由是政治自由的先决条件"。[5] 通过审美教育，
客观和主观，感性和理性，必然和自由，一切都取得了和谐。在这时，
一切是自由的，因而亦是平等的。政治革新所不能取得的自由和平等，
就这样在审美的领域中实现了。所以，游戏精神是一种自由精神，是
一种艺术精神，是一种对人生的审美态度。在这样的理论背景下考察
贵州少数民族的游戏活动，能够加强我们对它的理解和阐释，提升其
内在的理论价值和美学内涵。

在贵州少数民族民间文化中，游戏文化是一个重要组成部分，其
游戏活动丰富多彩，种类繁多，特色鲜明。按照游戏的特征分类，有

---

[1]　［德］席勒：《审美教育书简》第十八封信，冯至、范大灿译，上海人民出版社
2003 年版，第 141 页。

[2]　［德］席勒：《审美教育书简》第二十三封信，冯至、范大灿译，上海人民出版
社 2003 年版，第 181 页。

[3]　［德］席勒：《审美教育书简》第二十四封信，冯至、范大灿译，上海人民出版
社 2003 年版，第 190 页。

[4]　［德］席勒：《审美教育书简》第二十三封信，冯至、范大灿译，上海人民出版
社 2003 年版，第 184 页。

[5]　朱光潜：《西方美学史》（下册），人民文学出版社 1979 年版，第 452～453 页。

以竞技性为特点的游戏活动，如划龙舟、赛马、登山、摔跤、拔河等；有以"斗"（搏斗）为形式的游戏活动，如斗牛、斗鸡、斗鸟等；有以表演为特点的游戏活动，如舞龙、舞狮等；有以嬉戏娱乐为特征的游戏活动，如捉鱼、泥人节里打泥仗、谷雨节里用锅灰抹脸等。

在竞技类游戏活动中，以划龙舟影响最大。在贵州地区，划龙舟是一种具有普遍性的游戏活动，各民族皆在端午节前后开展这类活动，其中以苗族、侗族最有特色。如，台江县清水江两岸施洞地区的苗族民众，以划龙舟活动命名的"龙船节"，最负盛名。通常是在小端午（五月初五）划一天，大端午（五月二十四日至二十七日）划四天，并伴随着斗牛、斗雀、踩鼓、游方等活动。划龙舟活动具有多重社会功能，如祈雨、求子、祛瘟、禳灾等。但是，随着历史的发展，其祈雨、禳灾等功能逐渐淡化，其世俗性的娱乐游戏功能逐渐彰显，并成为活动的主要内容。

苗族民众开展的划龙舟活动的盛况，在沈从文的《箱子岩》一文有生动的描写。沈从文在箱子岩目睹了当地苗族同胞的玩龙舟活动，活动场面很热闹，男女老少欢乐激情，从早到晚尽情玩船，从傍晚到深夜饮酒狂欢，给他留下了深刻印象。他在文中感叹说："提起这件事，使我重新感到人类文字语言的贫俭。那一派声音，那一种情调，真不是用文字语言可以形容的事情。""我可以说的，只是自从我把这次水上所领略的印象保留到心上后，一切书本上的动人记载，皆看得平平常常，不至于发生惊讶了。"他觉得箱子岩的苗族同胞有"娱乐上的狂热"精神，是"一群会寻快乐的乡下人"，他们"按照一定的分定，很简单的把日子过下去"。他发现："这些人根本上又似乎与历史毫无关系。从他们应付生存的方法与排泄感情的娱乐上看来，竟好像今古相同，不分彼此。""这些人生活都仿佛同自然已相融合，从容的各在那里尽其性命之理，与其他无生命的物质一样，唯在日日升降寒暑交替中放射、分解。"沈从文描写的箱子岩苗族，虽然属于湖南湘西地区。但是贵州地区苗族民众划龙舟活动，亦是如此，具有同样的游戏精神和娱乐激情。

三都、荔波一带水族的赛马活动，亦属于这种竞技性的游戏活动，同样规模宏大，盛况空前。水族人喜欢养马、骑马、赛马，每逢节庆活动，尤其是在端节，当地一百多个水族村寨都会自动组织起来，轮流开展赛马活动。水族的端节共九批，历时四十九天，被称为世界上历时最长、批次最多、特色鲜明的民族节日。在端节期间，赛马是最重要的活动之一，通常要举行大大小小的赛马活动百余场，往往会引来数万人围观。赛马活动一般是在端坡上举行，大多数是水族村民骑着自家养的马，自发前来参加比赛，整个端节也因为赛马活动的举行而进入高潮。参赛者的踊跃参加，围观者的激情欢呼，充分体现了水族人的娱乐激情和游戏精神。三都县亦因此获得"中国赛马之乡"的荣誉称号。

贵州地区的少数民族喜欢"斗"，热衷于斗牛、斗雀、斗鸡、斗猪等游戏活动。在这些"斗"类游戏中，又以斗牛最负盛名。

贵州地区有几个少数民族都喜欢斗牛，又以苗族、侗族为甚。苗族人崇拜牛，视牛为英雄，把牛视为兴旺吉祥的象征。苗族老人去世，最希望获取丧葬牛，可以没有棺材，但必须要有祭牛，一定要杀牛祭奠。因为他们相信，人死后，是牛驮着亡灵撞开天门。苗族的鼓藏节，家家户户都要杀牛祭祖。苗族民众热衷斗牛，每年除了有专门的斗牛节外，一般在每个节日集会上都有斗牛活动，通常在春、秋两季最多，届时观者云集，热闹非凡，是苗族地区最大的赛会奇观。斗牛先得养牛，能够拥有一头理想的斗牛，是苗家人的极大荣幸。他们有时甚至不惜花费比常牛超出数倍甚至数十倍的价钱购买相中的斗牛。苗族人喜欢斗牛，还研究斗牛，对牛的生物体征总结出"十二看"的方法，即看体形、胆识、鼻梁、舌头、鼻沟、牙齿、牛眼、皮手、牛蹄、尾巴、牛角、毛旋，能够满足上述"十二看"中二三项，即是善战之牛，耐打之牛。苗族人把牛王捧到至高无上的地位，视为村寨或者家族力量的象征，还为牛取上"擅角王""无敌王""大碰王"等名号。饲养牛王和放牛打架都是村寨或者家族中的大事，人人参与，个个争先，人们为牛王斗胜而荣，斗败而馁。牛王争霸，代表着家族或者村落，显示着家族或者村落的富有和力量。在斗牛活动中，牛主双方的亲戚朋友都要到场呐喊助威，气氛相当热烈。若斗牛获胜，则是苗家人最大的快乐，亲友还要为之放炮送礼。这种斗牛活动，充分展示了苗族人强悍狞厉的生命意识。论者认为：斗牛场上牛王的威武与强悍是苗族生物生命的象征，苗族人推崇牛王，实则是推崇他们自己，面对严峻的自然挑战，他们必须像牛王一样强悍勇猛，才能得以生存繁衍。[1]我们认为，苗族人的斗牛活动，是苗族人的一种社交娱乐活动，亦充分体现了苗族人的游戏精神和娱乐激情。

苗族人好"斗"，喜欢"斗"类游戏。前述斗牛活动，一般是在重大节庆活动中开展，场面宏大，气氛热烈。而在日常生活中，他们养斗鸡、斗鸟，闲暇之余，随处开展斗鸡、斗鸟等游戏活动，甚至斗猪、斗狗、斗虫的活动，也时常见到。

贵州少数民族表演性的游戏活动，以舞龙、舞狮最为普遍，以炸龙、嘘花最具特色。如德江土家族在元宵节表演炸龙，期间万人空巷，全民参与，盛况空前。土家族舞龙炸龙，最初是为酬神谢神，以龙求雨，后来逐渐演变成酬神娱人的游戏娱乐活动。在节日期间，村民自发组

[1] 罗义群：《黔东南苗族节日的生命美学特征》，贵州省文物局等编《贵州民族传统节日文化保护与发展》，贵州科技出版社2015年版，第97页。

织，自筹资金，自编自舞，自玩自炸，一般百姓亦自发准备炮竹和烟花炸龙。在元宵节晚上，龙灯队的队员脱去衣服，仅穿短裤，袒胸露背，来到大街上舞龙。龙灯所经之处，人们用事先准备的炮竹和烟花，轰炸龙灯和舞龙的人。气氛相当热烈，场面非常壮观。家家户户参与，人人皆来围观。一夜之间，锣鼓声、鞭炮声、欢呼声，响彻云霄。这项活动，被誉为"东方元宵狂欢节"，充分显示了土家汉子的粗犷、剽悍和血性，亦呈显了土家族人的娱乐激情。

台江苗族在元宵节上的舞龙嘘花，亦是盛况空前。在元宵节晚上，台江苗族舞龙者，穿上短裤，戴上安全帽，按照排定的动作沿街舞龙，所到之处，人们用购买的或者自制者的烟花，对着龙灯和舞龙的人嘘花，形成颇为壮观的花海（火海）。舞龙者在花海中跳跃奔腾，围观者沿街欢呼雀跃。期间百龙齐聚，万人狂欢，惊险刺激，热闹非凡。这项活动被誉为"最疯狂的舞龙节"或者"勇敢者的游戏"，亦充分体现了苗族人的狂欢精神。

总之，在贵州少数民族地区，各民族的游戏活动丰富多彩，经久不衰，无论是以划龙舟、赛马等为代表的竞技类游戏活动，还是以斗牛、斗鸡等为代表的"斗"类游戏活动，抑或是以炸龙、嘘花等为代表的表演类游戏活动，皆是一种自由活动，展现了人生的自由状态和审美状态，体现了贵州少数民族的娱乐激情和游戏精神。这种游戏精神，实际上就是一种自由精神和艺术精神。

2. 情爱文化与贵州地域文化精神

欲窥探一个人或一个族群的内心世界和精神生活，研究一个人或一个族群的真实面目或文化心理，一个重要的途径，就是观察他或他们如何谈情说爱。因为处于恋爱状态中的人，往往是真实的，自然的。

一个人的真实面目在恋爱状态下往往能够得到生动的显现，一个民族亦是如此。所以，从情爱生活状态探讨贵州少数民族的民族精神和文化心理，不仅是可能的途径，而且是非常重要的视角。

恩格斯在《路德维希·费尔巴哈和德国古典哲学的终结》中说：

> 人与人之间的、特别是两性之间的感情关系，是自从有人类以来就存在的。性爱特别是在最近八百年间获得了这样的意义和地位，竟成了这个时期中一切诗歌必须环绕着旋转的轴心了。现存的实在的宗教只限于使国家对性爱的管理即婚姻立法高度神圣化；这种宗教也许明天就会完全消失。但是爱情和友谊的实践并不会发生丝毫变化。[1]

的确，作为人类最基本的精神需求，情爱是"自从有人类以来就存在的"，并且贯穿人类社会发展之始终。人类的择偶标准因人而异，情爱观念和表达方式亦可能因种族歧异、因时代发展而变化。但是，人类对情爱的向往，犹如对食物的需求一样，是始终不变的。因此，宗教、礼仪、制度、习俗等，它们虽然对人类的情爱观念发生着种种影响，"使国家对性爱的管理即婚姻立法高度神圣化"，但它们往往是有地域性和民族性的，亦是有时代性的。当它们完全消失或者被新的东西取代后，情爱却一直是人类精神需求的中心。所以，与宗教、礼仪、制度、习俗等文化的地域性、民族性和时代性相比，情爱则有超越地域、民族和时代的特点，是最能反映人类文化心理和精神需求的载体。

两性情爱状态最能展示人类文化心理的真实面目，中国人对此亦有相当明确的认识，如何海鸣《求幸福斋随笔》说：

> 世间男子喜怒哀乐之事，其极点恒在女子之身，缕列之以见一斑。

[1] 《马克思恩格斯选集》第四卷上，人民出版社 1997 年版，第 229～230 页。

夫最可喜者美人之眼波也，且尤不止眼波，世有作美人百态诗者，是美人自顶至踵均可喜也。最可悲者思美人不见，求美人复不得，或与美人有情而事不谐，凡小说以苦情、哀情名者，其间固不能脱出男女之窠臼也。他如最可厌者为丑妇多作怪，最可怕者河东狮子吼及悍妇诟谇之声，最可听者为小女子之歌喉，最可乐者为意中人之来归，均皆其最著者也。世无女子，男子必无喜怒哀乐七情之可言，而世间之喜怒哀乐悉发轫于男女之间。[1]

"世间男子喜怒哀乐之事，其极点恒在女子之身"，故研究男子的心理，莫若研究其对女性的态度；同样，研究女子的情感，莫若研究其对男性的态度。进一步说，"世间之喜怒哀乐悉发轫于男女之间"，故研究一个民族的文化心理或一个社会的情感特征，莫若研究此民族或该社会中男女之间的交接方式和恋爱特点。

民族精神和文化心理常常体现在该民族的男女交接方式和情爱特点中。民族精神和文化心理往往随着时代的发展而变化，恋爱方式和情爱特点亦随之发生相应的变迁。所以，恋爱方式和情爱特征常常就是时代精神和文化心理发展变化的标识牌或指示剂，此正如勃兰兑斯所说：

在文学表现的所有情感中，爱情最引人注意；而且，一般来说，给读者留下的印象最深。了解人们对爱情的看法及表现方法对理解一个时代的精神是个重要因素。从一个时代对爱情的观念中我们可以得出一把尺子，可以用它来极其精确地量出该时代整个感情生活的强度、性质和温度。[2]

---

[1] 何海鸣：《求幸福斋随笔》，上海书店 1997 年版，第 48 页。

[2] ［丹］勃兰兑斯：《十九世纪文学主流》第三册《法国的反动》第十节，人民文学出版社 1997 年版。

爱德华·傅克斯亦认为：

> 每个时代的风化行为、风化观念、规范并制约性生活的种种规定，最典型最鲜明地表现了各该时代的精神。每个历史时期、每个民族和每个阶级的本质都在其中得到最真切的反映。性生活以其成千上万的辐射，揭示了生活的重要规律、基本规律。[1]

因此，我们能够从一个时代人们的恋爱方式和爱情观念中感受这个时代感情生活的强度、性质和温度，体认这个时代的精神状态。同样，我们亦能够从一个人对待异性的态度、对爱情的理解和在恋爱中的表现，认识他的气质、个性和修养。

总之，从理论上看，爱情是个体生命意识的自然流露，故而最能显现一个人的个性、本质和灵魂，亦能显示一个民族的文化心理，还能体现一个时代的精神状态。因此，从情爱生活状态测试个人的气质个性、民族的文化心理和时代的精神面貌，不仅是可能的，而且还是一个比较重要的途径。探究贵州地域文化精神的特点，分析贵州少数民族的文化心理和精神状况，地域性的情爱文化和民族性的情爱生活，就是一个值得特别重视的视角。

贵州少数民族情爱文化丰富多彩，情爱生活浪漫多姿。总体上说，无论是其恋爱形式，还是其恋爱场所，抑或是其求爱方式，皆呈现出鲜明的民族特色与浓厚的浪漫情趣和诗性精神。

首先，就恋爱方式而言，无论是苗族的"游方"，还是布依族的"浪哨"，抑或是侗族的"行歌坐月"，都体现了少数民族的浪漫情趣和诗性精神。

---

[1]　［德］爱德华·傅克斯：《欧洲风化史》，转引自江晓原《性感——一种文化解释》，海南出版社 2003 年版，第 52 页。

苗族的"游方"，又称"摇马郎"，是苗族青年男女自由交往、浪漫恋爱的社交活动。不同区域的苗族青年男女，其游方规则略有不同。在苗族地区，每个村寨都有专门的游方场所，供青年男女使用。或在女方家中举行，即爱慕某姑娘的男子，到女方家中叙谈饮酒，向姑娘倾诉感情。大多数情况是在村寨边的游方场所（又称"马郎坡"）进行。或者没有固定的场所，男子到姑娘家门口吹木叶、打口哨、唱情歌，逗引姑娘出来游方对歌。虽然在平时亦常有游方活动，但在节日里游方则是最普遍的，可称为规模空前的集体恋爱活动。如有"东方情人节"之称的台江苗族姊妹节，就是以男女游方活动为主要内容的苗族传统节日。农闲时节游方最为频繁，如每年插完秧或打完谷之后，年轻后生便出去游方，往往十天半月不归家。所到之处，姑娘们听到他们唱飞歌或吹木叶，一般会都备办酒食，端到游方场来招待他们，苗语称之为"吃情谊饭"或"吃伙伴饭"。

布依族的"浪哨"，又称"赶表"，是布依族青年男女的自由恋爱活动。"浪哨"在布依语里就是谈情说爱的意思，"浪"就是坐，"哨"就是姑娘，"浪哨"就是寻找女朋友的意思。对姑娘们来说，寻找男朋友称"浪貌"，"貌"就是小伙子。汉语统称之为"赶表"。在布依族的婚姻观念中，同姓同辈者视为同胞兄弟姐妹，不玩耍，不对歌，不赶表，不通婚。不同姓氏的同辈人则为表亲，以"老表"相称，可玩耍、对歌、赶表、通婚。浪哨通常是在节日里举行，如兴义布依族的查白歌节，虽为纪念查郎的为民除害和与白妹忠贞不渝的爱情，实际上就是布依族青年男女谈情说爱的一个重要节日。或者是在赶场天，青年男女穿戴一新，小伙子在赶场路上以歌相邀，一起到歌场或场坝上唱歌。在歌场中，布依族青年男女以歌相会，以歌传情，以歌交友，通过唱歌来互相认识，相互了解，建立感情，以浪哨情歌为媒介定情议婚。

"行歌坐月"是侗族青年男女的社交活动，意谓青年男女坐在月堂里对歌。在侗家，女儿长大后，父母都要为她准备一个房间，称为"月堂"，作为女儿的社交空间，供女儿的同伴们来这里绣花、纳鞋垫，供小伙子来这里唱歌、弹琴。一般在晚上，平时要好的姑娘们聚集在这里做工，等待"纳汗"（侗语称小伙子为"纳汗"）们的来访。青年男女相聚在月堂，通宵达旦地对唱情歌，通过唱歌寻找自己的意中人，通过歌声传达自己的情意。

其次，在贵州少数民族地区，有专为女儿的社交活动或者谈情说爱布置的空间，如苗族的美人靠、侗族的姑娘房、瑶族的寮房等。这些恋爱空间的设置，亦体现了少数民族的浪漫情趣和诗性精神。

在苗族干栏式建筑二层堂屋的大门外边，有一段长约两米的曲形栏杆，形似躺椅，俗称"美人靠"，苗语音译为"豆安息"，是专为女儿特别设计的社交空间。它的位置设计，尽量面向行人频繁过往的路段。在这里，既是为未婚女儿设置的私人活动空间，又是青年男女社交或游方的特别空间。

在榕江地区的侗族七十二寨，有专为女儿谈情说爱设置的姑娘房。一般情况，姑娘房紧挨着位屋，设置在房屋的前面，或者在临道路的一面，主要是为待嫁女儿社交的方便考虑。姑娘房面临道路的一面，开有一扇小小的窗户，作为青年男女谈情说爱的窗口。窗户外边，一般都备有一架专用的楼梯，方便年轻后生爬上来与女儿谈情说爱。所谓"爬窗探妹，隔窗对歌"的恋爱活动，就是在这种场境中展开。

在三穗侗族地区，建有专门为青年男女谈情说爱的场所——仓脚。仓脚一般建在村子外一两里地的山脚下，主要是为了回避父母兄弟，方便青年男女幽会。仓脚四壁用木板或竹条夹成，上盖杉木皮或茅草，中央设有火塘，四周安置木板凳或者石凳。姑娘小伙在这里谈情说爱，称为"坐仓脚"。

近似于侗族仓脚的，还有苗族的花房。在水城、纳雍、赫章三县相邻地区聚居着苗族的一个支系，人称"小花苗"。在苗族村寨的村头寨边四五百米处，多有一种似棚非棚的土垒建筑物。这种建筑多建在背风向阳的树林竹影之中，一般为村寨的公共设施，是专为村寨中未婚少女设置的公共活动空间，当地人称为"花房"。姑娘们平时聚集在这里相互教歌唱歌，学习绣染技艺，接待外村来的未婚男青年，在这里谈情说爱。花房与仓脚的功能相似，是苗族青年男女认识、交往和恋爱的重要场所。

在瑶族人的居室建筑中，紧靠正门的厢首，有一间用红杉板围装而成的房间。这个房间是瑶家人专门为待嫁女儿设置的恋爱空间，称为"寮房"。寮房的位置多在临路或临街的一面，还在临路一面的板壁上凿一个小孔，瑶人称之为"K笛"，亦叫"谈婚洞"。洞口一般开在姑娘的枕头旁。在晚上，小伙子带着自制的独弦琴，来到洞口旁，或用琴声唤醒姑娘，或用小木棍搅醒姑娘，这就是所谓的"凿壁谈婚"。姑娘定下终身后，便将谈婚洞堵塞，意谓已经有了人家，其他小伙子就不要再来打搅。

对于上述民俗现象，张晓松解释说："苗族的'豆安息'，侗族的'女儿房'，瑶族的'寮房'，本质意义上都是青年男女社交的'私密'空间。然而在山地社会中，这种'私密'空间却是一种'公开的秘密'，被置于公众视线之下，被公开地鼓励，成为山地许多民族特有的、必不可少的习俗和生活方式。"[1]的确，无论是作为居室之一部分的豆安息、女儿房、寮房，还是村边寨头的花房、仓脚，皆有以下四个特点：第一，

---

[1] 张晓松：《符号与仪式》，贵州人民出版社2006年版，第311页。

它们皆是少数民族青年男女谈情说爱的社交空间；第二，这个空间具有公开或者公共的性质。如花房、仓脚属于公共空间，豆安息、女儿房、寮房虽然仅供自家女儿谈情说爱使用，不属于公共空间，但它亦有公开的性质，如皆设置在临街当路的一面，开设窗口或者小孔，或架设专用的楼梯，为青年男女谈情说爱提供方便。第三，这个空间是合法的，得到家庭和社会的认可。如豆安息、女儿房、寮房等等，是父母或兄长专门为女儿或妹妹设置的恋爱空间，花房、仓脚则是村寨为村中的姑娘建设的专用恋爱场所，这说明青年男女的恋爱行为是为民族道德观念和村落习惯法由所认可，是家庭和社会都支持、鼓励和赞许的行为。第四，这些地方都是姑娘的专属空间，男性青年可以到姑娘们的专属空间中去谈情说爱，但并未专门建设男性空间以邀请女性前来恋爱。或者说，社会和家庭特别重视以女性为主人的恋爱空间的建设，而放弃建设以男性为主人的恋爱空间，这是一个值得研究的民俗现象。

最后，贵州少数民族有许多独特而有趣的求爱习俗，如瑶族的"凿壁谈婚"，侗族的"爬窗探妹"，布依族的"打土电话"等，同样体现了少数民族的浪漫情趣和诗性精神。无论是苗族青年男女的"游方"，还是布依族青年男女的"浪哨"，抑或是侗族青年男女的"坐月"，皆是以艺术化的方式谈情说爱，如吹木叶，吹芦笙，弹琴，对歌等，以音乐来询问或打探对方，以歌传情，以歌示爱，以歌定婚。可以说，音乐才能是获取异性芳心的资本，情歌是少数民族青年男女谈情说爱不可或缺的交流工具。如土家族情歌云：

男：高山跑马路不平，平地跑马起灰尘。

　　千里听见歌声响，万里来寻合心人。

女：高山种荞不用肥，小郎说妹不用媒。

不看日子不看期，唱首山歌带妹回。

男：未曾砍柴先扯藤，未曾唱歌先找人。

有柴无藤捆不起，有歌无妹唱不成。

女：你一声来我一声，好比花线与花针。

哥是花针朝前走，妹是花线随后跟。[1]

布依族情歌《木叶好比拨灯棍》：

堂屋点灯屋角明，屋后传来木叶声。

木叶好比拨灯棍，夜夜拨动妹的心。[2]

应该说，以唱歌或弹奏乐器调情，诱惑异性，是一种在世界各民族的情爱生活中普遍存在的社会现象。因为在人际交往所产生的所有情感中，爱情作为一种特殊的人际情感，是人类心灵深处发出的一种深沉而又强烈的情感冲动，其本身具有审美化和艺术化特点。因此，这种审美化的感情，最适合用艺术化的手段来点醒和交流。[3]

在少数民族地区，为支持和鼓励青年男女的恋爱，村落或父母专门为他们建设或者设置谈情说爱的公共空间，这与传统中国人关于女性以深藏为美的观念，很不相同。两相比较，有助于我们对少数民族文化心理和精神状态的理解。通过比较，两者之间至少有以下三个方面的显著区别。第一，传统主流社会要求女儿深藏闺阁，幽居深处，反对女性抛头露面，是为"男女之大防"。而少数民族地区则是鼓励

---

[1]　《德江土家族文艺资料集》，德江县民族事务委员会、贵州民族学院民族研究所编 1986 年版，第 5 ~ 6 页。

[2]　《中国少数民族情歌选》，四川民族出版社 1985 年版，第 136 页。

[3]　汪文学：《诗性风月之光华——传统中国语境中的情爱精神研究》，贵州人民出版社 2019 年版，第 290 ~ 291 页。

女儿走出家庭，参加公共交际活动，为女儿的恋爱活动提供各种方便。如水城南开三口塘，于每年二月二十五日跳花坡。在节日里，有待嫁女儿的人家，全家出动，在花坡住上三天三夜，为女儿的恋爱活动做后勤准备。在传统主流社会，女儿逛庙会或者看灯会，父母兄长虽不至于完全反对，但总是持着戒备心理，所以，不是特别的支持和鼓励。而在少数民族地区，女儿参加各种节庆活动，唱歌跳舞，游方浪哨，则被视为理所当然，能够得到父母兄长的支持和鼓励。第二，在传统主流社会，女儿的房间称为"深闺"，明清以来士大夫家庭女儿的闺房，多建筑在院落中最隐蔽的位置，其目的是为了深藏，是为了预防淫邪。少数民族地区女儿的闺房，却是有意建筑在临街或当路之处，还预设窗口或小孔方便恋爱，还为男青年预设爬楼的梯子。第三，在少数民族地区，恋爱自由是相当普遍的现象，不仅姑娘有自由恋爱的权利，而且家庭和社会亦支持和鼓励女儿自由恋爱，还不遗余力地为女儿的自由恋爱提供各种方便。但是，在传统主流社会，自由恋爱不仅为家庭和社会所限制，甚至女性自身虽心向往之，但亦常常认为是可羞可愧之事而有意遮掩或回避。在比较的视角中，少数民族的浪漫激情和诗性精神，得到充分的显现。

总之，恋爱是一种游戏，一种以快乐为原则的、富有诗性意味的精神游戏，是一种富有理想化特征的、以生命为代价的青春游戏，一种人类生命中不可或缺的、可以提升生命价值的精神游戏。真正的恋爱是超越性的，是以快乐为原则的、具有浪漫特征的精神游戏。贵州少数民族青年男女的谈情说爱，充分体现了恋爱的这种艺术化、超越性特质。贵州少数民族的情爱文化，充分体现了贵州少数民族的诗性精神和浪漫情怀。

3.歌舞文化与贵州地域文化精神

据《毛诗序》说："诗者，志之所之也，在心为志，发言为诗。
情动于中而形于言；言之不足，故嗟叹之；嗟叹之不足，故永歌之；
永歌之不足，不知手之舞之，足之蹈之也。"在这段文字中，讨论到
诗歌、音乐、舞蹈等艺术的起源，即皆是"志之所之"，突出了艺术
的抒情特征。但是，值得注意的是，它还暗示了诗歌、音乐、舞蹈三
者在抒情力度上的层次区别。"情动于中而形于言"，是为诗歌；"嗟
叹之""永歌之"是为音乐；"手之舞之，足之蹈之"是为舞蹈。"言
之不足，故嗟叹之；嗟叹之不足，故永歌之"，是诗歌的抒情力度不
如音乐，即当诗歌不足以抒情时，则用音乐。"永歌之不足，不知手
之舞之，足之蹈之也"，是音乐的抒情力度不如舞蹈，即当音乐不足
以抒情时，则用舞蹈。总之，相对于诗歌而言，音乐和舞蹈是最具抒
情性的艺术。

音乐和舞蹈是最具抒情性的艺术，因而最能呈现人的内心世界和
情感特征。一般而言，热爱音乐和舞蹈的人或族群，亦是最具浪漫精
神和诗性情怀的人或族群。因此，从地域人群对音乐和舞蹈的热爱程
度，探讨地域文化精神，亦是一个重要的视角。

贵州少数民族热爱歌舞，能歌善舞是他们最显著的民族特性。在
这里，会说话就能唱歌，能走路就会跳舞，应该不是过分夸张的说法。
在少数民族的生活中，歌具有记录历史文化、传承民族记忆、维护习
俗信仰、学习生活知识、抒发浪漫感情的作用。因此，举凡集体祭仪、
节日庆典、婚丧嫁娶、社交恋爱等日常活动，无不以歌传情，以歌叙
事，真正达到了无事不歌、无处不歌、无时不歌的状态。而舞又常常
是与歌相伴而生，有歌必有舞，有舞必唱歌。歌舞活动成为他们日常
生活的重要组成部分，成为他们社交活动的重要手段。甚至可以说，

他们就像热爱生命那样喜欢唱歌。如一位女性芦笙舞者杨昌芬自述道："我喜欢跳舞得很，太想去了，家里的事情也不管了。我喜欢跳舞得很，经常出去跳舞几天不回家，猪没有人管，饿了几天哦。太忙去跳舞了，他（老公）也去看热闹，哪个都爱好玩，就没有人管猪。""在芦笙场上，老老少少都跳舞，年轻人跳我也想跳，一跳就跳几个小时，过'三八'妇女节跳 10 个钟头也可以。饿了，到场坝有粉买碗吃，猪饿了也是不管的。……有时候，我跳到晚上一两点才回家。有几回跳到天亮，大家都没有回家，第二天继续跳舞。"一位男性芦笙演奏者杨秀超自述道："我喜欢吹芦笙，最爱好了。以前，我没会吹。我有个舅父，让我去学吹芦笙。我从小学就学会，一直吹到现在都在吹芦笙。""以前过年，我经常吹三天三夜。""只要有活动，我们就去跳芦笙舞。有人相约，我们就去跳。每年过'三月三'，我们想去吹芦笙。催家里栽苞谷快点，完了我们好去跳芦笙。苞谷还没有种完，我想去跳芦笙，我就走了，回来再栽苞谷。"[1] 其热爱歌舞的程度，于此可见一斑。

贵州少数民族的歌种类繁多，各民族除了古歌、酒歌、情歌外，还有独具民族特色的歌，如苗族的飞歌、侗族的大歌、布依族的八音座唱、土家族的山歌，等等。还有关于歌的一些理论上的说法，如苗族有关于歌种子、歌干、歌花的说法。侗族民间社会流传着关于歌的起源传说，如《找歌的传说》《侗歌的来历》《相金上天去买确》《芦笙的故事》等等。其中《相金上天去买确》，"确"，侗语音译，汉译为"歌"，讲到侗族古代没有"确"，日子过得像煮菜没盐一样淡。为了寻找欢乐，侗家祖先派了一个后生上天去买"确"，后生历尽艰

[1] 王小梅：《不变的节日，更迭的生活——两个苗族芦笙舞传承人口述史情境下的传统节日》，贵州省文物局等编《贵州民族传统节日文化保护与发展》，贵州科技出版社 2015 年版，第 335 ~ 339 页。

辛，终于寻到歌种子带回人间，从此侗族便有了歌，侗家处处是歌堂，侗家人的日子亦过得很欢乐幸福。因为侗家人认为：歌养心，饭养身。

有歌必有舞，歌舞相伴而生。贵州少数民族的舞蹈艺术亦是丰富多彩，比较著名的有苗族芦笙舞、锦鸡舞、板凳舞，土家族竹竿舞，侗族铜鼓舞，等等。

热爱歌舞的少数民族，创造了灿烂辉煌的歌舞艺术。张晓松说："歌与舞，是贵州山地民族文化体系中最赏心悦目的两大符号。歌与舞，以声音和动作表情达意……是山民'心灵结构'的显现，也是贯穿古今的各民族精神和意志的旨归……歌与舞深深扎根于山地民族文化土壤中，养育着贵州各族人民，在'风俗统治'社会中发挥着不可忽略的作用，是贵州山地文明形态中最古老最富于活力的文化体系之一。"[1]

据不完全统计，贵州地区仅在节日集会上演唱的传统民歌就有30余种，表演的民族舞蹈亦有30多种，演奏的乐器更是五花八门，亦不下30种。[2]苗族的花场或芦笙场、侗族的歌堂或月堂和水族的端坡，就是这种民族歌舞艺术的展现场所。贵州地区名声远扬、影响广泛的民族节日歌舞集会，有苗族的芦笙会、兴义布依族的查白歌节、清水江流域苗侗地区的四十八寨歌节，等等。

苗族同胞喜好芦笙，形成了独特的芦笙场文化。"小伙口不离笙，姑娘手不离针""芦笙不响，五谷不长"，是苗族人热爱芦笙的真实写照。苗族人遇节必歌，逢节必舞，而皆以芦笙为主要乐器。芦笙曲牌繁多，内容丰富，有史诗、抒情诗，有战斗进行曲、礼乐曲、歌体曲、

---

[1] 张晓松：《符号与仪式》"卷首"，贵州人民出版社 2006 版。

[2] 吴正光：《贵州高原上的少数民族节日》，贵州省文管会办公室等编《贵州节日文化》，中央民族学院出版社 1988 年版，第 8～9 页。

庆典曲等。芦笙文化，是苗族最具代表性的文化。吹芦笙和跳芦笙舞，是苗族文化的标志性符号。甚至小伙子会不会吹笙，能不能跳芦笙舞，吹得好与坏，跳得美与丑，是苗族姑娘择偶的重要条件之一。所以，芦笙节是苗族地区最普遍的节日之一，吹芦笙和跳芦笙舞是苗族所有节庆活动中必备节目之一。学者指出："苗族无论在动荡迁徙的岁月，还是安居乐业的年代，离不开的是芦笙，放不下的是芦笙，视芦笙为生命，芦笙早已融入了苗族先民的血液！这就是苗族，这就是苗族芦笙。"[1]

在黔东南苗族地区，有两个规模宏大的芦笙会。一是凯里舟溪的芦笙节，又名甘囊香芦笙节，于每年农历正月十六日到二十一日举行。芦笙堂设在舟溪的河沙坝，此地位于凯里、麻江、雷山、丹寨等地的交界处，节日期间，来自周边数十公里范围的数万名苗族人带上自己的芦笙，聚集在这里，唱歌跳舞吹芦笙。人山人海，载歌载舞，笙声如潮，场面非常壮观。同时还开展斗牛、赛马、斗鸡、赛歌等娱乐活动，以及青年男女的游方活动。据考证，舟溪的芦笙节迄今已有四百多年的历史，是贵州少数民族地区历史最悠久、持续时间最长、民族风情最浓郁的民族民间节庆活动之一，亦是苗族民间社会影响最巨、规模最大的芦笙节之一。二是黄平谷陇的芦笙会，于每年农历九月二十七日至二十九日举行，其规模之宏大、参与人数之多、影响力之巨、热闹之程度、活动之丰富多彩，亦不次于凯里舟溪的芦笙节。这两个芦笙会，一个在春耕之前举行，一个在秋收时节举行，是黔东南苗族的两大狂欢节日。

苗族芦笙场文化的艺术特征和审美意义，正如学者所说："芦笙

---

[1]　文毅等：《苗族芦笙文化的交流与影响》，贵州省文物局等编《贵州民族传统节日文化保护与发展》，贵州科技出版社2015年版，第342页。

场作为一种文娱活动，能够吸引人们成千上万地参与，是不能忽视其强烈的刺激性及审美作用的。一方面，人们在笙歌合舞过程中，能够产生愉快感情，消除疲劳和痛苦，得到精神上的慰藉；另一方面，场上悠扬婉转的芦笙曲，清新悦耳的歌唱，优美动人的舞姿，雍容华贵的盛装，珠光闪闪的银饰，都有一股诱人的魅力，给人以美的享受，激动人的心力，使人乐观旷达，感觉人生的丰富有趣，增强生活的信念。"[1] 凯里舟溪甘囊香的芦笙堂。便是这种芦笙场文化的显著代表。据说，舟溪甘囊香芦笙堂创建于六百多年前，是苗族地区历史悠久、规模宏大的一处芦笙堂，其意义和价值，还有古碑石为证，其云："窃惟吹笙跳月，乃我苗族数千年来盛传之正当娱乐。每逢新年正月，各地纷纷循序渐举，以资娱乐而贺新年，更为我苗族自由婚配佳期，其意义之大良有也。"

　　与苗族芦笙会可以相提并论的，是兴义布依族的查白歌节。查白歌节是兴义布依族民众的传统歌节，在每年农历六月二十一日至二十三日举行，歌场位于兴义顶效的查白寨，是为纪念布依族青年查郎为民除害和与白妹坚贞不渝的爱情而创建。其规模宏大，盛况空前，届时有来自周边十余个县和广西、云南等地的各族民众三至四万人参与。在歌节期间，举行赛歌大会，附带认亲访友，举山祭山仪式，吃汤锅，开展浪哨活动。其中第一天的赛歌大会最为热闹，歌会开始，锣鼓喧天，鞭炮齐鸣，唢呐长号同奏，歌手依次上台，轮番比赛，场面非常宏大，气氛特别热烈，是贵州少数民族地区影响最大的歌会之一。查白歌节亦是布依族青年男女社交恋爱的节日，在歌节期间，布依族青年男女穿上节日盛装，到查白桥、查白河、

---

[1]　杨昌国：《试论苗族"芦笙场文化"》，贵州省文管会办公室等编《贵州节日文化》，中央民族学院出版社 1988 年版，第 103 页。

查白洞、查白井等地方唱情歌、吹木叶、打花包，浪哨交友，互赠信物，谈情说爱。其赶表说情的查白情歌，丰富多彩，具有较高的艺术魅力和民俗价值。

还有清水江流域苗侗地区的四十八寨歌节，亦是规模宏大，久负盛名，影响广泛。所谓四十八寨，是指分布在清水江中下游以天柱县为中心的四十八个村寨，在这里，有所谓的四十八寨歌节，是一个以唱歌为主的节日文化共同体，其歌场众多，歌曲内容和唱腔曲调丰富，各村各寨都有歌师传授歌曲，部分村寨还有自己的村寨起源歌。据考察，该歌节包括苗族聚居区、侗族聚居区、苗侗杂居区、清水江流域区四大区域，包括河边调、高坡调、青山调、阿哩调四大唱腔，有中寨四方坡、竹林龙凤山、茶亭四乡所、靖州四鼓楼四大歌场。[1]歌节期间，几大歌场云集着周边的青年男女，歌声飞扬，舞步蹁跹，热闹非凡，相关的斗牛、游方等活动亦渐次开展，整个四十八寨地区就是一个欢乐的海洋。

此外，兴义布依族的赶毛杉树节，三穗侗族的赶圣德山，天柱侗族的七月二十坪，亦是规模宏大的万人歌会。

总之，贵州少数民族地区的地域民族风尚，集中展现在种类繁多的民族节日里，具有相当明显的娱乐性特点。无论是以划龙舟、斗牛、赛马、斗鸡、斗鸟、炸龙、嘘花等为代表的游戏活动，还是以苗族游方、布依族浪哨、侗族行歌坐月为代表的情爱活动，抑或是以苗族芦笙会、布依族查白歌节、清水江流域四十八寨歌节为代表的歌舞娱乐活动，皆充分体现了贵州地区各民族民众普遍具有的娱乐精神、游戏精神和浪漫情趣。或者说，贵州少数民族民众由强劲的生命激情所迸发出来

[1] 孟凡华：《贵州天柱民族传统节日文化保护与发展浅析——以天柱国家级非物质文化遗产四十八寨歌节为例》，贵州省文物局等编《贵州民族传统节日文化保护与发展》，贵州科技出版社 2015 年版，第 187 页。

的娱乐精神、游戏精神和浪漫情趣，实质上就是一种诗性精神或艺术精神。所以，笔者认为，贵州大山地理是一种诗性地理，贵州大山文化是一种诗性文化，贵州大山精神是一种诗性精神。

第六章 民族民间信仰习俗与贵州地域文化精神

历史以来，贵州地区就是一个民族移动的大走廊，生活在这里的各少数民族，传承着丰富多彩、品类繁多的民间信仰习俗，并且至今还有强大的生命力，大部分依然保持着相当完整的原生状态。本章选择有代表性的黑神崇拜和生态民俗，研究其中体现的贵州地域文化精神。但是，需要说明的是，"民间信仰习俗"一语在本章中，并不是一个严格意义上的学术概念，严格地界定宗教、信仰、崇拜、习俗等概念之间的异与同，不是我们的任务，我们只是借用"民间信仰习俗"一语概指民间社会普遍存在的信仰、崇拜和习俗，研究其中体现的地域文化精神。因此，从民间信仰习俗研究地域文化精神的可能性和必要性，是应当首先回答的问题。

一、民族民间信仰习俗与地域文化精神的一般性关系

信仰习俗是构成文化综合体的重要组成部分，泰勒定义"文化"说："所谓文化或文明乃是包括知识、信仰、艺术、道德、法律、习俗以及包括作为社会成员的个人而获得的其他任何能力、习惯在内的

一种综合体。"[1] 与构成文化综合体的其他元素相比，信仰习俗有三个显而易见的特征：

一是它的稳定性。在文化综合体的构成元素中，法律等制度文化最缺乏稳定性，因为随着社会的发展和环境的变迁，其变异是必然的，并且亦是经常性的。同时，因为社会的发展变迁，随着新思想或新思潮的出现，知识、艺术、道德等精神文化亦随之发生相应的变化。唯有信仰习俗，尤其是信仰，是所有文化综合体构成元素中最具稳定性的元素。在文化综合体的所有构成元素中，信仰是最核心的元素，它植根于地域人群的心灵深处，较少受到社会发展和环境变迁的影响，新思想或新思潮的出现，或者能够对它发生一些影响，一般亦很难从根本上改变它的本质特征。所以，它的稳定性，是其他文化综合体的构成元素不可比拟的。

二是它的根源性。信仰习俗的根源性是由它的稳定性决定的。因时代和环境的变迁，构成文化综合体的其他元素总是处在不断的变化之中。唯有信仰习俗，尤其是信仰，它总是盘踞在文化持有人的心灵深处，从不变异或者很少变异，因而可以生根发芽，变得根深蒂固。所以，学者称信仰文化为"根性文化"，认为信仰习俗是文化综合体不变的内核，是文化的生存依据和独立表征。学者认为："什么是人类精神文化的内核呢？什么是人类去之就无以'生存'，也就是说，去此，人类不管是什么样的文化类型和种群都由此失去'生存依据'的东西呢？我以为是信仰。""信仰是人类精神文化的核心建构的根本，人只有从这里开始，才有了解释世界和认知世界的可能和方法论。所以说，人们创造了信仰，并以信仰为起点，进而创造了自己一系列的

---

[1]　覃光广：《文化学辞典》，中央民族学院出版社 1988 年版，第 109 页。

文化。"[1] 简言之，信仰文化是根性文化，是族群生存发展的终极依据。

三是它的大众性。在文化综合体构成的各种元素中，信仰习俗是最具大众化或者民间性的文化元素。因为信仰是大众的信仰，习俗是民间的习俗。虽然知识精英对信仰习俗的形成可能产生推动和影响，但是，信仰习俗的产生、发展、形成和演变，主要还是基于一般民众日常物质生活和精神生活的实际需要，是以民间生活为基础的。信仰是大众精神理念的建构，习俗是民众日常经验的结晶。没有一般大众或者民间社会的参与和实践，信仰习俗从理论上讲，是不存在的。所以，信仰习俗不仅具有稳定性、根源性，还具有大众性。

按照格尔茨《文化的解释》的说法，文化是人类为自己编织的"意义之网"，文化的意义在于文化持有人认为它有意义，文化的价值在于文化持有人认为它有价值。信仰习俗则是这张"意义之网"的核心部分，决定着这张网的大小和边界，决定着这张网的身份和标识，决定着这张网的意义和价值。信仰习俗的稳定性、根源性和大众性，皆是由于它在文化综合体这张"意义之网"中的核心地位所决定的。

民间信仰习俗的稳定性、根源性和大众性，决定了从民间信仰习俗之角度研究地域文化精神的可能性和必要性。

一般而言，地域文化精神是有根有源的，是从地域人群或地域土地上长出来的，是以地域传统和地域文化为根基的。精神具有传统特质和文化内涵，它源于意识而又高于意识，是地域人群"自己支持自己的那种绝对实在的本质"。因此，研究地域文化精神，探讨地域族群的历史心性和文化性格，信仰习俗是一个特别重要的视角。信仰习俗本身就是地域族群基于历史和现实之需要，从内心深处成长起来的

---

[1] 吴秋林：《众神之域——贵州当代民族民间信仰文化调查与研究》，民族出版社2007年版，第5、7页。

一种文化意义上的需求。所以，信仰习俗一旦产生，便具有稳定性。而且，信仰习俗的稳定性，又决定它对地域族群文化心理所发生的影响具有长期性和持续性。长期而持续的影响，便能生根发芽，产生根深蒂固的影响效果，凝结成地域族群的历史记忆和文化心性。因此，这种具有根性文化特征的信仰习俗，最能展示地域族群的内心世界。所以，从信仰习俗角度研究地域族群的文化精神，是可能的。

再说，我们研究地域文化精神，不仅仅是探讨地域内部知识精英的文化精神，而是包括地域知识精英在内的一般社会各阶层的文化精神。因此，研究地域文化精神，不仅要关注上层知识精英人物，亦要考察一般社会民众的观念意识；不仅要以高文典册或者经典文本为依据，亦要重视民间社会的知识、信仰和习俗。所以，信仰习俗作为一种大众化的民间文化，最能体现一般大众的思想、观念和情感。放弃对民间信仰习俗的关注而欲探讨地域社会一般大众的精神状态，则是基本上不可能的。因此，从信仰习俗角度研究地域文化精神，不仅是可能的，而且亦是必须的。

二、民间信仰与贵州地域文化精神——以黑神崇拜为例

贵州地区是一个民族移动的大走廊，是一个多民族文化的汇聚区，因此亦是一个各种宗教信仰和神灵崇拜纷繁杂呈的地区。在这里，既有各民族的原始宗教、灵物信仰和祖先崇拜，亦有来自中原和异域的宗教信仰、灵物观念和英雄崇拜。但是，值得注意的，并且亦是常常被忽略的，是贵州地区各民族、各阶层和各地域普遍存在的黑神崇拜现象。可以说，黑神崇拜产生于贵州，流行于贵州，是贵州大地上和黔人圈子里独有的神灵崇拜现象。黔人崇拜黑神，犹如川人之祀川主，

具有相当明显的特殊性和普遍性。

1. 贵州黑神信仰源流考辨

黔人崇拜黑神而建黑神庙以祀之，其庙宇异称较多，有黑神庙、黑神店、黔阳宫、忠烈宫、忠烈庙、忠烈祠、南霁云祠等称号。据张澍《续黔书》"黑神庙"条说：贵州黑神，"其香火无处无之，几与关壮穆等；而其威灵响捷也，亦几与壮穆垺"。[1]黑神庙遍布贵州大地，据（民国）《贵州通志·秩祀志三·群祀二》载：

贵阳府　忠烈庙，在治城中，洪武都指挥使程暹建，祀唐忠臣南霁云。

定番州　忠烈庙，在城东门外，一在卢山司，李还素有记，长官卢金保建。一在木瓜司。

广顺州　忠烈庙，一在城内，一在长治里改窑，又一在长寨城内北中街。

开　州　忠烈庙，在城内北隅，正殿五间，僧海澄建。

贵定县　忠烈庙，在北乡新添司，与白神同院，一在旧县城内西街。

修文县　忠烈庙，在扎佐城北，顺治二年僧觉修建，乾隆三十四年僧青莲重修，嘉庆八年僧海澄补修。

安顺府　黑神庙，又名忠烈宫，在城内大街，旧名五显庙。乾隆间改建，祀唐将军南霁云。道光十年重修。又，一在钟鼓楼下，一在瀎阳。

郎岱厅　黑神庙，在城西门外，嘉庆五年厅人公建，道光十四年补修。

镇宁州　黑神庙，久圮，今新置基址于东门大街。

安平县　忠烈宫，在北门内，乾隆四十七年建。又黑神庙在六骂猪场。

兴义府　忠烈宫，在北门内，嘉庆二十一年修。

盘州厅　忠烈宫，在北门外大街，明洪武间建。

贞丰州　忠烈宫，在城内西隅。

兴义县　忠烈宫，在城内。

---

[1]　《中国地方志集成·贵州府县志辑》（第3册），巴蜀书社等2006年版。

册 亨　忠烈庙，在南门外。

大定府　忠烈官，在城内大街。

平远州　黑神庙，在州东关外，即渔山。

黔西州　黑神庙，在东关外，一在西溪。

毕节县　忠烈祠，在南城门外，乾隆十九年建。

遵义府　黑神庙，在城南狮子桥侧，一在城西八十里沙土里，左祀南承嗣，郡人虔祀之，各乡区亦往往立庙。

桐梓县　忠烈官，在南门外，一称黔阳官，同治中知县以旧时关帝庙地址改建。先时，黑神庙在东街，久圮，地委民居。

绥阳县　黑神庙，在城西，嘉庆八年知县刘贤业建。

仁怀县　黑神庙，一在毛坝，一在赤九里。

黎平府　南将军祠，即黑神庙，忠烈官，祀南霁云，在镇江王庙右，久圮，光绪七年士民捐资重建。

下江厅　忠烈祠，在厅城北关内，嘉庆二十年重修，咸丰五年毁。

都匀府　黑神庙，有四：在城内东山南阜者，称老黑神庙，光绪三年建；在城内西街者，称新黑神庙，光绪初建。一在王司街，一在平浪。

八寨厅　忠烈官，在厅城内。

麻哈州　忠烈官，有四：一在县城中街，乾隆壬午年建；一在宣威司；一在乐平司；一在平定下司。

石阡府　忠烈官，在府城北门外。

黄平州　黑神庙，在旧州西门外。

平越直隶州　忠烈官二：一在州城南门，旧为梓潼观，光绪十年知州杨兆麟移文昌官于城北，始将此观改为忠烈官，祀南将军；一在牛场北街。

瓮安县　忠烈官，在西门场坝。

湄潭县　忠烈庙，在王家坝。

思南府　忠烈官，在城外东北隅。

务川县　忠烈官，在县城内。

印江县　忠烈官，在县城内。

思州府　忠烈官，在南门外。

玉屏县　福主庙，在南门内，明永乐建，乾隆十年邑众重修。按：
即南将军庙，黔俗相沿称为"黔南福主"。

以上凡五十六处，几乎遍布全省各府、州、县。据（道光）《贵
阳府志》记载，仅在贵阳地区就有十一处。贵州大地崇拜黑神之普遍性，
由此可见。另外，在贵州境外如四川、重庆、湖北、湖南、广西和云
南等地亦有黑神庙，亦有黑神崇拜现象。但是，可以肯定的是，这些
地方的黑神崇拜现象都是贵州移民带过去的。在古代，会馆与庙宇合
二为一，明清以来的黔人大量移民周边省份，为求同乡之谊而修建同
乡会馆，这些同乡会馆亦就被命名为忠烈宫或黑神庙。所以，周边省
份的黑神崇拜是黔人带过去的，周边省份的忠烈宫或黑神庙是黔人修
建的同乡会馆。因此，在一定程度上可以说，黑神是贵州地域文化身
份的一个标志，或者说是贵州地域文化的一张名片。

讨论黔人的黑神崇拜，首先需要说明的，是黑神的原型为谁？任
何一种神灵崇拜皆有其原型，其信仰观念之内涵就是由其原型之特征
决定的，黑神崇拜亦不例外。关于黑神之原型，历来有多种说法，或
说是南霁云，或说是夜郎王，或说是孟获，或说是刘本，或说是当地
部族首领，等等。据谢红生主编的《贵阳地名故事》说："黑神祭祀
出于部落时代的英雄崇拜和战国、秦、汉时代的夜郎竹王崇拜。黑神
是发源于贵州，西南地区仅有的崇拜。……黑神庙是贵州供奉黑神夜
郎王、孟获、南霁王、刘本和当地部族首领的庙宇。"[1] 准确地说，
黑神崇拜是发源于贵州、是黔人以及受黔文化影响的周边地域中仅有
的神灵崇拜。说"黑神祭祀出于部落时代的英雄崇拜和战国、秦、汉
时代的夜郎王崇拜"，未知何据。因为自明代中期以来记录黑神崇拜

---

[1]　谢红生：《贵阳地名故事》，贵州人民出版社 2009 年版。

现象的所有公私文献，关于其原型，基本上皆指向中唐将军南霁云。如王宪《请忠烈庙南公祀典疏略》说："窃见贵州城中旧有忠烈庙，祀唐忠臣南霁云，洪武初都指挥使程暹建，至今军民皆称其神灵。"[1] 吴中蕃《重修忠烈庙碑记》说："贵阳有忠烈祠，以祠南公霁云，旧称黑神庙。"[2] 田雯《弭灾议》说贵阳多火灾，祈于忠烈庙南将军，则有灵。[3] 觉罗图思德《重修忠烈庙碑记》说："贵州省城南有忠烈庙，祀唐赠扬州大都督忠烈将军之神。"[4] 张澍《续黔书·黑神》说："神为唐将军南霁云，范阳籍也。"[5] 吴振棫《黔语·南康二祀之误》说："贵阳忠烈庙，俗称黑神庙，祀唐顿邱南公霁云，与张、许同死睢阳者也。"[6] 蒋攸铦《黔轺纪行集》说："黔人崇祀南将军霁云，名黑将军。"[7]（道光）《遵义府志》说："贵州黑神庙，通祀南霁云。"[8] 王世贞《居易录》说："贵阳有黑神，祀唐南霁云，凡遇水旱疠疫兵革之事，有祷必应。"《清史稿·志五十九·礼三》亦说穆宗朝"贵州祀唐南霁云"。另外，田雯《黔书》卷三"南霁云康保裔"条、"黑神庙"条、李宗昉《黔记》卷二、李还素《卢山司黑神庙记》、（道光）《大定府志》等，皆以南霁云为贵州所祀黑神之原型。据上述史料可知，以南霁云为黑神之

---

[1] （道光）《贵阳府志》余编卷一，贵州人民出版社 2005 年版，第 1615 页。

[2] （道光）《贵阳府志》余编卷七，贵州人民出版社 2005 年版，第 1779 页。

[3] （道光）《贵阳府志》余编卷三，贵州人民出版社 2005 年版，第 1643 页。

[4] （道光）《贵阳府志》余编卷九，贵州人民出版社 2005 年版，第 1812 页。

[5] 《中国地方志集成·贵州府县志辑》（第 3 册），巴蜀书社等 2006 年版。

[6] 《黔南丛书》第二集第十册，贵阳文通书局铅印本。

[7] 《黔南丛书》第二集第七册，贵阳文通书局铅印本。

[8] 按，此条乃郑珍《田居蚕食录》之佚文，其原文曰："贵州黑神庙，通祀南霁云。按四川简州黑神庙祀宋州牧李大全，广西省城黑神庙祀平章也儿吉尼，是有三黑神矣。"（《郑珍集·文集》之《田居蚕食录辑逸》，黄万机辑，贵州人民出版社 1994 年版）

原型，是起源于民间，而后得到官方认可，并进入国家祀典，由政府或民间出资修庙以祀之。这在明清以来的史料中是确定无疑的。

民间社会或有以他人为黑神原型的说法，如以夜郎竹王为黑神原型，但其传说范围仅限于苗族部分地区。仡佬族以孟获为先祖，据说孟获长得面黑如漆，故仡佬族人以孟获为黑神，但亦属小范围内传说，未获广泛认可。或以四川富顺人刘本为黑神原型，据说刘本为官贵州，刚直廉明，多善政，在贵州发生灾荒时回四川筹粮救灾，深受黔人崇敬，死后由黔人护柩回乡，尊为黑神，但此亦是部分地区的传说，未获全体认同。或以罗荣为黑神原型，据说大历年间播州僚人反叛，朝廷派罗荣率兵平乱，因功封播州侯，加封太子太保荣禄大夫，世居播州，播人建荣禄官以祀之，后人亦称荣禄官为黑神庙。还有以播州土司杨粲为黑神原型的说法。一般而言，民间传说是活态的，因而常常发生变异，具有相当明显的主观性。民间信仰的情况亦相当复杂，贵州民间社会有为乡贤名宦或土主所立的祠堂，亦被民众称为黑神庙，有些地方的佛寺道观里亦供奉着黑神像。还有在诸多黑神庙或佛寺道观里供奉的黑神，民众往往只知其是福神，并不知其为黑神，亦不明白其原型是谁。上述以夜郎竹王、孟获、刘本、罗荣、杨粲等人为黑神原型的说法，皆出于民间传说，皆限于部分地区和族群。而以南霁云为黑神原型，不仅普遍见于贵州各地方各族群的传说故事里，亦见于明清以来有关贵州地域的公私文献中，并且还得到官方的认可，还列为国家祀典。所以，我们认为，尽管关于黑神的原型有多种说法，但最为可靠的，还应该是南霁云。

黑神崇拜起于民间，这是无疑义的，但是黑神崇拜起于何时，却是一个无法确定的问题。据明朝正德年间贵州臬使王宪《请忠烈庙南公祀典疏略》说："窃见贵州城中旧有忠烈庙，祀唐忠臣南霁云，洪武初都指挥使程暹建。"[1] 可知贵阳黑神庙始建于洪武初年，由地方行政长官程暹主持修建。据此可以推知，黔人的黑神崇拜当远远早于洪武初年，因为一种民间信仰或崇拜现象之形成，必定有一个长期的产生、发展过程，当它在社会上普遍流行之后，才会引起地方长官的重视，进而才会出面主持修建相关庙宇。而且，一种信仰或崇拜现象的发生发展，乃至成为一种地域内的普遍现象，得到地域人群的普遍认同，亦不是一朝一夕的事情，必定经过若干历史时期方能完成。依此，我们认为，贵州地区的黑神崇拜现象，应该发生发展于宋元时期，甚至发生于中晚唐时期，[2] 亦是极有可能的。

籍贯顿邱而又死守睢阳的南霁云，何以能够成为黔人崇拜的黑神原型？按照常理，顿邱人南霁云，与睢阳城共存亡，祀于家乡顿邱，或祀于以死守护的睢阳，皆为情理中事，而祀于千里之外的贵州，并且还成为黔人独有的、在当地具有相当普遍性的福神，则颇令人费解。故蒋攸铦《黔轺纪行集》提出疑问说：

> 黔人崇祀南将军霁云，名黑将军，庙祷应如响，殊不可解，岂睢阳忠义，固应血食此方耶？[3]

---

[1]　（道光）《贵阳府志》余编卷一，贵州人民出版社 2005 年版，第 1615 页。明正德初年谪居贵州的王阳明，亦有《南霁云祠》诗，其云："英魂千载知何处？岁岁边人赛旅祠。"可知正德初年黔人敬祀南霁云已成风尚。

[2]　觉罗图思德《重修忠烈庙碑记》说："贵州省城南有忠烈庙，祀唐赠扬州大都督忠烈将军之神。神之子承嗣又以忠勇惠爱，克荷先业，著清名于涪州、施州、清江间，唐时此地为溪峒，其酋长入贡，必涪州刺史为之请，则此地之祀神，自唐始无疑也。"〔（道光）《贵阳府志》余编卷九，贵州人民出版社 2005 年版，第 1812 页〕

[3]　《黔南丛书》第二集第七册，贵阳文通书局铅印本。

李还素《卢山司黑神庙记》说:

> 计将军尽节日,距今千百余年矣,黔又远去雍邱,非若江淮、邺、鲁,犄角为唇齿邦,而黔之祀将军弥谨,恒求其故不得。说者遂以沐平西暨安叛城上所见两异事实之。[1]

田雯《黔书》卷三"黑神庙"条亦说:

> 考南公,范阳人。……生平未尝入黔也,黔何以有公之庙也。黔《通志》所载名宦,公有子名承嗣者,为清江郡太守,历婺、施、涪三州,多善政,后自请讨王承宗,有战功,岂土人之所祀乃其子而非其父与?抑或其子宦游此地,曾为父立庙,遂相沿数百年而尸祝俎豆之无已与?[2]

从现存文献看,千里之外和千年之久的南霁云之所以成为黔人普遍信仰的黑神,皆与其子南承嗣有关,与南承嗣为官清江于黔人多有善政有关。如吴中蕃《重修忠烈庙碑记》说:

> 公之功著于睢阳,其详附见于张睢阳传,在唐固已立庙睢阳,图像凌烟矣,其所以得祀于贵阳者,则以其子承嗣尝为清江守,巡行牂牁夜郎间,多善政,民爱戴之,因及其亲,而公又往往显灵异于兹土,故至于今不废,不独其忠义大节足以起敬畏致瞻仰也。[3]

关于其显灵呈异的问题,下文再议。在吴氏看来,南霁云得庙食贵州,

---

[1] (道光)《贵阳府志》余编卷七,贵州人民出版社 2005 年版,第 1776 页。

[2] 田雯:《黔书》,《中国地方志集成·贵州府县志辑》(第 3 册),巴蜀书社等 2006 年版。

[3] (道光)《贵阳府志》余编卷七,贵州人民出版社 2005 年版,第 1779 页。

不仅是因为他的忠义大节，还因为其子南承嗣的善政，因善政而民爱戴之，因爱戴其子而尊祀其父。这种观点具有相当的普遍性，如田雯《黔书》卷三"南霁云康保裔"条说：

> 南霁云之得祀于贵阳，以其子承嗣之为清江太守也；康保裔之得祀于麦新，以其子继英之为贵州团练使也。……若夫二公者，一宜神于睢阳，一宜神于天雄，于黔无与也。使不有令子为之后，官于黔，以显其父之贤，则诗书所载，世之向英往哲，可祀者多矣。夜郎之人，亦奚取渺不相属之二公而为之立庙乎？则谓二公之祀以其子也，又宜矣。

此种因子之贤而彰显父功乃至为父立庙的说法，广为流传，几成定论。但其中又不无疑点，吴振棫《黔语》"南康二祀之误"条对此提出质疑，其云：

> 贵阳忠烈庙，俗称黑神庙，祀唐顿邱南公霁云，与张、许同死睢阳者也。旧传霁云子承嗣以婺州别驾赐绯鱼袋，历施、涪二州，多善政，刘癖叛，以无备，谪永州，请从军讨王承宗，柳宗元代为作状。其卒也，二州人感之，为立霁云祠，而以承嗣附。洪武初贵州都指挥程暹依民俗建焉，然未列祀典，景泰间贵州按察使王宪请于朝，始列于正祀。按施、涪二州虽近牂柯，然非所辖，承嗣以不职贬永州，何以贵阳祀之。[1]

的确，按诸史实，南承嗣为施、涪二州刺史，其地"虽近牂柯，然非所辖"，何以与贵州发生关系呢？其次，承嗣以"不职贬永州"，有何善政感动施、涪二州父老而为其父子立庙？因此，吴振棫《黔语》"南康二祀之误"条试图提出新说：

---

[1] 《黔南丛书》第二集第十册，贵阳文通书局铅印本。

惟《云溪友议》载南中丞卓为黔中经略使，大更风俗，凡是溪谷呼吸文字，皆同秦汉之音，甚有声誉云云。唐时黔、涪等十五州，牂、庄等五十一羁縻州，皆黔府所辖，故称卓为辖公，死而祀之，因称辖神，后人或讹南中丞为忠臣，以睢阳之事当之耳，黑神则辖神转音之讹也。

这个新说确实颇有创意，但尚有较多疑点，仍需进一步考证。比如，唐时的黔中，指重庆、贵州、湖北、湖南交界之地，其首府在今重庆彭水，并未包括今贵州的主要地界。再如，误"中丞"为"忠臣"，误"辖神"为"黑神"，以睢阳事附会南中丞，皆属臆测，并无任何根据。再说，南承嗣被贬谪永州，是因为没有充分准备应对刘辟叛乱，但这并不妨碍他多善政，即没有充分准备应对地方叛乱，并不能推论他对地方百姓就没有善政。所以，"以不职贬永州"与民间社会为其父子立庙，并无明显的矛盾。因此，这个说法虽然新人耳目，但证据很不充分。在新说未获得充分证据支撑的情况下，我们还是倾向于采用传统的观点。

黔人为南霁云立祠，与其子南承嗣之惠政贵州百姓有关。以南霁云为原型的黑神崇拜之发生与发展，乃至成为黔人的共同信仰，则与其"威灵响捷"有关，与其忠勇刚烈有关。黑神之灵验，黔人深信不疑，并感其御灾捍患之功，而信仰之，崇拜之。如王宪《请忠烈庙南公祀典疏略》请求将祀南公忠烈列为国家祀典，其主要理由就是"至今军民皆称其神神灵，每岁春首风狂，境内常有火灾及水旱、疾疫、虫虎、寇盗，祷于神，其应若响"，因为黑神"显灵八番，阴为御灾捍患，乞追赐美祀，颁祀典，每岁春秋有司致祭，非惟圣恩广布，不遗前代之忠臣，抑使神惠愈彰，永济边方之黎庶"。[1]吴中蕃《重修忠烈庙碑记》亦认为黑神崇拜在贵州之所以"至于今不废"，"不独其忠义大节足

---

[1]　（道光）《贵阳府志》余编卷一，贵州人民出版社 2005 年版，第 1615 页。

以起敬畏致瞻仰"，主要还是因为黑神南公"往往显灵异于兹土"，神佑黔人度过生活中的重重难关。[1]

黑神是为战神，有捍御地方安全之功能，贵州大地普遍崇拜黑神，视黑神为"福主"或"福神"，与明清时期贵州大地战乱频仍的社会现状有关。据统计，"明代276年，贵州发生大小战事的年份共有145年，占有明一代一半以上的时间；清代267年历史中，贵州发生大小战争的年份更达227年，占清代年份的85%，上述总计明清两代543年历史，有战事的年份共372年（占68.5%），几乎是年年征战不息"。[2]战乱频仍的现实与黑神崇拜在两个层面上发生关联：一是战事频仍，民不聊生，流离失所，深受战乱之苦。就像汉代以后面对北方异族之侵扰时，人们企盼李将军之再生一样；深受战乱之苦的黔人亦企盼南公霁云能为他们捍御免灾。因此，战事的频繁发生，一定程度上促进了民间社会对黑神的信仰和崇拜。故吴纪《忠烈南将军庙信士捐置祭田碑记》说：

> 自元、明以来，寇盗充斥，干戈迭起，兵民进不能战，退不能守，公屡显神灵以拥护，乃得城郭无恙，汉夷相安，此黔人既重公生前奇节，而更感公殁后威灵，因在在立庙，设诚置祭，自绅士以及农工商贾，胥岁时奔走惟恐后。[3]

二是战事频仍，置身于战事中的将士，或为国家安全，或为民族利益，或为地方稳固，往往效法南公霁云，从南公霁云誓死守城的忠

---

[1] （道光）《贵阳府志》余编卷七，贵州人民出版社2005年版，第1779页。

[2] 刘学洙、史继忠：《历史的理性思维——大视角看贵州十八题》，贵州教育出版社2004年版，第58页。

[3] （道光）《大定府志》之《治地志》，中华书局2000年版，第418页。

烈行为中获得信念支持和精神鼓励。比如，据田雯《黔书》卷三"南霁云康保裔"条记载："贵阳壬戌受围也，城垂陷，守者登陴而哭，贼忽见旌麾甲马布列城上，乃不敢入，是则南公之捍患也。"壬戌（1622）贵阳之围，即明朝天启年间安邦彦围攻贵阳，时间达数月之久，其情势如同南霁云之守睢阳，城中粮草皆尽，而军民在潘润民等首领的指挥下，誓死守城。潘氏于此情状，以南公自勉，乃至杀女犒军，写《围城诀命》诗以表其誓死守城之决心，其惨烈之状不下南公之守睢阳。其《围中次史磐石侍御韵四首》说："睢阳节烈男儿事，留取丹心照帝都。"[1]可见潘氏一时自拟南公之心情。南公神灵佑助黔人解安氏之围，或属谣传，但南公誓死守城之精神确实给予潘氏军民以极大的鼓励和支持。又如，清康熙年间，吴三桂起兵谋反，甘文焜将军奏请镇守镇远，明知守不住，却"期效张巡、南霁云誓死守"，终因寡不敌众，最后自杀身亡，年仅四十二岁。[2]这在相当程度上亦激发了贵州军民对南公黑神的信仰和崇拜。

黑神不仅能够捍患，而且还能御灾。据载，明清时期贵阳城多火灾，尤其是在春夏时期，灾情严重，"南明河水忽鸣"就是火灾发生的前兆。在贵阳人的心目中，黑神就是禳火弭灾之神。故田雯《黔书》卷三"黑神庙"条说："今禳火之役，祷而祭之，而遂无不应，火灾以弭，而民受其赐，盖黑神之灵焉。"田雯《弭灾议》就说贵阳多火灾，祈祷于黑神庙之南将军，即可幸免于火灾。[3]据说，"康熙二十九年（1690）南明河水忽鸣，邦人震恐，田公率僚属祷神，郁攸之患遂永息"。[4]所以，

[1]《黔诗纪略》卷十二，贵州人民出版社1993年版，第486页。

[2]《清史稿·列传》，中华书局1998年版。

[3]（道光）《贵阳府志》余编卷三，贵州人民出版社2005年版，第1643页。

[4] 觉罗图思德：《重修忠烈庙碑记》，（道光）《贵阳府志》余编卷九，贵州人民出版社2005年版，第1812页。

田雯《黔书》卷三"黑神庙"条说："禳火之役，首告祝融之神，高辛氏司火也；次祭南明河之水，从黔俗也；次又诣黑神之庙而致祷焉。神姓南，名霁云，庙在黔城之内，凡水旱灾浸疬疫兵革之事，有祷必应，能有功德于民而民受其赐，血食于斯，不知历几百年。"据（道光）《贵阳府志》记载："忠烈庙，在贵阳凡十一。"一座不大的城市里居然有十一座黑神庙，可见其影响之深，范围之广。禳火弭灾求助于黑神，按照古代中国五德相生相克之观念，黑色代表北方，是为水德，故黑神主水，水火相克，有火必以水灭之。黔人禳火必祷于黑神，可能与此种观念有关系。

总之，黑神南公不仅能为黔人捍患，还能为黔人御灾，故而受到黔人的爱戴和崇拜，甚至被视为是贵阳乃至贵州的"福神"或"福主"。如向义主编《贵山联语》说："忠烈宫祀南将军霁云，俗名黑神，所谓省福主也。"据（民国）《贵州通志·秩祀志三·群祀二》载："玉屏县福主庙，在南门内，明永乐建，乾隆十年邑众重修。按：即南将军庙，黔俗相沿称为'黔南福主'。"清代书法家严寅亮为织金城关镇黑神庙题联曰："在唐大将军，烈烈轰轰，宜与江山并寿；全黔真福主，铮铮铰铰，正同日月争辉。"晚清黔西秀才为黔西东街黑神庙题联曰："江左竭孤忠，英雄光昭千百代；黔西作福主，明里享用乎千秋。"刘韫良题贵阳内城黑神庙联曰："在我以前为福主，如今而外鲜奇男。"黑神南公有功于黔人如此，宜乎黔人尊之为"福神"或"福主"，并立庙以祀之。

表面上与贵州毫无关联的唐代名将南霁云，因其子承嗣惠政百姓而受黔人景仰，因其神灵为贵州捍患御灾而被黔人崇拜，乃至被尊为黑神而立庙祀之，甚至被视为贵州的"福主"或"福神"。以下是需要进一步考察的：南霁云何以被尊为黑神？黑神崇拜现象对贵州地域文化品格有何影响？

南霁云何以被尊为黑神？这与古代中国人的尚黑观念和南霁云的性格有关。在传统中国文化语境中，黑色被赋予了特定的意义。古代中国人以五色配五方，东方青色，南方赤色，西方白色，北方黑色，中央黄色。黑色为北方之正色，故称北方之神为黑神或黑帝。在中国传统文化语境中，黑色有庄重肃穆的特点，含有刚直、忠勇、猛烈、雅正的文化意味，是忠烈、正义的标志色。所以，在中国文学史上，凡忠烈、刚直的人物形象，多被塑造成黑脸，如《三国演义》中的张飞，高大黝黑，忠义刚直；《水浒传》中的李逵，粗壮黝黑，刚烈忠勇；还有包公，民间称"黑包炭"，铁面无私，刚正忠义。关于南霁云的性情，据《新唐书·张巡传》、柳宗元《南府君睢阳庙碑》、韩愈《张中丞传后叙》等文献记载：在安史乱中，南霁云协助张巡、许远守睢阳，贼将尹子奇包围睢阳，城中食尽，草根、树皮、战马乃至死尸皆被食尽，张巡命南霁云突围求救于驻守临淮的贺兰进明，贺兰进明拥兵不救，然爱南霁云之忠勇，赏赐食物，霁云曰："睢阳之人不食月余日矣，霁云虽欲独食，义不忍，虽食，且不下咽。大夫坐拥强兵，曾无分灾救患之义，岂忠臣义士之所为乎？"霁云拔佩刀断一手指以示贺兰进明，说："霁云既不能达主将之意，请留一指以示信。"其时，"一座大惊，皆感激为云泣下，云知贺兰终无为云出师意，即驰去，将出城，抽矢射佛寺浮图，矢著其上砖箭，曰：吾归破贼，必灭贺兰，此矢所以志也"。南霁云乞师不得，回睢阳与张巡、许远誓死守城。睢阳陷落，张巡、南霁云被俘，"贼以刃胁巡，巡不屈，即牵去，将斩之。又降霁云，云未应。巡呼云曰：南八，男儿死耳，不可为不义屈。云笑曰：以欲将有为也，公有言，云敢不死。即不屈"。[1]
其忠勇刚烈如此，故柳宗元《南府君睢阳庙碑》说："公信以许其友，
刚以固其志，仁以残其肌，勇以振其气，忠以摧其敌，烈以死其事，
出乎内者合于贞，行乎外者贯于义，是其所以奋百代而超千祀矣。"[2]
所以，明正统年间朝廷应贵州按察使王宪之请，赐庙额曰"忠烈"。
黑色的文化意义与南霁云的性情大体吻合，黑色代表刚直、勇猛、忠烈，
南公正是刚直、忠烈之典型，故南公如张飞、李逵，亦堪称黑神。

　　以上所述，乃南霁云被尊为黑神的主要原因，至于民间社会多有
关于南霁云面目黝黑故而被称为黑神的说法，如吴中蕃《重修忠烈庙
碑记》说贵阳忠烈宫，旧称黑神庙，"盖人不知其所自来，从其貌而
称之也"。田雯《黔书》卷三"黑神庙"条说："士人以其长冠戟髯
而貌之也，故曰黑神云。"张澍《续黔书》"黑神"条亦说："黔人
以其长冠戟须而貌黝，称之曰黑神。"这些说法虽然未必可信，但它
与文学家关于张飞、李逵之黑脸想象一样，体现了传统社会关于黑色
与忠烈之关系的一种普遍的文化心理。

　　黔人普遍崇拜黑神，并视黑神为"福主"或"福神"。或以为黑
神就是黔神。据郭子章《黔记》卷二说："又有黑神庙，余有联云：
省曰黔省江曰乌江神曰黑神，缘何地尽南天，却占了北方正色。无能
对之者。"[3]的确，这里提出了一个意味深长的问题：江何以称为"乌
江"？省何以称为"黔省"？神何以称为"黑神"？为何皆以黑色命
名？贵州命名为"黔"，与古地名"黔中"有关，与境内河流黔江有

---

[1]　韩愈：《张中丞传后叙》，《韩昌龄全集》卷十二《杂著》三，中华书局1991年
　　影印世界书局本。

[2]　《柳宗元集》卷五，中华书局1979年版。

[3]　郭子章：《黔记》，《中国地方志集成·贵州府县志辑》（第3册），巴蜀书社
　　等2006年版。

关。虽然楚之黔中、秦之黔中郡、唐之黔中，仅包括今贵州东北小部分，但多数学者坚持认为黔省之"黔"实在与"黔中"有关，故明清以来用作黔省之代称。境内河流曰乌江，其下游亦称黔江，据谢廷薰《黔中考》说："毕节七星桥西南有黑章水，一名墨特川，其下流为乌江。贵州诸水中惟此水源流乌黑，贯乎上下游……以水之乌黑而名黔省，殆亦犹云南以昆明池水之倒流而名滇乎。"[1]乌江下游称黔江，黔中地名由此而来。据此可知，江称乌江、黔江，乃"因黑取义"；地称黔中，乃"因江取义"；省称黔省，即与黔中有关，亦与黔江相连。总之，皆与境内乌江"源流乌黑"有关，皆与黑色有关。至于"神曰黑神"，是否与"黔""乌"有直接关系？则因缺乏可靠证据而难以断定。民间传说多以南霁云面貌黝黑而称之为黑神，自有一定道理。而南霁云之忠勇刚烈的性格与传统中国文化语境中黑色的象征意义正相吻合，这可能亦是尊其为黑神的主要原因。而黔人将其普遍崇拜的"福主"命名为"黑神"，亦极有可能与贵州地区特有的地理人文特征有关。民间信仰，口耳相传，未能确证。但是，可以断定的是，黑神崇拜的普遍流行，与贵州地域风土质性密切相关。或者说，贵州地域文化品格、贵州社会的历史现状以及黔人的性格，是促进黑神崇拜在贵州社会普遍流行的社会文化背景。而黑神崇拜的全面流行，又对贵州地域文化品格和黔人性格的塑造，发生过重要影响。

2. 黑神信仰与贵州地域文化精神

生活在大山之中的黔人，在大山地理之涵孕下，培育出所谓的大山性格。大山性格之特征，前文述及，就是傲岸质直、忠鲠刚毅。所以黔人宦游于外，给人最明显的印象，就是以直著称，以敢言名世。

---

[1]　《永宁州志·艺文志（上）》，成文出版社据道光十七年刊本影印。

如有"廉峻刚正，遇事飚发"而得"硬黄"之称的黄绂；有"旷怀自若，芥视一切"的潘淳；有"豪侠不羁，疾恶如仇"的何德新；有"平生忠鲠，弹劾不避权贵"而得"铁李"之称的李时华；有号称"敢言之士"而得"殿上虎"之称的花杰；有"性明悫，遇事敢言"的包祚永；有"性刚毅，不畏强御"而得"强项声"的侯位；有"骨鲠正直，不避权要"的刘子章；有"直声震朝野"的陈尚象；有"方直不为势力所挠"的越英；等等。实际上，在《明史》和《清史稿》中有专传的黔人，以及在其他传记中提及的黔人，几乎都具有刚正质直的性格特点。这当然不是一个偶然现象，而是黔人的一种普遍的性格特征。另外，明清时期的贵州大地战事频仍，特别是在明清之际，黔人为国殉节死难之事，屡见不鲜，如潘润民、王硕辅、管良相、陆从龙、安上达、何承光、刘安鼎、何腾蛟、石赞清、申佑，等等，不计个人安危，临危受命，视死如归，其事迹见诸史乘，其精神与南霁云之守睢阳大体近似。这种临危受命、视死如归的精神与前述傲岸质直、忠鲠刚毅的性格，是大山性格的具体表现。这种性格的形成，与大山地理的涵孕有关，亦与黑神崇拜的影响有关。更进一步说，在大山地理之涵孕下培育出来的大山性格，是黔人接受黑神并进而崇拜黑神的心理依据；而黑神崇拜的普遍流行，又在一定程度上激发或强化了黔人的大山性格。因此，黑神崇拜因黔人的大山性格而得以流行，黔人的大山性格因崇拜黑神而得到进一步的激发和强化。

一般而言，民间宗教信仰的广泛流行，往往不利于政治意识形态的集中和统一，常常成为政治统治的离心力。所以，自东汉以来，政府常常对民间宗教信仰的传播表现出高度的警惕，"禁淫祀"成为历代统治者和各级政府部门的一项重要工作。而黑神崇拜和关公信仰一样，虽然在本质上属于民间宗教信仰，但它的正面价值不容忽视。因此，在古代，能够得到统治者的提倡和鼓励，获得皇帝赐以"忠烈"之庙号。这说明，黑神崇拜具有符合国家利益和社会利益的正面价值。从社会利益上看，它有禳火弭灾之功效；从国家利益上看，它有捍敌御患之功能。所以，黔人视黑神为"福主"或"福神"。黑神所代表的刚正质直、忠勇佑民之精神，亦是一种值得发扬光大的正面精神资源。黑神是贵州的福神，黑神精神就是黔人精神。我们以为，今日之政府打造地方文化名片，创造地方文化品牌，凝聚地域文化精神，黑神崇拜是一种值得开掘的地域文化资源。

构筑"精神高地"，冲出"经济洼地"，是当今贵州地方政府和广大民众的强烈愿望。在贵州这块向心力和凝聚力比较欠缺的土地上，文化认同和地域认同相当薄弱，利用地域传统文化信仰资源，打造或者重塑一个全地域人群都认可的精神偶像，以凝聚人心，促进文化认同和地域认同，非常必要。从历史上的黔中到今日之贵州，无论是贵州地域文化还是少数民族文化，能够作为如此精神偶像之人或神，亦许只有黑神。所以，挖掘黔人的黑神崇拜资源，发掘黑神精神的现代价值，重塑贵州黑神精神形象，是构筑贵州"精神高地"的重要内容之一。

三、民间习俗与贵州地域文化精神——以生态民俗为例

在丰富多彩的贵州少数民族民间习俗中，有一个值得特别关注的现象，就是其中蕴含着很深厚的生态文化意识，我们称这种民间民俗为生态民俗。这种生态民俗体现的生存智慧，与作为中国传统哲学思想之基调的天人合一精神暗合。或者说，贵州少数民族民间习俗中的生态文化意识，体现了天人合一的人文精神。这种天人合一的人文精

1. 天人合一：中国哲学思想之基调

传统中国哲学思想，源远流长，博大精深，体派众多。如果用一个词对其基本精神做最简洁的概括，我们认为，这个词便是"天人合一"。

天人合一是传统中国哲学思想的基调，追求与天地、万物融为一体，是中国古代思想家的共识。如孟子说："万物皆备于我矣。"[1] 庄子说："天地与我并存，而万物与我为一。"[2] 惠施说："泛爱万物，天地一体也。"[3] 皆深信人与天地、万物本属一体，持人与天地、万物合一的观念。以上所举，分别代表儒家（孟子）、道家（庄子）和墨家（惠施）的观念。其实，佛家亦有如是见解，如僧肇大师说："天地与我同根，万物与我一体。"亦持天人合一的观念。阐释天人合一观念最深刻、最全面的学者，当数张载。其在《西铭》一文中说：

> 乾称父，坤称母；予兹藐焉，乃混然中处。故天地之塞，吾其体；天地之帅，吾其性。民，吾同胞；物，吾与也。大君者，吾父母宗子；其大臣，宗子之家相也。尊高年，所以长其长；慈孤弱，所以幼其幼。圣，其合德；贤，其秀也。凡天下疲癃残疾，惸独鳏寡，皆吾兄弟之颠连而无告者也。于时保之，子之翼也；乐且不忧，纯乎孝者也。[4]

"民胞物与"是张载天人合一论的核心内容。

---

[1] 《孟子·尽心上》。

[2] 《庄子·齐物论》。

[3] 《庄子·天下》。

[4] 张载：《正蒙·乾称篇》。

近代以来，学者对天人合一的中国哲学思想给予高度关注和充分阐释，如钱穆在《中国文化对人类未来可有的贡献》一文中认为："天人合一论是中国文化对人类最大的贡献。""天人合一观，是中国古代文化最古老最有贡献的一种主张。""是整个中国传统文化思想之归宿处。"[1] 这是钱穆在逝世前三个月（1990年端午节）完成的最后一篇口述文章。余英时认为，这篇短文，可以视为是他生平最后一次彻悟，是他对中国文化研究的"晚年定论"。季羡林在晚年亦高度重视天人合一思想，他于1993年连续撰写《天人合一新解》[2]、《关于"天人合一"思想的再思考》[3] 等论文，认为天人合一思想以东方的思维模式为基础，是东方文明的主导思想，是东方思想的特点和精华，只有东方的天人合一思想才能拯救人类，并且还特别介绍了云南纳西族文化中类似汉族的天人合一的思想观念。此亦可谓季羡林的"晚年定论"和文化彻悟。值得注意的是，两位国学大师的"晚年定论"和文化彻悟，皆归结于天人合一论，这绝非巧合。所以，虽然学者对天人合一论的内涵有不同的理解，[4] 但天人合一论是中国传统哲学思想之基调，确是学者的共识。

与钱穆、季羡林先生的观点相似，余英时亦认为："从先秦诸子到宋、明理学和心学，'天人合一'在每一时代的主流思潮中都构成了怀德海所谓'基本预设'（fundamental assumptions）之一。我们也可以说，'天人合一'是中国思想史上一个重要的基调，'天人

[1] 钱穆：《中国文化对人类未来可有的贡献》，《中国文化》1991年第4期。

[2] 季羡林：《天人合一新解》，《传统文化与现代化》1993年创刊号。

[3] 季羡林：《关于"天人合一"思想的再思考》，《中国文化》1993年秋季号。

[4] 如蔡尚思认为：天人合一论虽为诸子百家所共有，但诸子共持天人合一论，是为托古改制，是为托天立命。（见《天人合一论即各家的托天立论》，《中国文化》1993年春季号）

冲突'或'天人分途'的假定虽然也时时出现，但大体言之，都始终处于相对边缘的位置。"[1] "'天人合一'自孔子以下成为中国哲学（或思想）的一个基调，从先秦至宋、明，与天地、万物为'一体'的意识弥漫在儒、道、释三大系统之中。"[2] 因此，他指出："作为一项思考范畴，'天人合一'这一观念展现出惊人的经久韧力，一直到今天都在中国人心中萦回不去。……在今天依然是中国心灵中一个核心要素。它也许正是一把钥匙，可以开启中国精神世界的众多门户之一。"[3]

何谓"天人合一"？天人合一精神的现代价值何在？学者有不同的诠释，其焦点聚集在对"天"的解释上，正如余英时所说：

> 中文的"天"究竟是指自然，还是统摄了自然的神？在什么意义与程度上，我们有充分的保证，可以主张天、人构成了"合一"的整体？在什么方式上，这个古典命题和现代生活具有关联？相对于盛行于西方的"征服自然"意向，"天人合一"是否能够理解为"自然与人之谐和"？果真如此，现代的科学与技术又当如何为中国文化所运用呢？还有，如果将以宗教、形上或伦理的意义来解释"天"，那我们能从这个古老命题中得出什么样的关于中国精神文化现代甚至后现代的意涵呢？[4]

为此，余英时专门著有《论天人之际：中国古代思想起源试探》一书，

---

[1] 余英时：《论天人之际：中国古代思想起源试探》，联经出版事业股份有限公司 2014 年版，第 172 页。

[2] 余英时：《论天人之际：中国古代思想起源试探》，联经出版事业股份有限公司 2014 年版，第 192 页。

[3] 余英时：《论天人之际：中国古代思想起源试探》，联经出版事业股份有限公司 2014 年版，第 72 ～ 73 页。

[4] 余英时：《论天人之际：中国古代思想起源试探》，联经出版事业股份有限公司 2014 年版，第 72 ～ 73 页。

研究天人合一思想的起源、发展和内涵。他认为：天人合一思想内涵的发展变化，以"轴心突破"为转折点。在"轴心突破"以前，即"绝地天通"时代，在政治的操纵下，天是有意志的神灵，人是地上的王，下土的王垄断了与天的交通，或指定巫师作为天人之间的中介，有时王亦以"群巫之长"的身份直接与"天"或"帝"交通。因此，此间所谓的"天人合一"，就是地上的王或者由王指定的巫师代表人世与神灵交通，从而实现天人合一。"轴心突破"之后，天人合一观念发生了革命性的变化，天和人的内涵亦发生了根本性变化。天不再是鬼神的世界，而是一个超越的精神领域，即诸子百家所说的道。道是最高的精神实体，气是其构成因子。因此，此间的天人合一之天，是由道—气构成的宇宙全体。气是生命之源，道是价值之源，两者合起来即表达了"轴心突破"后天人合一之天的主要涵义。"轴心突破"之后的人，则由集体本位变成个人本位，以个人的身份追求与道—气构成的天的合一。因此，"轴心突破"后的天人合一论，就是人与天地、万物合一，从而使人回到生命之源和价值之源。所以，余英时认为，新的天人合一论的形成，是中国思想史上一件划时代的大事。[1]

　　总之，按照余英时的观点，"轴心突破"前的天人合一，是人神合一，是地上之君王与天上的天神合一；"轴心突破"后的天人合一，是人与道的合一，是个体的人与自然、宇宙的合一。后者经过汉晋以来儒、释、道三家的不断深化和阐释，最终形成了以张载"民胞物与"说为核心的天人合一论。经过后代学者的演绎，其内涵不断泛化，包括人与万物的合一、人与人的合一、人与社会的合一、人与历史的合一。在诸种合一之基础上，实现人与道的合一，从而找到人类的生命之源

---

[1]　余英时：《"天人合一"的历史演变》，见《论天人之际：中国古代思想起源试探》，联经出版事业股份有限公司 2014 年版，第 72 ～ 73 页。

和价值之源。

2. 生态民俗与天人合一的贵州地域文化精神

前述钱穆、季羡林两位国学大师关于天人合一的"晚年定论"和文化彻悟，显然是指"轴心突破"之后经过儒、释、道三家阐释，而最终形成的以张载"民胞物与"为核心内容的天人合一论。而贵州少数民族的生态民俗，正是这种"民胞物与"的天人合一精神的具体呈现。

所谓"生态民俗"，是指具有生态特征的民俗活动和生态意识的民俗文化。生态意识是对自然所传达的生存智慧的理性认识，其具体内容，可以用生、和、合、进四个词来概括。所谓"生"，就是生气、生机、生命、生殖、崇生、惜生、护生、优生，是生态意识的灵魂所在。所谓"和"，就是和平、和善、和谐，"和实生物"是生态意识的核心要义。所谓"合"，就是合作、综合、融合，是在"和"的基础上实现"合"，是把互补共生的和谐关系上升到合作融合的新水平。所谓"进"，说是进取、进化、进步，生态和谐和生态合作的意义在于生成、进化和创新。[1] 从这个意义上看，所谓生态意识，就是天人合一理念或精神的具体体现。体现这种生态意识的民俗或文化，就是生态民俗或生态文化。

前引季羡林的言论中，特别提到云南纳西族民俗文化中体现的天人合一意识。其实，这种体现在生态民俗中的天人合一精神，在贵州少数民族民俗文化中亦有比较普遍的表现。

贵州少数民族秉持万物有灵的观念，赋予自然万物一种人格化的精神。因为人有七情六欲，便认为自然万物与人一样，亦有喜怒哀乐，

---

[1] 曾永成：《文艺的绿色之思——文艺生态学引论》，人民文学出版社 2000 年版，第 114 ~ 119 页。

人与万物之间可以交流对话。人类生活中的成功与失败，顺利与挫折，与自然神灵的作用和影响有关。自然万物的神灵影响人的生活，人亦可以反作用于自然万物。于是产生了比较普遍的人对自然万物神灵的崇拜，通过一些仪式活动，使人与自然万物之间构成一种和谐、融合和合作关系，从而实现天人合一的生存之境。

比如，对山、石的信仰和崇拜，以及由此而发生的崇拜山、石的民俗活动，在贵州各少数民族文化中普遍存在。在贵州的大部分少数民族村寨，都有本寨的山神庙，或称为山王庙。在他们的节庆活动中，常有祭祀山神的仪式。据考察，祭祀山神的活动，一般都在春季，如布依族在农历二月初二或者三月十五日祭祀山神。选择春季祭祀山神，是因为他们把万物的生长繁衍与山联系在一起。崇拜山神，是因为山神与万物的生长有关；祭祀山神，是为了祈求山神保佑风调雨顺、五谷丰登、人畜平安、健康长寿。[1] 又如仡佬族是一个以祭山为所有祭祀之核心的民族，他们的信仰文化主要表现在对山的崇拜上。他们在祭祀山神的祭词中说：

> 请阿里布（山坡的名字，仡佬语名字，下同）、阿荣岩、阿读郎、阿读常、阿尤惹、阿读革、阿改沟、赵一尸鸽岩、黑先若鸽岩，请九个坡头来接血喽。我们"亏不勒阿"（一年一回祭），请坡头保佑我们庄稼好，各坡头前十五里、后十五里、横十五里、竖十五里不能记豹子、野猫进寨来。[2]

---

[1] 周国茂：《自然与生命的意义世界——贵州少数民族原始崇拜与民俗》，贵州教育出版社2004年版，第51～53页。

[2] 吴秋林：《众神之域——贵州当代民族民间信仰文化调查与研究》，民族出版社2007年版，第252～253页。

在这里，"坡头"就是山神。仡佬族人祭祀山神，就是希望与山达成一种和谐合作、共生共荣的关系。

与对山的崇拜相近似，对石的崇拜在贵州少数民族地区亦很普遍。这与贵州少数民族生活的喀斯特地貌环境密切相关。在这里，开门见山，出门即石。人们相信：石大有神，树大有鬼。所以，在贵州少数民族地区，随处可见人们在巨石前烧香化纸，杀鸡祭拜。甚至还有比较普遍的"石保爷"民俗，所谓"石保爷"，就是让小孩子拜那种巨大或怪异的石头为保爷，请石头保佑小孩子健康成长，一生平安。如贞丰县北盘江镇芭浩村的一块田坝中间，有一块巨石，人称"石保爷"，每年正月十五日和七月十五日，周边村寨的村民领着小孩，带上香烛和祭品，来石头下祭拜，祈求"石保爷"保佑他们健康成长。[1]又如三都、荔波一带的水族，其信仰文化之核心，就是石头崇拜。据调查者说："现今我们能记录下来的水族的数种祭祀，如拜霞（即主雨水的人形神石）、立芭（即敬岩神）、拜善、宇量（宇是敬供祭祀，量是受祭的神石）、拜庙（石头神）等等，都祭拜的是石头。……在水族中，我们还能见到其他的祈愿性祭祀，但其主要的祈愿性仪式的祭拜对象都是石头。以上数种对石头的祭祀，其性质基本相似，只是时间、规模大小不同。在水族地区，不但被祭祀的神石随处可见，而且在每一个村寨，都会有一处以上的神石，以作为村寨的保护神。村民会时时祭之，这种情况至今如此。"[2]我们认为，贵州少数民族对石的信仰，如同对山的崇拜一样，就是希望与之构成一种和谐、融合和合作关系，从而实现天人合一的生存之境。

---

[1] 周国茂：《自然与生命的意义世界——贵州少数民族原始崇拜与民俗》，贵州教育出版社 2004 年版，第 54～55 页。

[2] 吴秋林：《众神之域——贵州当代民族民间信仰文化调查与研究》，民族出版社 2007 年版，第 309～310 页。

对树的信仰和崇拜，亦是贵州少数民族地区的普遍现象。在贵州，一般的传统村落前后或者左右，都有几棵古树或者一片古树林，村民赋予其神性，或称为"神树"，或视为"风水树"，逢年过节前去祭拜，祈求古树保佑全寨平安，风调雨顺，人畜兴旺。在一些地方，如同称石头为"石保爷"，亦有称古树为保爷的。一般在小孩子出生后，经先生推算需要拜古树为保爷的，父母便领着孩子、带上祭品去到古树下举行拜保爷仪式。然后，每年农历二月初二日，父母都要带着小孩前来祭拜，祈求保爷树保佑孩子长命百岁，一生平安。这种风俗至今犹存，在黔东南的苗族地区，我们常常可以在路边见到缠满红布的古树，那就是保爷树。[1]

　　苗族崇拜枫树，认为他们的生命来自枫树，建寨选址要通过栽种枫树来确定。他们辗转迁徙，每到一个新的地方，若要定居，则必栽种枫树为验证，如果枫树长活了，则为吉祥之地，证明有祖先的保佑，可以定居下来；如果枫树栽死了，则说明不适合定居，应另择吉地。在苗族村寨的周边，都要种植枫树，苗民细心爱护，按时洒扫，定期祭拜，祈求保佑村寨平安。岜沙苗族对树的崇拜尤具特色，据（民国）《从江县志概况》记载："苗族迷信鬼神，每寨必设一神堂，堆以石，盖以油纸伞，旁蓄万年青（树）一株，以为表记。朔望必祀，或祀一古木，以神所凭依。男女老幼，必择一长青茂盛之木，系以废衣，拜为寄命，保其健康长寿，四时以酒饭致祭，终身不伐。若老人寄命于古杉，死则伐木为棺。"岜沙苗族以树为生命树，孩子出生后，父母要为他选择一棵苗语叫"豆久""豆满"（汉译为"荷树"）的树作为他的生命树，亦叫保护树。被选为保护树者，多是几十年甚至上百年的古树，

[1]　周国茂：《自然与生命的意义世界——贵州少数民族原始崇拜与民俗》，贵州教育出版社2004年版，第67～68页。

未遭过雷劈火烧，终年绿叶成荫，象征着郁郁苍苍的生命力。据说，保护树周边还聚集着许多鬼神。如果小孩生病，父母便领着小孩带上祭品去祭树，亦祭聚集在树周边的鬼神。祭拜完毕，便打上一个草标，意味着此树已成为孩子的保护树，以后每年的吃新节、芦笙节都要从家里点燃一个火把，来到树下祭树祀鬼，直到十五岁做完成年礼后，才结束祭拜。[1] 还有，在从江岜沙，小孩出生后，父母都要为他栽种一棵诞生树，其树与小孩一起长大长粗，当其年老去世时，便将其砍来做棺木。

除了上述对山、石、树的崇拜外，贵州少数民族还有祭洞、祭水、祭田、祭风、祭云、祭雷、祭桥、祭门、祭灶、祭牛、祭龙、祭狗、祭鱼等信仰习俗。在他们观念中，可谓无物不神，无处不鬼，有神则祭，有鬼则祀。通过祭祀，沟通人神，建构人神和谐关系。而这些神所代表的是自然万物。所以，通过祭祀沟通人神，实际上就是沟通人与自然万物，从而建立起人与自然的和谐共生关系。因此，我们认为，他们是在万物有灵观念之影响下产生的自然崇拜观念，其中体现出来的生态意识和天人合一精神，是相当显著的。亦许，他们本无自觉的生态意识，只是在日常生活之基础上，总结出生、和、合、进的生活经验，并将其体现在日常的信仰习俗中，自然呈现出天人合一的生态意识和生存智慧。

人与自然的和谐共生，还体现在人对自然的获取的节制观念上。如苗族人从自然界获取食物，他们打猎捕鱼，亦会为自然万物的可持续发展和生存预留空间，据说："在岜沙苗族的传统生活中，每年都有特定的捕鱼季节和狩猎时期。到了这一阶段，当地人尽管有很多捕鱼的办法和获取猎物的方式，但他们并不是在河里或山上有多少就要

[1] 熊克信：《中国从江岜沙》，贵州人民出版社 2016 年版，第 127～128 页。

多少，而是有意识地留下一定数量的鱼苗和对部分野生动物进行放生（对一些品种较少的野生动物则赋予神性后完全放生），使之成为下一年尚可继续捕食的对象。"[1] 像这种节制获取的生活理念，在贵州少数民族的日常生活中，有相当的普遍性，如占里侗族的生育观念就是一个显著的例子。据占里人自述，他们的祖先是隋唐时期从广西迁过来的。他们认为：有限的土地养不活迅速繁衍的人口，人多了饭不够吃，衣不够穿，房不够做，要出强盗小偷。男孩子多了要分田地，田地越分越少；女孩子多了要备办嫁妆，嫁妆少了嫁不出去。如侗歌唱词说："我们的田地非常少，认真耕田才能富裕，如今人口不能再增加，像一只船只能载千斤，不能超载，否则要翻船。""像山上的一窝小鸟，崽太多母鸟要累死了，有两个就能活，长得好不会挨饿。"因此，从六百多年前建寨伊始，他们便立下一家生两个子女的寨规。如果有人家超生，寨老将会集体决议惩罚这家人，命其拿出财产或粮食来分给大家，情节严重的可能被逐出寨外。所以，数百年来，占里的人口增降波动不大，多数时期是零增长，全寨人口基本控制在七百人左右，约百分之九十三的家庭的子女为一男一女。占里人为了控制人口增长，保障一家两个子女为一男一女的性别比例，他们发明了在娘胎里选择性别的方法，用一种叫换花草的药物调节胎儿的性别。这种方法颇为神秘，但据说很有效。正是这种方法保障了性别比的维持和人口总量的控制。同时，在占里，男女具有平等继承权，男孩子分走水田，女孩子带走棉田，山林和菜园一分为二，女孩子出嫁时带走家里多数首饰和布匹。正是这种有效控制人口增长和实施财产平等继承的办法，维持了当地的生态平衡，当地一般人家均是粮食富足，经

---

[1] 吴正彪：《人与自然关系和谐的典范——贵州从江县岜沙社区苗族村寨调查报告》，《原生态民族文化学刊》2009年第1期。

济宽裕，受教育程度高于周边村寨，自1949年以来，其犯罪率为零。所以，论者赞叹："到占里，你能看到和感受到的，除了神奇宁静外，就是从容，从里到外的从容。"[1]占里侗族人的从容，正是基于对自然万物的节制获取以维持生态平衡，实现人与自然的和谐共生，是天人合一生存智慧的具体体现。

综上，在贵州少数民族的信仰习俗活动中，重生、尚和、崇合、促进的理念相当显著，无论是他们对山、石、树、洞、土地的崇拜，还对水、火、雷、电、风、云的信仰，还是对鱼、龙、牛、狗的推崇，对灶、门、磨等日常物品的祭祀，以及日常生活中对自然节制获取的生活理念，皆体现了生、和、合、进的生存智慧，表现出强烈的生态意识。所以，这些信仰习俗，实可称为生态民俗。这种生态民俗的核心要义，就是天人合一精神。

---

[1] 高冰、杨俊江：《占里：生育神话与生存智慧》，见熊克信、敖家辉主编《神韵从江》，贵州人民出版社2016年版，第195～197页。

第七章 贵州地域文化精神的当代价值

在以上各章，我们分别研究了在地理环境影响下形成的贵州人的质直傲岸精神，在地域区位影响下形成的贵州人的开放创新精神，在人文传统影响下形成的贵州人的求真去伪精神，在民间文化影响下形成的贵州人的诗性浪漫精神，在信仰民俗影响下形成的贵州人的忠烈勇武精神和天人合一精神。我们不厌其烦地在历史、地理、文化、信仰、习俗等多重语境中，研究贵州地域文化精神的形成和特点，呈显作为地域族群的贵州人的性格特征，非仅为学术而学术，亦不是为历史上的贵州人校长量短，而是为了发掘贵州地域文化精神的现代价值，为当代贵州精神的建构提供精神资源，为当下贵州经济社会的发展，提供精神动力。

我们认为，文化自信就是一种精神自信，在文化自信之基础上建构贵州精神，在精神自信之基础上，吸取贵州地域文化精神的传统资源，构成建以贵州精神为灵魂、多彩贵州为形象、贵州文化为基石的当代贵州精神文化体系，是当代贵州地域文化研究的重要工作。

一、以贵州精神为核心的当代贵州精神文化体系的建构

1. 文化自信就是一种精神自信

文化是人类创造的精神产品，文化是人类为自己编织的"意义之网"。因此，所谓"文化自信"，就是文化持有人对于自身文化价值的充分肯定，对自身文化生命力的坚定信念，对自身文化影响力的坚定信心。简言之，文化自信，就是精神自信。

促进经济社会发展的因素是多方面的，而人是其中的根本性力量，人的精神状态是其中的决定性因素。人是创造历史的真正主人，人是决定历史发展方向的决定性力量。以文化自信为核心的精神自信，是激发经济社会发展的重要力量。

从历史上看，中华民族在汉唐时代达到繁荣昌盛的顶峰，无论从政治的稳定、军事的强大，还是从文化的发展、经济的繁荣看，在当时的世界上皆是独占鳌头，在整个中华民族发展史上，亦是独一无二。其根本原因，就在于汉唐人拥有无与伦比的文化自信和精神自信，以及在此基础上形成的独具特色的时代精神。文化自信与时代精神互为表里，相互支撑。充分的文化自信培育出昂扬的时代精神，昂扬的时代精神感召着充分的文化自信。汉唐时代就是一个典型的例子。

汉人的风度气质，人们常以"大汉精神"概括；唐人的精神风貌，学者常以"盛唐气象"概括。汉唐人的精神风貌，总括起来，今人常称之为"汉唐雄风"。"汉唐雄风"的内涵是什么？鲁迅先生说：

> 遥想汉人多么闳放，新来的动植物，即毫不拘忌，来充装饰的花纹。唐人也不算弱。例如汉的墓前石兽，多是羊、虎、天禄、辟邪，而长安的昭陵上，却刻着带箭的骏马，还有一匹驼鸟，则办法简直前无古人。

汉唐虽然也有边患，但魄力究竟雄大，人民具有不至于为异族奴役的自信心，或者竟毫未想到，凡取用外来事物的时候，就如将被俘来一样，自由驱使，绝不介怀。一到衰弊陵夷之际，神经可就衰弱过敏了，每遇外国东西，便觉仿佛彼来俘我一样，推拒、惶恐、退缩、逃避，抖成一团。

他"觉得唐代的文化观念，很可以做我们现代的参考。那时我们的祖先们，对于自己的文化抱有极坚强的把握，决不轻易动摇他们的自信力；同时对于别来的文化抱有恢廓的胸襟与极精严的抉择，决不轻易地崇拜或轻易地唾弃"，他认为："这正是我们目前急切需要的态度。"[1]另外，贺昌群撰有《汉唐精神》一文，盛赞汉唐人特有的精神与气魄，认为"汉唐两代实为铸成中国民族性刚柔相济，能屈能伸之两大时代。汉唐两代，民族生命力极强，凡生命力强健之民族，乃能明礼法，重服从，守纪律，勇敢活泼，尚理智而富感情，耻为狡诈虚伪之事"。在他看来，中国人的文弱性，大抵渊源于宋代，宋代以后，汉唐精神亡失净尽。[2]

概括地说，所谓"汉唐雄风"，体现在精神层面上，就是自信、自尊、开放和包容。因自信而开放，因开放而包容。在中国民族史上，汉唐人的自信心无与伦比，正如鲁迅先生所说，那时的中国人，在文化上，"对自己的文化抱有极坚强的把握，决不轻易动摇他们的自信力"；在军事上，"人民具有不至于为异族奴役的自信心"。

自信是开放的前提，因自信而开放，因自信而包容。对个人是这样，对民族亦是如此。一个人具有充分的自信心，强烈的自尊心，他才敢于去接纳新思想新事物。缺乏自信心的人，亦往往很自卑，他的心胸亦常常是狭窄而封闭的，他不敢敞开心扉去接纳新事物，他的心胸亦

[1] 鲁迅：《坟·看镜有感》，人民文学出版社 1973 年版。

[2] 贺昌群：《汉唐精神》，见《贺昌群文集》，商务印书馆 2003 年版。

容不下新思想。一个民族或国家亦是这样。如汉唐人因为对自己的文化抱有极坚定的信心，所以，"新来的动植物，即毫不拘忌，来充装饰的花纹"；所以，"凡取用外来事物的时候，就如同将被俘为一样，自由驱使，绝不介怀"，所以，"对于别来的文化抱有恢廓的胸襟与极精严的抉择，决不轻易地崇拜或轻易地唾弃"。事实上，汉代文化的恢宏气势与魄力，就得自于汉人对南北、东西文化的兼容并包态度。而唐代长安城的繁荣，亦得自于唐人对外来文化，特别是以西域文化为重点的周边少数民族文化，乃至外国文化的兼收并蓄。

汉唐时代的兴旺发达，得自于汉唐人的自信精神、开放胸襟与包容胸怀。愈是自信，就愈是开放，愈是包容，文化就愈是有活力，其国势亦就日趋强盛，因为有新事物、新思想的刺激。而国势的日趋强盛，又进一步增强国民的自信心，自信心的增强，又进一步推动国民的开放精神，社会便进入良性发展轨道。愈是自卑，就愈不敢敞开胸怀，胸襟就愈狭窄，其文化亦就愈缺乏活力，其国势亦就愈趋衰败，因为没有新事物新思想的刺激，其文化便会停滞不前，或发展缓慢，国势就日趋衰败，国民就愈是缺乏自信心，没有了自信心，就不敢对外开放。不敢对外开放，国势就更加衰微，社会亦就进入了恶性发展轨迹。宋元以来的中国历史，就是这样发展下来的，一直走到鸦片战争、八国联军瓜分中国、日本鬼子入侵中国，几乎到了"国将不国"的境地。所以，汉唐国势的强盛与文化的活力，得力于汉唐人的开放胸襟和博大胸怀，归根结蒂，得自于汉唐人高昂的自信心。

就当下的情况看，以习近平总书记为核心的中共中央高度重视文化自信，建立起包括文化自信思想、文化强国思想、文化道路思想、文化交流互鉴思想为主要内容的新时代中国文化思想体系，而文化自信思想又是其中的基础和前提。习近平总书记的文化自信思想有一个不断深化和持续建构的过程。他在 2014 年 3 月两会期间参加贵州代表团审议时的讲话中说："坚持道路自信、理论自信、制度自信，最根本的还有一个文化自信。"2014 年 10 月 15 日在全国文艺工作座谈会上的讲话中说："中华优秀传统文化是中华民族的精神命脉，是涵养社会主义核心价值观的重要源泉，也是我们在世界文化激荡中站稳脚跟的坚实基础。增强文化自觉和文化自信，是坚定道路自信、理论自信、制度自信的题中应有之义。"2016 年 5 月 17 日在全国哲学社会科学工作座谈会上的讲话中说："我们说要坚定中国特色社会主义道路自信、理论自信、制度自信，说到底是要坚定文化自信。文化自信是更基本、更深沉、更持久的力量。"2016 年 7 月 1 日在庆祝中国共产党成立九十五周年大会上的讲话中说："全党要坚定道路自信、理论自信、制度自信、文化自信。……文化自信，是更基础、更广泛、更深厚的自信。"2016 年 11 月 30 日在中国文联、中国作协九大开幕式上的讲话中说："文化是一个国家、一个民族的灵魂。历史和现实都表明，一个抛弃了或者背叛了自己历史文化的民族，不仅不可能发展起来，而且很可能上演一幕幕历史悲剧。文化自信，是更基础、更广泛、更深厚的自信，是更基本、更深沉、更持久的力量。坚定文化自信，是事关国运兴衰，事关文化安全，事关民族精神独立的大问题。"2017 年 10 月 18 日在《决胜全面建成小康社会，夺取新时代中国特色社会主义伟大胜利——在中国共产党第十九次全国代表大会上的报告》中说："文化是一个国家、一个民族的灵魂。文化兴国运兴，文化强民族强。没有高度的文化自信，没有文化的繁荣兴盛，就没有中华民族伟大复兴。"在上述各次讲话中，习近平总书记关于文化自信的思想，逐步深入，逐渐成熟，形成了以文化自信为核心的新时代中国文化思想体系。

文化自信就是精神自信。从历史上看，文化自信是汉唐时代的精神核心，文化自信是推动汉唐帝国走向繁荣昌盛的软实力。从现实看，文化自信是"四个自信"的基础和前提，是实现中华民族伟大复兴的精神动力。

2. 建构以贵州精神为灵魂的当代贵州精神文化体系

对于贵州来说，建立贵州人的文化自信，通过文化自信实现精神自信，尤其重要，特别迫切。长期以来，贵州经济社会的发展，最突出的问题，就是缺乏文化自信和精神自信。因为贵州地理环境上"塞天皆石，无地不坡"的特点，贵州地域区位上不边不内的特点，贵州地域构成上"割楚、粤、川、滇之剩地"而形成的拼合特点，贵州人身份上的聚合特征和普遍的移民心态，贵州地域文化上多元共生、五方杂处的特点，贵州地域经济上"欠开发、欠发达"的贫穷落后面貌，"三言两语"的描绘所产生的负面影响，以及由此导致的贵州人的"去黔"心理和外省人的"畏黔"心态，致使贵州历史以来就处在被忽略、被轻贱和被描写的地位，导致贵州人普遍缺乏文化自信和精神自信，致使贵州人认同感弱、凝聚力差、向心力淡和自豪感不足。所以，在当代社会，实现贵州经济社会的跨越式发展，首先需要解决的，是人的精神状态问题，是培育贵州人的文化自信和精神自信。或者说，"走出经济洼地"是目标，"建设精神高地"是基础；只有建设起精神高地，才能走出经济洼地。

我们认为：贵州"建设精神高地"的主要任务有三：一是建构新时代贵州形象，二是凝练新时代贵州精神，三是开展贵州地域文化的系统研究。具体地说，建构起以多彩贵州为代表的新时代贵州形象，在贵州地域文化精神之基础上建构起新时代贵州精神，开展以黔学为学术品牌的贵州地域文化综合研究。在此三者中，贵州精神是灵魂，多彩贵州是形象，黔学研究是基石。通过黔学研究凝练贵州精神，通过多彩贵州展现贵州精神。贵州精神因为黔学研究而获得传统特质和文化内涵，因为多彩贵州而获得形象展示和有效弘扬；多彩贵州因为贵州精神而获得灵魂，因为黔学研究而获得文化底蕴；黔学研究因为贵州精神而获得提升，因为多彩贵州而获得理解和支持。建构起贵州精神、多彩贵州和黔学研究三者之间相辅相成的互动影响关系，并在此基础上，建构起集贵州形象、贵州精神和贵州文化三位一体的当代贵州精神文化体系。

（1）建构多彩贵州地域形象品牌的必要性

在当代贵州经济社会发展中，建构新时代贵州地域形象，成为地方政府、地域知识精英和普通民众特别关注的重要现实问题。因为具有美誉度和知名度的地域形象，是增进地域认同意识、建构地域共同体、凝聚地域社会向心力的重要支撑，是贵州经济社会"走出经济洼地"的重要动力，亦是贵州经济社会"建设精神高地"的核心内容。因此，在当代社会，建构新时代贵州地域形象，具有必要性和重要性。首先，建构具有美誉度的新时代贵州地域形象，是作为地域空间的贵州摆脱历史以来被忽略、被轻视和被描写的卑微处境的必然选择。其次，建构具有美誉度的新时代贵州地域形象，是改变长期以来历史形成的"他者"的"畏黔"心理和"我者"的"去黔"心态的必然选择。最后，建构具有美誉度和影响力的新时代贵州地域形象，是贵州经济社会"建设精神高地，走出经济洼地"，实现"后发赶超"目标的必然要求。

在新时代，作为地域空间的贵州，面临着前所未有的大好发展机遇，贵州地域社会的经济和文化皆获得长足的发展，重新定义"贵州"

和描写"贵州"，建构新时代贵州地域形象，具备了可能性。首先，历史以来，以穷山恶水、贫穷落后闻名的贵州，在生态文明新时代，在后工业化语境中，获得了前所未有的大好发展机遇。因此，建构具有美誉度和影响力的贵州地域形象，具备了时代需求和历史机遇。其次，在中国经济社会快速发展的新时代，中央政府对贵州的积极支持和地方社会的励精图治，极大地促进了贵州地域经济社会的全面发展。因此，重新定义"贵州"，建构新时代贵州地域形象，具备了物质条件和经济基础。

一是作为地域称谓的"贵州"被重新诠释。在新时代，贵州的两个宝贝，即民族文化和自然生态，焕发出生机和活力，成为经济社会发展的两个重要支撑，昔日作为贫穷落后之代名词的"贵州"，如今被诠释为"中国的一个宝贝之州"。作为地域称谓的"贵州"，在新时代获得了新的定义。

二是作为地理环境的"贵州"获得了新的价值。具有"山国"之称的贵州，因为多山多石，山高谷深，昔日被称为穷山恶水。但是，在生态文明新时代，在后工业化语境中，在大生态和大旅游发展战略的驱动下，贵州地理环境变劣势为优势，被重新利用，获得了新的价值，成为贵州引领生态文明、发展旅游经济的重要资源。昔日的"穷山恶水"，如今变成了"金山银山"。

三是作为地域区位的"贵州"获得了新的定位。交通条件的改善，使作为地域区位的"贵州"被重新定位。当代贵州的地域区位被定位为：中国西部的交通枢纽，陆上丝绸之路和海上丝绸之路连接地带，华东经济圈和粤港澳大湾区的连接板块。昔日"地无三尺平"的贵州，如今成为四通八达的交通枢纽；昔日不边不内的地域区位，如今变成西进东出、南上北下的核心地域。

四是作为地域文化的"贵州"被重新定义。在新时代，在生态文明视角下，以民族文化为主体的贵州地域文化，被重新"发现"，被重新定义。少数民族原生态文化中体现出来的以天人合一为核心内容的诗性精神和娱乐精神，成为后工业化时代人类精神的宝贵财富。民族文化作为推动贵州地域经济社会发展的"两个宝贝"之一，其价值被重新"发现"，其形象被重新定义。

五是作为地域族群的"贵州"被重新解读。在生态文明新时代，贵州少数民族真纯质朴的性格，诗意栖居的生活方式，浓厚的娱乐精神和自由精神，成为人们心目中真正的精神贵族。其族群形象特征得到重新定义。

六是作为地域经济的"贵州"被重新评价。在新时代，在中央政府的大力支持下，通过地方政府和地域人士的苦干实干，贵州地域社会经济取得长足发展，后发赶超初见成效，连续数年经济增长速度居全国前列，旅游经济、绿色经济和数字经济优先发展，扶贫攻坚成效显著，正在逐渐撕下贫穷落后的标签。在新时代，"贵州取得的成绩，是党的十八大以来党和国家事业大踏步前进的一个缩影"，其经济发展速度和质量，受到全社会的普遍关注，其经济形象亦被重新评价。

总之，在新时代，贵州经济社会获得全面、快速的发展，建构地域形象的六要素——地域称谓、地理环境、地域区位、地域文化、地域族群和地域经济——皆分别获得新的诠释、新的价值、新的定位、新的定义、新的解读和新的评价。因此，建构新时代贵州地域形象，亦就具备了物质基础、文化基础、精神基础和经济基础。

起于2005年春天的多彩贵州歌唱大赛，是建构新时代贵州标志性地域形象符号的一个开端，随之而来的系列活动的持续开展以及强大的宣传力度，使"多彩贵州"符号家喻户晓，蜚声海内外。如诞生于歌唱大赛中的多彩贵州艺术团，在省内外巡回演出，扩大了知名度。多彩贵州旅游形象大使的选拔，使多彩贵州系列活动的开展向纵深发展。多彩贵州文化产业中心的成立，开启了多彩贵州文化品牌的市场化动作。此外，"多彩贵州风"旅游演艺项目的成功打造，"多彩贵州"商标的成功注册，多彩贵州城的建设，等等，通过十余年的努力，多彩贵州文化形象符号的影响力已经渐趋深入，知名度逐渐提升，基本上已经成为省内外人士普遍认同的贵州地域形象的标志性符号。

建构多彩贵州新形象，诠释多彩贵州新内涵，具有可能性和必要性。我们认为：多彩贵州有六彩，即风景贵州、风骨贵州、风俗贵州、风情贵州、风骚贵州和风物贵州。此六彩，亦即"多彩贵州风"之六风。其中，"风景贵州"和"风物贵州"是构成多彩贵州的物质基础，呈显的是多彩贵州在景观上的美丽性和物产上的丰富性。"风俗贵州"和"风骚贵州"是构成多彩贵州的文化基础，呈显的是多彩贵州在文化上的多元性和艺术性。"风骨贵州"和"风情贵州"是构成多彩贵州的精神基础，呈显的是多彩贵州的高尚气质和浪漫品格。

（2）建构黔学地域学术品牌的可能性

在新时代贵州精神文化体系的建构中，贵州精神的凝练、多彩贵州的打造、黔学研究的开展，是彼此关联、相互依成的关系。无论是作为灵魂的贵州精神，还是作为形象的多彩贵州，皆需要作为基石的黔学研究做支撑，皆需要借助黔学研究来丰富其内涵，增加其底蕴。没有黔学研究支撑的贵州精神，将是无根无据的贵州精神；没有黔学研究支撑的多彩贵州，将是没文化没思想没底蕴的多彩贵州。黔学研究的目标有二：一是诠释贵州精神，探讨贵州精神的历史渊源和现实价值；二是支撑多彩贵州，回答多彩贵州有多彩，赋予多彩贵州以文化内涵。

所谓黔学，作为一种学术形态，它是国学的一个分支，是中国地域学的一个类型，它以贵州地域上的地理、人群、民族、学术、思想、文化为主要研究对象，以自古及今与黔地、黔人相关的精神文化（包括黔人在黔地以及在黔地以外创造的和外籍人士在黔地创造的精神文化，亦包括丰富多彩的民族文化和大众文化）为重点研究对象，是一种沟通历史、关注当下、展望未来，通过全面、系统、深入地总结、归纳与黔地、黔人相关的精神文化，展现其发生发展规律、呈现其地域特性、揭示其人文传统、价值观念和理性精神的地域性学术形态。

黔学是研究自古及今、与黔地黔人相关的、以精神文化为核心内容的地域学。作为一个专门的学术形态，黔学研究不能仅仅停留在经验、事实或现象的描述上，虽然现象或事实的描述亦至关重要，但黔学研究不是描述性研究；不仅是解决个案问题，虽然个案问题亦是黔学研究的重点内容，而是要解决黔学研究的理论基础、总体框架及特质问题，以及黔学研究为当代贵州经济社会发展创新服务的问题。黔学研究的对象虽然是黔地具体的文化事象，但比起贵州文化研究来，黔学研究更重在学理、理念的概括与升华，侧重于从文化类型学的角度，通过对贵州地域文化的梳理、归纳、总结、研究，使之成为有学理的学术体系和有系统的知识架构，成为有体系的地方性知识系统，成为彰显贵州文化身份的、可与世界对话的一方地域之学。

我们认为，贵州地域是一个不可替代的地理类型，贵州文化是一个典型的文化类型，因而是适合建构以"黔学"为名目的地域学的文化类型。其典型性或特殊性，主要表现在以下几个方面。

第一，贵州建省的动机和省域的构成具有特殊性。贵州于明朝永乐十一年（1413）建省，是当时全国省级行政单位中最后一个建省的地区。中央政府为何迟迟不在贵州建立省级行政机构，这本身就是一个耐人寻味的问题。其次，中央政府在贵州建省之动机，主要不是为了加速地区经济社会的发展，而是以"改土归流"为契机，以加强对西南地区的军事控制为目的。或者说，中央政府在贵州建立行省的主要目的，是利用贵州独特的军事位置来加强对西南地区的控制，其动机的特殊性，在全国是独一无二的。贵州行政区域的构成，主要不是基于自然和文化的因素，而是以行政手段"割楚、粤、川、滇之剩地"组合而成，此种行政区域之构成，在全国亦属少见。所以，无论从建省的时间、建省的动机，还是从区域的构成看，贵州地域皆具有相当显著的特殊性。

第二，贵州不边不内的地域区位特征具有特殊性。从全国的角度看，贵州是腹地之边疆，同时又是边疆之腹地，具有"不沿海、不沿边、不沿江"的区位特点。贵州"处于不内又不外，不中又不边，所谓不边不内、内陆临边的地方，是内地与边疆的过渡地带。若论边疆，无论就其区域位置还是文化特色，西藏、新疆可算是正宗，而四川、湖南相对而言更靠内地而近中原，但贵州却是两不搭界"。[1]这种地域区位，在全国不多见，因而亦具有相当明显的特殊性。

第三，贵州多山多石的地理特征具有特殊性。贵州号称"山国"，所谓"地无三尺平"，所谓"塞天皆石，无地不坡"，良非虚言。山高谷深，多山多石，山川险阻，是贵州典型的地理特征。据统计，在贵州境内，山地面积占总面积的87%，丘陵面积占10%，若将山地和丘陵加在一起，则占全省总面积的97%，剩下的被称为坝子的平地仅占3%，是全国唯一一个没有平原支撑的省份。据说，像这样几乎全部由山地和丘陵构成的地理环境，在国内是绝无仅有，在世界范围内

---

[1]　张晓松：《山骨印记——贵州文化论》，贵州教育出版社2000年版，第82页。

亦只有瑞士堪与贵州相比。其地理特征的特殊性，显而易见。

第四，贵州自古及今因交通枢纽地位而形成的通道特征及其文化特点，亦具有相当显明的特殊性。贵州地域，自秦汉以来，便初显交通枢纽地位。明洪武年间朱元璋为征服元朝残余势力，命傅友德率三十万大军取道贵州征讨云南梁王，贵州地域的通道地位充分彰显。明清时期，贵州作为西南地区的交通枢纽地位逐渐巩固。抗战时期，"三线建设"时期，乃至今日的西部大开发，贵州地域基本上都是以通道的面目呈现。学者以为："作为政治、军事、经济往来的'大路'，通道的天然使命使贵州的开发始终围绕着'保通畅'的目的展开。中国西南各省的发展，乃至于与东南亚诸国的交往，都是从这一片崇山峻岭中走出去的，都客观需要这个通道提供保证。贵州自明以来的开发，一直到 20 世纪 80 年代中国计划经济结束之前，都可以说是对通道的'拓宽''加固'式的开发。"[1] 由交通枢纽而形成的贵州地域的通道特征，以及在此基础上形成的通道文化，在全国地域和地域文化中亦具有相当突出的特殊性。

第五，贵州"大杂居、小聚居"的民族分布格局，以及在此基础上形成的"五方杂处，和而不同"的文化特征，具有特殊性。贵州地区是一个民族流动的大走廊，亦是一个汉族移民较多的地区。自古以来，在贵州大地上，苗瑶、百越、氐羌、濮四大族系相互碰撞，彼此交流，互相影响，形成一种"大杂居、小聚居"的民族分布格局，与西藏、新疆、内蒙古乃至广西、宁夏等省区以一二个主体民族构成的地域族群相比，它的民族成分过于复杂，并且呈现出杂居、散居状态。同时，自明清以来到抗日战争、解放战争、"三线建设"，数次大规模的移民，又使贵州成为一个移民省。因民族流动和规模移民导致的

---

[1] 张幼琪：《贵州精神与本土文化凝聚力》，《贵州日报》2011 年 7 月 29 日。

贵州文化五方杂处、和而不同的特征，在全国地域文化中，亦具有相当明显的特殊性。

总之，贵州建省之动机和区域构成，其不边不内的地域区位，多山多石的地理特征，因交通枢纽地位而形成的通道特征及其通道文化，因"大杂居、小聚居"的民族分布格局而导致的五方杂处、和而不同的文化特征，与国内其他地域及其文化相比，皆具有相当显著的特殊性。因其具有显著的特殊性，故而具有独立研究之价值，可以从文化类型学的角度研究它作为一个文化类型的典型性，分析其各种文化事项之间的内在联系，以及这种内在联系的逻辑依据和历史凭借，和它的精神价值与当代意义。从这个层面上看，黔学建构具有学理上的必要性，黔学是有学术价值的、不可替代的、具有鲜明特色的地域学。

我们认为，建构黔学地域学，从学术研究与学科建设来说，是对中国地域学研究的重要补充，是对国学研究的重要支撑；从现实需要来说，是对打造多彩贵州形象品牌和提振贵州精神的重要支撑。因此，黔学研究，是文化强国的战略需要，是贵州文化软实力提升的重大需求，是全面认知贵州文化、思考贵州文化发展的战略性需求，是贵州文化品牌战略发展的内生需要，是贵州形象和贵州精神建构的现实需要，是中国地域学研究的重大创新。

（3）建构贵州精神的重要性

在历史上，贵州作为一个行政区域，是"割楚、粤、川、滇之剩地"组合而成，区域构成的拼合特点，决定其区域人群组成的聚合特征。民族的大流动和大迁移，使贵州成为西南四大族系和汉族的交汇点，形成多民族"大杂居、小聚居"的分布格局。因政治、经济和军事原因而导致的规模宏大的五次大移民，使贵州成为一个典型的移民省。

上述三个层面的原因，使贵州人的构成呈现出极其复杂的聚合特征。因政治、经济和军事之外力作用而聚合起来的贵州人，其内在的凝聚力、向心力和认同感，显然不能与因自然、文化因素而形成的人群相提并论。一盘散沙在贵州人身上的体现，似比其他人群更充分，更显著。贵州人的此种身份特征，无论是过去，还是现在，抑或是将来，都会对贵州精神的建构、贵州形象的塑造和贵州经济社会的发展，产生重要影响。

　　大体而言，历史以来，贵州地域精神的整体风貌是：认同感弱，凝聚力差，向心力淡，文化身份不明确，文化特性不明显。由"割楚、粤、川、滇之剩地"拼合而成的贵州地理，决定其文化具有五方杂处、边缘聚合的特点，致使其文化身份不明确，文化特性不显明。不明确的贵州文化身份和不显明的贵州文化特征，导致其向外的影响力减弱，故而长期遭到忽视和轻视；对内缺乏本土文化认同感，向心力和凝聚力薄弱，从而致使其本土内在发展动力弱化。地域认同首先体现在文化认同上，犹如国家认同和民族认同亦主要体现在文化认同方面。文化认同是地域认同、民族认同和国家认同的基础和前提，共同的文化信仰是维系人类族群和地域共同体的黏结剂，是维持族群共同体成员之间向心力和凝聚力的重要纽带，亦是促进形成其内生动力的重要源泉。贵州地区的族群之间缺乏共同的文化信仰，文化认同感不强烈，地域认同感亦薄弱，族群之间的向心力和凝聚力亦就淡薄，所以追求共生共荣的内在驱动力亦就不强大。

　　因此，长期以来，贵州区域社会的历史，就是一部被忽略、被轻视和被描写的悲情史。贵州形象之所以处于一个被忽略、被轻视和被描写的悲情地位，追根究底，就在于自古及今贵州在经济上的贫穷和落后。贵州"塞天皆石，无地不坡"的自然环境，不利于农业生产和经济发展，故贵州自古即以贫穷著称。在现当代，贵州的贫穷落后面貌非但没有得到较大的改变，反而因为东部地区凭着改革开放的大好时机和政策优势取得突飞猛进的发展，而拉出更大的差距。"贫穷落后"成为贵州的代名词，成为备受关注的"贵州现象"。1995 年中国科学院国情分析小组成员、著名经济学家胡鞍钢赴贵州地区考察调研，发表了《"贵州现象"呼唤重大政策调整》等系列文章，提出"贵州现象"话语，在全国引起强烈反响。所谓"贵州现象"，据胡鞍钢说："贵州现象是一种特殊的自然地理环境、发展环境和体制背景下产生的中国最突出的不发达现象。贵州现象的重要特征是人均国内生产总值水平过低，且长期居于全国后列。"导致"贵州现象"产生的原因是多方面的，包括地理环境、发展环境和体制背景等诸方面，其中最重要的因素，就是人的观念的落后，是人的原因。因此，在相当长一段时期，"精神面貌差，缺乏进取精神"成为外界对贵州人精神状态的总体描述，成为诠释"贵州现象"的基本原因。

人是经济社会发展的决定性因素，贵州摆脱"欠发达、欠开发"现状，首先要解决的是人的问题。"扶贫先扶志，治穷先治愚"，社会的现代化首先在于人的现代化，人的现代化首先在于观念和精神的现代化。贵州社会走出"贵州现象"，摆脱"欠发达、欠开发"的"两欠"状态，首先必须解决贵州人的精神状态问题。其实，在民国时期，国民党政府在建设管理贵州时，就已经注意到贵州开发建设之关键是人力问题，是人的教育问题。如抗战期间主政贵州的吴鼎昌在《在贵州省参议会第一次会议上的讲话》（民国二十八年五月一日）中说："来到贵州以后，先后到各地考察，加以同地方人士接谈的结果，觉得贵州的物资固有待开发，但还有一个更重要的先决问题，就是人力的发展——至少，人力的开发，应与物力的开发同时并进，平衡发展，否则徒言开发物力，收效一定很小。原因是贵州人口太少，同时贵州的人力也太弱。"人力问题包括人口数量和人力质量两方面。贵州的人力质量不高，具体表现在文盲太多、文化水准低、嗜好太普遍、卫生设备差、体质太弱等方面。[1] 他在《贵州经济序》一文中亦说："黔省有'山国'之称，惟山国非贫瘠之由。使黔省如今日之贫瘠者，实因地未利，物未尽用，人未尽才。对外交通阻隔之不除，尤为故步自封之症结，故黔省经济后于他省者，质言之，人谋不臧耳。"[2] 人力因素是制约贵州经济社会发展的主要障碍，蒋介石于民国三十二年（1943）视察贵州，于三月二十二日在对贵州各界扩大总理纪念周之演讲中，讲到建设贵州的两大急务：一是"要广植森林以开发地利"，二是"要提倡教育以培植人才"，他说：

> 我在二十四年到贵州的时候，就发现我们贵州同胞有两个特性：一个特性是忠勇尚武，一个特性是纯厚朴实。有了这两种精神，如果能发扬光大，不仅可以建设一个新的贵州，亦就是建设新中国的基础。然而我们要发扬这两种特性，最重要的条件就是要发展教育，尤其要注重儿童教育。……这一点希望我党政军学和各乡镇保甲长以后切实督导，而各家庭的家长更要认清自己作为父兄的责任，认真管教子弟，养育儿女，来为社会造成健全的公民，为国家奠立文明强盛的根基。[3]

今日贵州经济社会的发展，改变人的价值观念，提振人的精神面

[1] 王尧礼：《抗战贵州文录》（下），贵州人民出版社 2015 年版，第 3、4 页。

[2] 王尧礼：《抗战贵州文录》（下），贵州人民出版社 2015 年版，第 84 页。

[3] 蒋介石：《建设贵州的首务——中华民国三十二年三月二十二日对贵州各界扩大总理纪念周演讲》，王尧礼：《抗战贵州文录》（下），贵州人民出版社 2015 年版，第 20 ~ 21 页。

貌，强化人的地域认同和文化自信，仍是首先需要解决的问题。石培华在《关于贵州文化包容性和地域认同感的思考》一文中指出：强化地域认同和培育地域自信是当前建设贵州精神高地的主要任务。针对强化地域认同，他指出：

> 贵州与周边地区相比，地域文化自豪感和认同感明显不足。这一方面在客观上为形成"文化千岛"现象，为旅游发展和文化繁荣创造了条件，但另一方面，却形成了地域文化和精神的缺失。老贵州人的"移民心态"，在很大程度上也影响了"新贵州人"的地域认同感。谁是贵州人？什么是贵州文化？只有解决这些问题，才能凝聚各种人，形成巨大的发展活力。增强地域认同，关键要形成自豪感，要使贵州人从一个迁徙地变成创业热土，用事业吸引人、情感留住人、环境成就人。

关于培育地域自信，他说：

> 负面很重的"历史遗产"，或多或少在贵州投下了一种地域文化阴影。这种投影，使得贵州文化具有坚韧、吃苦等优秀品质，但同时也带来三个值得关注的问题。一是贵州文化比较悲情，急需走出贫穷和沉重，营造欢乐；二是贵州文化显得比较缺乏进取心，被误会了也懒得正名；三是夜郎阴影与酒文化所伴生的"颓废效应"结合，产生一种缺乏奋进的心态，演变为"夜郎自卑"。[1]

通过强化地域认同和培育地域自信，实现"建设精神高地"之愿景，首要的任务就是凝练贵州精神。要在移民心态比较普遍，"去黔""畏黔"心理比较严重，自信心、凝聚力和认同感比较欠缺的情况下，实现贵州经济社会的跨越式发展，用胡锦涛同志的话说，贵州人真得要"有

---

[1] 石培华：《关于贵州文化包容性和地域认同感的思考》，《当代贵州》2005年第18期。

志气、有信心",特别需要一种精神来激发热情、激励斗志和凝聚人心。因此,通过对贵州地域文化的深入研究,对贵州传统人文精神的深刻反省,对贵州各民族精神价值的统摄整合,结合当下区域经济社会发展之现状,凝练、培育和弘扬地域社会各阶层普遍认同的贵州精神。通过贵州精神强化地域认同和培育地域自信,加强地域人群的向心力、凝聚力和认同感,从而打消新、老贵州人的移民心态,以及贵州人的"去黔"心理和外省人的"畏黔"心态,是实现贵州经济社会跨越式发展的基础和前提。

二、贵州地域文化精神的当代价值

贵州地域文化精神,一言以蔽之,即"大山精神",其具体表现,就是质直傲岸、开放创新、求真求新、诗性浪漫、刚烈忠勇、天人合一。即在多山多石的大山地理之下形成的质直傲岸精神,在不边不内之通道地域区位之影响下形成的开放创新精神,在以学术文化思想为主的地域人文传统之影响下形成的求真求新精神,在民族民间文化传统之影响下形成的诗性浪漫精神,在民族民间信仰习俗之影响下形成的刚烈忠勇精神和天人合一精神。

贵州地域文化精神的特质及其形成原因,大体如此。其当代价值,主要体现在以下几个方面。

第一,贵州地域文化精神中的质直傲岸、刚烈忠勇特质,曾经得到近现代学者的高度赞扬,具有明显的当代价值。如闻一多在《西南采风录序》中,就高度赞赏这种大山精神,他在文中引录了几首贵州民歌,如女子所唱:"斯文滔滔讨人厌,庄稼粗汉爱死人。郎是庄稼老粗汉,不是白脸假斯文。""吃菜要吃白菜头,跟哥要跟大贼头。

睡到半夜钢刀响，妹穿绫罗哥穿绸。"男子所唱："马摆高山高又高，打把火钳插在腰。哪家姑娘不嫁我，关起门来放火烧。"然后评论说：

> 你说这是原始，是野蛮。对了，如今我们需要的正是它。我们文明得太久了，如今人家逼得我们没有路走，我们该拿出人性中最后最神圣的一张牌来，让我们那在人性的幽暗角落里蛰伏了几千年的兽性跳出来反噬他一口。

处在国破家亡之关键时刻，闻一多从这些带有野蛮和兽性的民歌中看到了民族的希望，他说：

> 感谢上苍，在前方，姚子青、八百壮士、每个在大地上或天空中粉身碎骨了的男儿，在后方几万万以"睡到半夜钢刀响"为乐的"庄稼老粗汉"，已经保证了我们不是"天阉"！……还好，还好，四千年的文化，没有把我们都变成"白脸斯文"！[1]

这种野蛮和兽性，正是质直傲岸、刚烈忠勇的大山性格。而这种大山性格正是处于国破家亡之处境中的中华民族所急需的精神。

贵州精神是一种蕴含山之气和石之骨的以坚忍不拔为内涵的刚烈精神。比如，曾任贵州省委书记、中宣部部长的贵州织金人朱厚泽，他在 1987 年参观乐山大佛时，得知此大佛是贵州海通法师不避艰险、矢志不移、挖目集资修建而成时，即感慨说："贵州多山，大山有大山的风骨；山多钙多，贵州人应该不缺钙。"贵州人不缺钙，贵州人具有坚忍不拔、质直傲岸的坚强之气，而这正是在大山的风骨中涵孕而成的精神。1991 年 1 月他写信给寓居在上海的黔籍诗人黎焕颐，

---

[1] 刘兆吉：《西南采风录》卷首，商务印书馆 2002 年影印本。

题名为"山之骨"，并在信笺的页眉上自注说："接南国友人书云：遥望京华，冰雪凌寒，念也何似！世俗缺钙，而贵州多山，山，钙之骨也，应为吾辈所珍。……故有此复，戏题为'山之骨'。"[1] 对这种质直傲岸的大山精神给予高度赞扬。

另外，林同济1941年5月途经贵州，写下了《千山万岭我归来》一文，对山地文明或大山精神有一段很值得注意的评价，其云：

> "留得青山在，不怕没柴烧！"我们中国文明，一向是在平原上发展，偏重于利用平原，对"山地"的价值，始终不了解。我们这次经过了一千公里的山地，尽是牛山濯濯，不见一座森林。我心中起过怪感：一个民族，数千年来，对一切崇高的天然遗产——山——不断地摧残、剥削、蔑视，终不会有好报的。山地弄得全部濯濯之日，就是我们民族富力扫地，精神扫地之日！现在局面，已经迫着我们这个"平原为基"的民族，来到"山地"上寻求复兴的柱石。我们必须要认识山地，爱护山地，发挥山地的威力——养林，开矿，牧畜，果艺……换言之，创造"山地文明"以补我们数千年"平原文明"的不足。即进而就民族精神方面说，"平原型"的精神，博大有余，崇高不逮。我们这个平易中庸的民族，所急急需要的，也许正是一股崇高奇险的"山地型"的气魄。[2]

林同济的言论是有感而发。在他看来，中华数千年来的文明是平原文明，其特征是"博大有余，崇高不逮"。而山地文明是一种崇高的文明，拥有"崇高奇险的山地型的气魄"。这种崇高的气魄，就是朱厚泽所说的"山之骨"和"山之钙"，亦是我们所说的以坚忍不拔、傲然质直为内涵的大山精神。延续数千年的平原文明养成的平易中庸性格的中国人，需要的正是这是山地文明的崇高气魄。因此，忽视山地文明，

[1] 刘学洙：《我眼中的朱厚泽（下）》，《贵阳文史》2009年第1期。

[2] 施康强：《浪迹滇黔桂》，中央编译出版社2001年版。

摧残山地遗产，就是忽视和摧残崇高文明的精神价值。

第二，贵州地域文化中的开放创新精神，是当代贵州实现经济社会跨越式发展的精神动力，其当代价值显而易见。历史上的贵州，处于不边不内的地域区位，客观上是一个封闭的山国，缺乏对外开放的地理条件。但是，自秦汉以来，作为地域空间的贵州，又因其特殊的军事战略位置，而成为国家政治、军事和经济上的战略通道。尤其是在明清时期，成为国家经略西南地区、沟通东南亚国家的国际通道。其通道地位，又使之成为一个重要的开放空间。开放与创新是相辅相成的，因开放而创新，开放的环境激发创新的活力；因创新而开放，创新的驱动需要更大的开放。开放创新成为贵州地域文化精神的重要特点，并在晚清时期得到充分呈现。在当代，随着交通条件的极大改善，贵州成为中国西部地区重要的交通枢纽，其通道地位得到进一步的彰显，其开放创新的基因得到进一步的张扬。

当代贵州经济社会的发展，需要走一条不同于东部、有别西部其他省区的创新发展道路，实现"后发赶超"的宏伟目标，尤其需要激发地域社会固有的开放创新精神。所以，无论是习近平总书记提出的"新时代贵州精神"，还是中共贵州省委十届二次全会提出的"新时期贵州精神"，其内涵构成中，"开放创新"皆是其重要组成部分。因此，地域文化传统中固有的开放创新精神，正是凝练"新时代贵州精神"的重要文化资源。

第三，贵州地域文化中的诗性精神和浪漫特质，亦有相当重要的当代价值。贵州地域文化中蕴含着浓郁的诗性精神和充盈的浪漫气质，具体体现在少数民族的游戏活动、歌舞文化和情爱文化中。虽然他们在物质生活条件上比较欠缺，但是，他们的确是精神生活的富有者，他们那种浓郁的诗性精神和充盈的浪漫气质，及其呈现出来的"诗意栖居"的生活方式，毫无疑问，可以为物质充盈而精神困倦的现代人提供有益的启示。

就当代国民教育的现状来看，普遍存在重德育而轻美育的状况，将德育等同于政治思想教育的状况。美育之被忽略或轻视，导致国民普遍缺乏基本的文学素养和审美情操，致使国民素质中诗性精神和浪漫气质的普遍失落，完全以功利化、世俗化、物质化的态度对待人生和社会，过分耽于形而下的物质追求，缺乏形而上的、超越的精神追求，导致审美与人生的分离，艺术与人格关系的淡化。可以说，诗性精神的失落，浪漫气质的欠缺，是当代国民素质教育面临的严峻问题。我们认为：诗性精神是人类特有的一种精神状态，亦是人类必然具有的一种精神品质。因为人之所以成为人，人之所以区别于其他动物，就在于他不仅是一种物质性的存在，更主要是一种精神性的存在。或者说，人不仅要满足形而下的物质欲望的追求，更需要满足形而上的精神欲望的追求。物质性的存在，是功利的，是世俗的，是形而下的；精神性的存在，是审美的，是超越的，是形而上的。功利与审美的结合，世俗与超越的结合，在追求形而下的物质享受时，时时不忘记对形而上的精神娱乐的向往，才是人生的理想境界。因此，将诗性精神与物质安顿有机地结合起来，是今后国民教育的主要方向。从这个意义上看，贵州地域文化中的诗性精神和浪漫特质，其当代价值亦是显而易见的。

第四，贵州地域文化中的天人合一精神，亦有相当重要的当代价值。在本书的第六章，我们讨论了贵州少数民族地区丰富多彩的生态民俗，这些生态民俗体现了人与自然、人与人、人与神、人与社会的和谐相处、友好共存的精神。这种和谐、友好精神，与中国古典哲学的天人合一精神正相吻合。我们认为：天人合一不仅是中国古典哲学的精髓，亦是中国古典人生智慧的最高境界。贵州少数民族生态民俗中体现出来的这种天人合一精神，对于解决工业文明时代的现代性难题，具有重要的参考价值。

我们认为：天人合一精神是建构人类命运共同体和发展生态文明的中国智慧。当前世界面临的主要难题，如经济增长乏力，金融危机阴云不散，发展鸿沟日益突出，兵戎相见时有发生，冷战思维和强权政治阴魂不散，恐怖主义、难民危机、重大传染性疾病、气候变化等安全威胁持续蔓延。一言以蔽之，就是世界不和谐和不稳定因素日益增加。所以，2017年1月18日，习近平总书记在日内瓦联合国总部大楼发表题为《共同建构人类命运共同体》的主旨演讲，发出了著名的"日内瓦之问"，即"世界怎么了，我们怎么办？"他结合中国哲学、中国理念、中国实践，从伙伴关系、安全格局、经济发展、文明交流和生态建设五个方面，深刻、全面、系统地阐述了人类命运共同体理念，为走向不明确的世界指明了和平发展的方向。"人类命运共同体"理念，伴随着"一带一路"倡议等全球合作理念与实践而不断得到丰富，逐渐为国际社会所认同，成为推动全球治理体系变革、建构新型国际关系和国际新秩序的共同价值规范。

建构人类命运共同体，就是要变革全球治理体系，实现全球公平正义，走出工业文明发展困境，迈向生态文明新时代。或者说，走出工业文明困境，解决工业文明带来的时代性难题，必须迈向生态文明新时代，建立良好的自然生态（人与自然和谐）和人文生态（人与人的和谐），进而建构人类命运共同体，实现生态和谐（人与自然）与世界和平（人与人），从而进入天人合一的世界大同时代。而中国传统哲学中的天人合一精神和贵州少数民族生态民俗中的天人合一生存智慧，正可以为建构以生态和谐与世界和平为核心内容的人类命运共同体，提供精神资源和价值借鉴。

贵州地域文化精神具有如此重要的当代价值。因此，在当代，贵州地方政府在新时代贵州精神的建构中，应当高度重视从贵州地域文化中寻求精神资源，以贵州地域文化精神为资源，丰富和阐释"新时代贵州精神"。

中共贵州省委十届二次全会正式提出要"大力塑造'自强自信、开放创新、能快则快、团结和谐'的新时期贵州精神"，要求"通过各种形式的宣传，进一步培育和增强贵州地域文化认同感和民族文化自信心"，"使人民群众的精神面貌更加昂扬向上"。这是贵州历史上第一次以官方的名义对本土地域精神进行较为系统、比较正式的概括、描述和发布、弘扬。其中，"自强自信"是贵州精神的基础和核心，"开放创新"是贵州精神的本质特征，"能快则快"是贵州经济社会建设的实践需求，"团结和谐"是贵州经济社会建设的愿景目标。即在"自强自信"的心理基础上，以"开放创新"的精神促进经济社会"能快则快"的发展，最终实现经济社会"团结和谐"的愿景目标。

在新的历史条件下，时任中共贵州省委书记陈敏尔基于贵州的人文历史背景，提出"天人合一、知行合一"的贵州人文精神。

习近平总书记在参加中共十九大贵州代表团讨论时，要求贵州要大力培育和弘扬"团结奋进、拼搏创新、苦干实干、后发赶超"的新时代贵州精神。

我们认为，无论是以"自强自信，开放创新，能快则快，团结和谐"为内涵的"新时期贵州精神"，还是以"天人合一、知行合一"为特点的"贵州人文精神"，抑或是以"团结奋进，拼搏创新，苦干实干，后发赶超"为内容的"新时代贵州精神"，都是对贵州"大山精神"的具体阐释，是对历史以来形成的以质直傲岸、开放创新、诗性浪漫、刚烈忠勇为特点的贵州地域文化精神的现代表述和价值彰显。因此，沟通历史与现实，彰显贵州地域文化精神的当代价值，阐释"贵州人文精神"和"新时代贵州精神"的历史渊源和文化内涵，使"贵州人文精神"和"新时代贵州精神"的当代表述，植根于深厚的地域文化土壤中，深入到地域社会民众的心灵深处，才能充分发挥精神的引领作用和动力价值。

结 语

身为贵州人，除了短暂的外出求学经历，我一直在贵州这片土地上生活。在贵州大地上终日行走，与贵州人朝夕相处。在日常生活中，我和贵州，我和贵州人，就像鱼和水一样，可谓"相忘于江湖"。可是，从感性的日常生活进展到理性的学术思考，在与"他者"比较的视角中，我发出了"何谓贵州？何以贵州？"的追问，在我即将出版的《贵州地域形象史研究》一书中，作为一章的标题列出，加以探讨。作为地域空间的"贵州"，其主体是"贵州人"。沿着"何谓贵州？何以贵州？"继续往下追问的是"何谓贵州人？何以贵州人？"，这就是本书写作的动因。

所谓"何谓贵州人？何以贵州人？"，就是历史以来，在贵州这片土地上营生的"贵州人"，他们到底是一群什么样的人？他们有什么样的情感风貌和精神特征？他们为什么被称作"贵州人"？他们何以就是"贵州人"？这就是本书探讨的问题。

作为地域人群的"贵州人"，与作为地域空间的"贵州"一样，具有聚合拼凑的特点。"割楚、粤、川、滇之剩地"构成的贵州地域空间，决定其地域人群的拼凑特点。作为西南四大族系移动的民族大走廊和交汇点，使之形成多民族"大杂居、小聚居"的分布特点，决定其地域人群的聚合特征。历史上规模宏大的几次大移民，使之成为一个典型的移民省，决定其地域人群的拼凑特征。这样一个聚合拼凑起来的地域人群"贵州人"，与作为地域空间的"贵州"一样，历史以来就处于被忽略、被轻视和被描写的地位，并在"他者"中形成比较普遍的"畏黔"心理，在"我者"中形成比较普遍的"去黔"心态。在《贵州地域形象史研究》一书中，我力图在"他者"与"我者"的合力与张力中呈现作为地域空间的"贵州"形象的建构过程，力图还贵州地域形象以本来面目，着意彰显新时代多彩贵州地域形象的丰富内涵。在本书中，我力求全面呈现贵州人的情感风貌和精神特征，分析其情感、精神形成的地理环境和文化背景，彰显贵州地域文化精神的当代价值。

身为贵州人而要认识"贵州人"，确实会遇到"当局者迷，旁观者清"的问题。"不识庐山真面目，只缘身在此山中"，认识自己，理解自己，说起来容易，做起来还真是不容易。这些年，偶有出省出国参观考察的机会，常有与外籍人士交流互动的场合，在比较的视角中，常常能够真切地感受到"贵州人"与"他者"确有显而易见的区别。尤其是在有意的观察和理性的反思中，的确能够发现贵州人在情感风貌和精神特质上的一些与众不同的特征。

比如，在几次特别的观察中，使我对贵州少数民族同胞浓郁的诗性精神和浪漫特质有特别深刻的印象。大约是在十多年前的一个夏天，我在公园里邂逅一场少数民族歌唱大赛，据说那是民间机构自发组织的一场贵阳周边地区布依族民歌大赛。邂逅这场民歌大赛，少数民族同胞那种充沛的诗性精神和强烈的娱乐激情，使我深受感动。据了解，参加比赛的表演者，大多数是来自数十里，乃至百余里之外的布依族中年妇女，她们为了这场比赛，已经在家中忙里偷闲练习了两个多月，现在又是放下家中的农活，专程前来参加比赛。据说，无论是赛前两个多月的练习，还是当天的比赛，都没有任何报酬，即使获奖，那奖品和奖金亦非常微薄。或者说，她们以饱满的激情为比赛做准备，远道专程前来参与比赛，完全是因为她们从内心深处对歌唱的热爱，和对娱乐的向往。或者说，是内心深处强烈的诗性精神驱使着她们热情洋溢地参加这种艺术活动。其中，尤其令我感动的，是一位年迈的老太婆，她的年龄已经大到不能独自登上舞台了，她的身体已经衰老到不能独自站立着唱歌了，可她还是从百余里之外的布依山寨赶到这里，由几位年轻的妇女扶着上了舞台，由两位姑娘扶着歌唱，她居然独自清唱了二十多分钟。这虽然算不上是我这辈子听到的最动听的歌声，但一定是我这辈子听到的最动情的歌声，所有在场的人都被深深地感动。很长一段时间，那老太婆的歌声一直萦绕在我的耳际，那一群容光焕发、风姿绰约的中年妇女的舞台表演，一直浮现在我的眼前。我虽然亦是少数民族，亦生长在少数民族地区，可是，在我那基本上已经完全汉化的家乡，这样的唱歌比赛，是我从来没有见到过的。家乡的父老乡亲们似乎都变得很实际，青年男女忙着打工挣钱，中年男女忙着持家种地，太公太婆或带孙子，或做家务，亦不闲着。唱歌跳舞这些娱乐活动，压根儿就与他们没有任何关系。一位中年妇女不认真操持家务，不好好种地，打扮得花枝招展，跑出去唱歌跳舞，放在我的家乡，那一定要遭到父老乡亲的指责和批评，那一定要被人轻视。通过这件事情，我对少数民族同胞的诗性精神和娱乐激情，产生了发自内心的欣赏和赞叹。

　　还有一件事情，亦让我深深感动。那是几年前的一个秋天，我有一位布依族学生，家住城郊的布依族村寨里，他家里建了新房，备办

结语

/

275

酒席，邀请亲朋好友、左邻右舍前去吃酒，我们几位老师亦被请去了。酒席办得很丰盛，来的宾朋亦相当多，喝酒的场面亦特别热烈。夕阳西下，在酒席即将散去的时候，院子里响起了悠扬婉转的歌声。学生告诉我们，歌会即将开始。只见客人们很快自动分成两派，或坐或站，在院子里摆开了山歌对唱的架势。我们亦加入其中，一边唱歌，一边喝酒，不分男女，不论老少，不讲尊卑，你一首来我一首，歌声或激情高昂，或悠扬婉转，人人都很激情，个个都很快乐，欢声笑语连成一片，气氛非常热烈。一直唱到深夜，亦一直喝到深夜。那一夜，我们沾了布依族同胞的光，亦非常快乐地唱歌喝酒。我又不禁想起我的家乡来，在我的家乡，亦常常有这种办酒、吃酒的事情，可是，我发现，人们喝酒的气氛不太热烈，总是匆匆而来，匆匆而去。酒宴散尽之后，你听到的不是高亢激情的歌声，而是稀里哗啦的麻将声，或者玩扑克牌赌钱的吆喝声。人们热衷于赌博不喜欢唱歌，这种民风民情，很令人担心。我再一次对少数民族同胞的诗性精神和娱乐激情肃然起敬，这个布依族村寨位于省会城市的郊区，在高度发达的现代城市文明的冲击下，还依然保持着如此淳朴的民风民情，你不能不感叹少数民族同胞诗性精神和娱乐精神的根深蒂固。

感性的观察和日常的体验促成理性的反思和学理的探索，通过贵州地域文化精神的研究，呈现贵州人的情感风貌和精神特征，发掘其精神内涵的当代价值，就顺理成章地进入到我的学术视野。我认为，地域文化的创造者是地域人群，地域文化精神的载体是地域文化，归根结蒂，是创造地域文化的地域人群。因此，地域文化精神就是地域人群的情感风貌和精神特征的集中体现。所以，研究地域文化精神，实际上就是研究地域人群的情感风貌和精神特征。影响地域文化精神特质之要素是多方面的，形成地域人群情感风貌和精神特征之背景是错综复杂的。概括地说，包括地理和文化两个方面；具体而言，包括地理环境、地域区位、人文传统、地域民俗和民间信仰等因素。

对于贵州来说，我们认为：贵州地域文化精神的形成及其特点，既有贵州多山多石的大山地理环境之影响，亦有贵州不边不内的通道地域区位的影响，还有贵州地域人文传统的影响，更与贵州民族民间文化传统和地域信仰习俗有密切关系。具体地说，多山多石的大山地理环境，对贵州人傲岸质直性格特征之形成有直接影响；不边不内的通道地域区位，对贵州人开放创新精神之形成有重要影响；以阳明心学等为主要内容的地域人文传统，对贵州人求新求真观念之形成有较大影响；民族民间的游戏文化、情爱文化、歌舞文化传统，充分彰显了贵州人的诗性精神和浪漫气质；黑神地域信仰对贵州人忠烈勇武精神的形成有重要影响；少数民族的生态民俗充分体现了贵州人的天人合一精神。贵州地域文化精神，概括地说，可名之为"大山精神"。大山精神是一种傲岸质直的精神，是一种开放创新的精神，是一种诗性浪漫的精神，是一种忠烈勇武的精神，是一种天人合一的精神。

作为地域空间的"贵州"，其形象标识是山国；作为地域族群的"贵州人"，其形象标识是大山精神。山国贵州和大山精神是作为地域形象的"多彩贵州"的重要内涵。在新时代，如何充分发挥多山多石和不边不内的山国贵州的地理和地域优势，使其成为促进地方经济社会发展的物质动力；如何充分彰显以大山精神为特质的贵州地域文化精神的当代价值，使其成为促进地方经济社会发展的精神动力；如何整合多彩贵州、贵州精神和贵州文化，建构三位一体的当代贵州精神文化体系，促成多彩贵州形成风行天下之势，促进贵州经济社会的全面发展，仍然是一项任重道远的工作。笔者关于"贵州地域形象史"和"贵州地域文化精神"的研究，只是其中的一砖一瓦而已。

参考文献

一、古籍文献类

司马迁著，《史记》，北京：中华书局，1982。

王先谦撰，《汉书补注》，北京：中华书局，1983。

刘琳著，《华阳国志校注》，成都：巴蜀书社，1984。

魏征撰，《隋书》，北京：中华书局，1973。

韩愈著，《韩昌黎全集》，北京：中国书店影印世界书局本，1991。

柳宗元著，《柳宗元集》，北京：中华书局，1979。

吴光等编校，《王阳明全集》，上海：上海古籍出版社，2011。

徐霞客著，《徐霞客游记》，石家庄：河北人民出版社，1998。

莫友芝等编，关贤柱点校，《黔诗纪略》，贵阳：贵州人民出版社，1993。

陈田编，《黔诗纪略后编》，宣统三年陈夔龙京师刻本。

朱五义注，《王阳明在黔诗文注释》，贵阳：贵州教育出版社，1996。

孙应鳌著，刘宗碧、龙连荣、王雄夫点校，《孙应鳌文集》，贵阳：贵州教育出版社，1996。

吴中蕃著，《敝帚集》，《黔南丛书》本，贵阳文通书局铅印。

谢三秀著，《雪鸿堂诗蒐逸》，《黔南丛书》本，贵阳文通书局铅印。

江闿著，《江辰六文集》，《黔南丛书》本，贵阳文通书局铅印。

杨文骢著，关贤柱校注，《杨文骢诗文三种校注》，贵阳：贵州人民出版社，1990。

周起渭著，欧阳震等校注，《桐埜诗集》，贵阳：贵州人民出版社，1999。

田榕著，罗仕勋校注，《碧山堂诗钞》，北京：中华诗词出版社，2008。

郑珍著，黄万机等点校，《郑珍全集》，上海：上海古籍出版社，2014。

郑珍著，杨元桢校注，《郑珍巢经巢诗集校注》，贵阳：贵州人民出版社，1992。

郑珍著，白敦仁笺注，《巢经巢诗钞笺注》，成都：巴蜀书社，1996。

郑珍著，《巢经巢文集》，光绪二十年高培谷资州官廨刻本。

郑珍著，王锳等点校，《郑珍集·文集》，贵阳：贵州人民出版社，1994。

莫友芝著，张剑等校点，《莫友芝诗文集》，北京：人民文学出版社，2009。

陈夔龙著，李立朴、徐君辉、李然编校，《陈夔龙全集》，贵阳：贵州民族出版社，2014。

姚华著，《弗堂词》，《黔南丛书》本，贵阳文通书局铅印。

黎兆勋著，《葑烟亭词》，《黔南丛书》本，贵阳文通书局铅印。

章永康著，《瑟庐诗草》，《黔南丛书》本，贵阳文通书局铅印。

陈钟祥著，《香草词》，《黔南丛书》本，贵阳文通书局铅印。

田雯著，《黔书》，《丛书集成》初编本。

张澍著，《续黔书》，《黔南丛书》本，贵阳文通书局铅印。

郭子章著，《黔记》，《黔南丛书》本，贵阳文通书局铅印。

李宗昉著，《黔语》，《黔南丛书》本，贵阳文通书局铅印。

爱必达著，杜文铎等点校，《黔南识略》，贵阳：贵州人民出版社，1992。

罗绕典著，杜文铎等点校，《黔南职方纪略》，贵阳：贵州人民出版社，1992。

《中国地方志集成·贵州府县志辑》，成都：巴蜀书社等，2006。

《中国地方志集成·省志辑·贵州》之《康熙贵州通志》，南京：凤凰出版社，2010。

（道光）《贵阳府志》，贵阳：贵州人民出版社，2005。

（道光）《遵义府志》，遵义市志编纂委员会办公室整理出版，1986.

（道光）《大定府志》，北京：中华书局，2000。

（道光）《永宁州志》，成文出版社据道光十七年刊本影印。

（咸丰）《安顺府志》，贵阳：贵州人民出版社，2007。

（民国）《贵州通志·艺文志》，贵阳：贵州人民出版社，1989。

（民国）《贵州通志·人物志》，贵阳：贵州人民出版社，1989。

陈琳主编，《贵州省古籍联合目录》，贵阳：贵州人民出版社，2007。

二、研究著述类

钱穆著，《国学概论》，北京：商务印书馆，1997。

钱穆著，《国史大纲》，北京：商务印书馆，1999。

蒙默编，《中国现代学术经典·蒙文通卷》，石家庄：河北教育出版社，1996。

梁漱溟著，《中国文化要义》，北京：学林出版社，1987。

雷海宗著，《中国的兵》，北京：中华书局，2005。

徐复观著，《汉代思想史》，北京：九州出版社，2014。

余英时著，《论天人之际：中国古代思想起源试探》，台北：联经出版事业股份有限公司，2014。

曾大兴著，《文学地理学研究》，北京：商务印书馆，2012。

林拓著，《文化的地理过程分析》，上海：上海书店出版社，2004。

葛剑雄、吴松弟、曹树基著，《中国移民史》，福州：福建人民出版社，1997。

葛兆光著，《中国思想史》，上海：复旦大学出版社，2000。

邬国平、王镇远著，《中国文学批评史·清代卷》，上海：上海古籍出版社，1996。

罗时进著，《地域·家族·文学：清代江南诗文研究》，上海：上海古籍出版社，2010。

启功主编，《冉冉流芳惊绝代——朱启钤学术讨论会文集》，贵阳：贵州人民出版社，2005。

蓝勇著，《西南历史文化地理》，重庆：西南师范大学出版社，1997。

叶舒宪著，《神话——原型批评》，西安：陕西师范大学出版社，2012。

胡大雷著，《粤西士人与文化研究》，桂林：广西师范大学出版社，2014。

王永平著，《中古士人迁移与文化交流》，北京：社会科学文献出版社，2005。

陶礼天著，《北风与南骚》，北京：华文出版社，1997。

曾永成著，《文艺的绿色之思——文艺生态学引论》，人民文学出版社，2000。

贵州省社科院文学研究所编，《贵州明清作家论丛》，贵阳：贵州人民出版社，1986。

　　贵州省文管会办公室等编，《贵州节日文化》，北京：中央民族学院出版社，1988。

　　黄万机著，《郑珍评传》，成都：巴蜀书社，1989。

　　黄万机著，《黎庶昌评传》，贵阳：贵州人民出版社，1989。

　　黄万机著，《莫友芝评传》，贵阳：贵州人民出版社，1992。

　　黄万机著，《客籍文人与贵州文化》，贵阳：贵州人民出版社，1992。

　　黄万机著，《贵州汉文学发展史》，贵阳：贵州人民出版社，1999。

　　黄万机、田原著，《黔山灵秀钟人杰——历代英才与贵州文化》，贵阳：贵州教育出版社，2003。

　　余怀彦著，《王阳明与贵州文化》，贵阳：贵州教育出版社，1996。

　　贵州省史学会近代史研究学会编，《贵州版史研究》，贵阳：贵州人民出版社，1997。

　　石培华、石培新著，《孤独与超越——感受一个真实的贵州》，贵阳：贵州人民出版社，1998。

　　黄涤明著，《黔贵文化》，沈阳：辽宁教育出版社，1998。

　　中国历史文献研究会、贵州历史文献研究会编，《学者笔下的贵州文化：贵州文化国际学术研讨会论文集》，贵阳：贵州人民出版社，1998。

　　张晓松著，《山骨印记——贵州文化论》，贵阳：贵州教育出版社，2000。

　　唐莫尧著，《贵州文史论考》，贵阳：贵州教育出版社，2000。

　　刘学洙、史继忠著，《历史的理性思维——大视角看贵州十八题》，贵阳：贵州教育出版社，2004。

　　汪文学编著，《贵州古近代文学理论辑释》，北京：民族出版社，2009。

　　谭德兴著，《近代贵州儒学与文化》，贵阳：贵州大学出版社，2009。

张新民等著，《贵州：传统学术思想世界重访》，贵州人民出版社，2010。

易闻晓主编，《黔学论集》，成都：西南交通大学出版社，2012。

王路平著，《传统哲学与贵州文化——黔学中的形上智慧资源》，北京：中央民族大学出版社，2013。

王尧礼编，《抗战贵州文录》，贵阳：贵州人民出版社，2015。

廖宜方著，《唐代的历史记忆》，国立台湾大学文学院历史系博士论文。

周国茂著，《自然与生命的意义世界——贵州少数民族原始崇拜与民俗》，贵阳：贵州教育出版社，2004。

吴秋林著，《众神之域——贵州当代民族民间信仰文化调查与研究》，北京：民族出版社，2007。

贵州省文物局等编，《贵州民族传统节日文化保护与发展》，贵阳：贵州科技出版社，2015。

熊克信著，《中国从江岜沙》，贵阳：贵州人民出版社，2016。

熊克信、敖家辉主编，《神韵从江》，贵阳：贵州人民出版社，2016。

［德］黑格尔著，贺麟译，《精神现象学》，北京：商务印书馆，1997。

［德］黑格尔著，王造时译，《历史哲学》，上海：上海书店出版社，1999。

［英］迈克·克朗著，杨淑华、宋慧敏译，《文化地理学》，南京：南京大学出版社，2005。

［美］爱德华·希尔斯著，傅铿、吕乐译，《论传统》，上海：上海人民出版社，1991。

三、研究论文类

梁启超著，《国性篇》，《庸言报》1912 年第 1 号。

金克木著，《文艺的地理学研究设想》，《读书》1986 年第 4 期。

方立天著，《民族精神的界定与中华民族精神的内涵》，《哲学研究》1991 年第 5 期。

刘文英著，《关于中华民族精神的几个问题》，《哲学研究》1991 年第 11 期。

钱穆著，《中国文化对人类未来可有的贡献》，《中国文化》1991 年第 4 期。

季羡林著，《天人合一新解》，《传统文化与现代化》1993 年创刊号。

季羡林著，《关于"天人合一"思想的再思考》，《中国文化》1993 年秋季号。

蔡尚思著，《天人合一论即各家的托天立论》，《中国文化》1993 年春季号。

张岱年著，《中国文化的历史传统及其更新》，《文化与哲学》，教育科学出版社 1988 年版。

张岱年著，《炎黄传说与民族精神》，《中华炎黄文化研究会会刊》第 1 辑。

朱伟华著，《地域文化与地域文学之断想》，《山花》1998 年第 2 期。

陈勤建著，《20 世纪中日民俗学学术倾向及前瞻》，《民俗研究》2001 年第 1 期。

石培华著，《关于贵州文化包容性和地域认同感的思考》，《当代贵州》2005 年第 18 期。

黔风著，《多彩贵州：迈向历史性跨越的和谐和交响》，《当代贵州》2005 年第 18 期。

杨义著，《从文学史看"边缘活力"》，《人民日报》2010 年 2 月 26 日。

孙兆霞、金燕著，《"通道"与贵州明清时期民族关系的建构与反思》，《思想战线》2010 年第 3 期。

刘小新著，《文学地理学：从决定论到批判的地域主义》，《福建论坛》2010 年第 10 期。

陈其泰著，《关于"民族精神"内涵的理论思考》，《社会科学战线》2010 年第 11 期。

张幼琪著，《贵州精神与本土文化凝聚力》，《贵州日报》2011 年 7 月 29 日。

张新民著，《灵气所钟，百代风流——山：贵州文化精神的象征》，《构筑"'自觉自信自强、创先创新创优'精神高地"理论研讨会论文集》，贵州人民出版社 2012 年版。

杨志强、赵旭东、曹端波著，《重构"古苗疆走廊"——西南地域、民族研究及文化产业发展新视域》，《苗学研究》2012 年第 1 期。

明星、郭鑫著，《中国各地评选"精神名片"关注地方文化内涵》，新华网 2012 年 3 月 23 日。

吴正彪著，《人与自然关系和谐的典范——贵州从江县岜沙社区苗族村寨调查报告》，《原生态民族文化学刊》2009 年第 1 期。

"汪文学学术作品集"后记

　　十年前，出版个人学术论文集《汉唐文化与文学论集》，我写过一篇"后记"，名为"读书·教书·著书——十三年学术研究和教书育人之回顾与展望"。整整十年过去了，如今又提笔撰写个人学术作品集之"后记"，对二十三年之学术历程进行回顾和总结。十年一个轮回，十三年做一次反思，二十三年做一次总结，是巧合还是命定？这不好说。但这次总结与前次不同，前次只是一个阶段性的反思，故而简略；此次则是一个转折性的总结，所以务求详尽。以下，便是我对自己二十三年治学经历之回顾与学术工作之反思，以及今后研究方向的展望。

一

　　过去在大学里从教的时候，我对学生尤其是刚走进大学校门的新同学，特别强调大学四年的学习生活于人生发展的意义。我以为，大学四年的学习，奠定一个人一生的文化背景，确定其人生发展之方向，决定其人生发展的高度。因此，我常常建议我的学生：你必须学有所长，你必须在这四年做出你的人生规划，并根据自己的兴趣和人生规划学习。

其实，这亦是我的经验之谈。我是 1987 年上的大学，回顾大学四年的学习生活，我只记得做了两件事情：一是写小说，二是学习中国古代文学。大学一、二年级，我的主要工作是写小说。整整两年，我写短篇，写中篇，还写过长篇。记得当时写得很入迷，除了上课之外，几乎所有课余时间都用在了这上面。大学三、四年级，我的主要工作是学习中国古代文学。之所以放弃写小说转而专心学习中国古代文学，一方面是因为写了两年，没有作品发表过，不免有些丧气；另一方面则是因为我对中国古代文学这门课程产生了浓厚兴趣。杨树帆先生在"先秦文学"课程上讲的第一课是"先秦神话"。先生古今中外旁征博引讲述"神话"的定义、研究方法和研究动态，深深地吸引了我，使我放弃小说的写作，转而重点学习中国古代文学。就是这一节课，改变了我的学习兴趣，确定了我的人生方向。因此，在大学三、四年级这两年中，我把所有课余时间都用在了中国古代文学的学习上，整天就泡在图书馆里读书和抄材料，真是达到了如饥似渴的地步。不过，现在想来，前两年的写作训练亦没有白费，它在一定程度上培育了我的文字表达能力，养成了我勤于写作的习惯。

我大学四年就做了这两件事，但就是这两件事奠定了我的知识背景，决定了我的人生方向。我于 1991 年大学毕业后顺利考上中国古代文学专业的研究生。与现在硕士研究生的批量招生和规模培养不同，我们那个时代硕士研究生招生数量很少，三位导师带两个学生，就像师傅带学徒一样，完全是手把手地带着读书、写笔记和做论文。导师祁和晖先生，主要从事汉唐文学和巴蜀地域文化研究，精研杜诗。先生待我如子，对我关爱有加，其治学上开阔的境界和独特的视角，使我受益匪浅。在我的治学经历中，博览群书之习惯，跨学科的研究取径，多半得自于先生的教诲和启发。导师何宁先生，主要从事先秦两汉诸子之研究，精研《淮南子》，著成《淮南子集释》这样的名山事业。先生秉承乾嘉学派的治学方法，主张一辈子读通一部书。其治学之谨严、待人之宽厚，长者风范，仙风道骨，尤为后学所景仰。很长一段时间，我想做《法言》《人物志》等书之集释或笺注，就是受先生治学精神之影响。导师王发国先生，主要从事中国古代文学理论之研究，精研钟嵘《诗品》，其关于《诗品》之考证著述，尤为学界所推崇。我之所以还能做一些考证性的论文，就是直接受益于先生的教育。

　　作为一位学者，研究方向或者研究课题的选择，与个人兴趣和性格大有关系。记得我在硕士论文选题时，最先尝试的是做初唐诗研究。我大略花了半年多的时间，通读了初唐近百年的诗歌。但是，读完之后，我没有找到任何感觉，亦没有找到研究的切入点，并且发现自己不适合做纯粹的诗词研究。我认为，做纯粹的诗词研究，研究者应当具备较为发达的形象思维能力，具备诗性气质，最好是能够写诗，对诗歌写作本身有比较真切的体验和理解。我不会写诗，形象思维能力较差，这亦是我在小说创作的道路上走不下去的主要原因。自信抽象思维能力比较发达，并且愿意下功夫，比较适合做文化思想史方面的研究。因此，我最后以汉唐文化思想方面的课题作为硕士论文选题，写成"汉唐雄风共性论——唐人慕学汉人风范之历史文化心态研究"一文，有十五六万字。我是基于王勃提出的"唐承汉统"说，研究唐诗中以汉代唐的原因，探讨唐人慕学汉人之历史文化心态。这篇论文的写作，奠定了我侧重从思想文化角度研究中国传统文化的方向。

　　在我的学术生涯中，自谓对学术有浓厚的兴趣，有一定的学术精神和学术理想，既能做一些细密的考证，亦能做一点宏观的研究，与三位恩师的教诲有直接的关系。三年硕士研究生阶段的学习，坚定了我以学术研究为终身职志的选择，奠定了我侧重于从思想文化之角度切入中国传统文化研究的学术取向。所以，硕士研究生学业完成后，我便毫不犹豫地选择去高校从事中国古代文学的教学和研究工作，并且最终如愿以偿。

二

1994 年我硕士研究生毕业，进入贵州民族大学中文系从事中国古代文学的教学和研究工作。我提交给时任系主任李华年先生审查的入职材料，是一本约有五万字的"读扬雄《法言》笔记"。先生对我关爱有加，使我记忆犹新的，是在我刚进校不久，先生与我的一次谈话。大意有两点：一是一定要把课程讲好，这是在高校立足的根本；二是一定要把学问做好，这是在学界立身之根本。二十余年的教学和科研实践，我算是没有辜负先生的期望。自信比较擅长讲课，亦还能够得到学生的欢迎。如果说有什么秘诀的话，那就是我喜欢将自己的读书心得和研究成果带入课堂，以培养学生的学习兴趣、学术想象力和创造力为教学目的，因而深受学生的欢迎。自信对学术研究有浓厚兴趣，有较强的学术精神和学术理想，二十余年先后出版十余种著述，在几个学术专题之研究上，提出了个人的学术见解，亦获得学术界的认同。大体做到以教学促进科研，以科研带动教学，使教学与科研相得益彰。

记得在 1994 年的夏天，因阅读冯天瑜先生的《中华文化史》而对"正统论"课题发生兴趣。书中零星讨论的"正统论"问题，引起我的注意，并意识到这是一个对中国古代政治文化产生过重大影响而又被学术界严重忽略的课题。于是搜集相关材料，撰成《中国古代正统观论纲》一文，于 1995 年 5 月在贵州省中华文化研究会召开的"传统文化与时代精神"学术会上交流，得到与会专家的认可，于是立意开展系统深入的专题研究。从搜集资料到完成定稿，历时五年，命名为《正统论——发现东方政治智慧》，于2002年交由陕西人民出版社出版。这是我的第一部学术著作，书中提出的"正统论是具有古代中国特色的权力合法性理论"的观点，至今依然自信是对"正统论"研究的重要补充。

从事人文社科的学术研究，学术积累不可或缺。但是，一个重要学术课题的捕捉，机缘亦是至关重要的。记得1998年2月，我在《读书》杂志上读到葛兆光先生的《知识史与思想史——思想史的写法之二》一文，其中关于"东汉博学通儒的知识主义倾向，使得当时知识阶层的知识取径大大拓展"，进而"瓦解了儒家经典作为知识的唯一性"，使"各种杂驳的知识就成了人们阅读的热门"一段文字，引起我的极大兴趣。联想到我曾经关注过的在东汉中后期知识界备受重视的"通人"群体，我意识到东汉中后期知识界盛行的尚通意趣对汉晋文化思潮变迁的重要影响。因此，从汉末魏晋六朝时期知识界盛行的尚通意趣的角度，研究汉晋文化思潮之变迁，成为我当时关注的重点课题。大约花了两年多时间，完成书稿的写作，命名为《汉晋文化思潮变迁研究——以尚通意趣为中心》，于2003年交由贵州人民出版社出版。葛兆光先生的这篇文章，是激发我写作这本书的重要机缘。如果没有这篇文章的启发，我不会想到写作这本书。书中提出的"尚通意趣是汉晋文化思潮变迁之关键"的观点，至今依然自信是解释汉晋文化思潮变迁的重要视角。

学术研究的开展和学术课题的捕捉，还与个人的人生经历有关。我出生在一个传统农村家庭中，少时于我影响最深，让我最感亲近的是祖父母。记得在小时候，祖父经常带着我走亲访友。在那时的农村，酒席是四方桌，什么身份坐什么位置，是有相当讲究的。通常的规矩是：祖孙同凳，父子不同席。这个规矩在乡下讲得很严，我多次亲眼看见村中的年轻人因为不懂得这个规矩，坐错了位置，而被人嘲笑。我一直不明白其中的原因，祖父亦未能给我做出明白的解释，好像亦没有人能够说得清楚。祖父享年七十有五，他是在一个特别阴冷的冬天的傍晚，突然中风倒地，就在那天深夜，他靠在我的肩头上离开了人世。祖父去世后，我一直想写点文字纪念那段影响我一生的人伦经历。天生稚拙而沉静的我，最终未能写出这篇纪念文字，倒是由此激发了我对祖孙关系和父子伦理的学术思考，并试图对"祖孙同凳，父子不同席"的礼俗现象做出解释，最终著成《中国古代父子疏离、祖孙亲近现象初探》一文，并将此作为我对祖父母的一种理性的追忆或怀念。这段人生经历和这篇论文的写作，激发了我对人伦关系的研究兴趣。大约从2002年秋天开始，我花了近两年的时间，对传统中国人伦关系进行通盘诠释，撰成《传统人伦关系的现代诠释》一书，交由贵州民族出版社出版。

在《传统人伦关系的现代诠释》中，我对中国传统社会的人伦关系，进行了饶有兴趣的现代诠释。虽然夫妇关系的探讨在书中占有较大的篇幅，但是，我仍感意犹未尽。因为在我看来，两性关系包括夫妇关系和情人关系。此书限于篇幅和体例，于夫妇关系有较详尽的讨论，而于情人关系则是语焉不详。因此，从那时起，我便萌生出写一部专门讨论两性情爱关系的专著的想法。于是，从2007年春开始，我花了近四年的时间，集中精力开展传统中国社会男女两性情爱关系的研究，著成《诗性风月——中国古典文学中的情爱》一书，交由中央编译出版社出版。应该说，这本书是顺着《传统人伦关系的现代诠释》一书的学术理路延伸出来的。实际上，此书的研究和写作已经大大超出我最初的设想，一不小心就写出了四十多万字，并且还意犹未尽，许多话题还萦绕在头脑里，欲罢不能，欲弃不忍。有些问题已经初步涉及，但是尚欠深入，或者未能做出令人信服的解释。

因此，由两性情爱关系之研究引申出来的"性别诗学研究"，进入我的学术视野，于是著成《中国古代性别与诗学研究》一书，于2012年交由台湾花木兰文化出版社出版。因研究性别诗学，而延展到对中国古代文学之古典美与现代性的思考，"中国古典诗学理想"课题又进入我的学术视野，于是便有了《温柔敦厚：中国古典诗学理想》一书的写作。

三

学术研究方向和研究课题的选择，还与个人的工作经历有关。我于2006年从中文系调到学校图书馆工作，主要从事地域文献的搜集、整理和研究，构建图书馆的馆藏特色；2010年又从图书馆调到文学院工作，主要从事以地域性、民族性和应用性为特色的中国语言文学学科建设。于是，地域文化、区域文学和地方文献的研究，又逐渐进入到我的学术视野。

众所周知，近代以来出版的中国文学批评史，基本上皆以中土主流精英的经典理论为研究对象，很少涉及地域文献，特别是边省地方文献中的文论材料。当然，代表一个时代文学思想之主体特色和重要成就的，主要还是文化中心地区的主流知识精英之观点。但是，撰写"中国文学批评史"，建构"华夏民族文学理论体系"，除了重点考察主流知识精英的文学观念，亦必须关注文化边缘地区的士子对文学的看法；除了重视中土主流人士之文学理论，亦应当兼顾边省少数民族民间艺术家的文学思想。如此"重写"的"中国文学批评史"和重建的"华夏民族文学理论体系"，才是名副其实的。于是，辑录和校释贵州古近代地方文献中的文学理论资料，编著《贵州古近代文学理论辑释》一书，就是在这种背景下，基于这样的学术理念，利用在图书馆工作的便利条件做出来的。

因为编著《贵州古近代文学理论辑释》一书，接触到大量的贵州地域文献，尤其是其中关于边省地域影响文学生产和传播的史料，引起我的注意，于是撰写《地域环境对黔中明清文学创作的影响研究》一文，发表在《江汉论坛》2009年第5期，并被《中国社会科学文摘》2009年第9期转载。随后，便以这篇论文为基础，开展边省地域对文学生产和传播的影响研究，并于2012年以"边省地域对文学生产和传播的影响研究——以贵州明清文学为例"为题，申请并获得国家社科基金立项资助。此项工作，历时三年有余，著成《边省地域与文学生产——文学地理学视野下的黔中古近代文学生产和传播研究》一书，于2016年交由上海古籍出版社出版。

虽然我的学科背景是中国古代文学，但却时常保持着对文学人类学、文学地理学和文学伦理学等交叉学科的浓厚兴趣，特别是近年来渐成时尚的关于地域学或地方性知识的研究，虽然距离我的学科背景相当遥远，但还是深深地吸引着我。比如赵世瑜先生的《小历史与大历史：区域社会史的理念、方法与实践》一书，就使我大开眼界，恍然大悟：原来学问可以这样做，原来学问必须这样做。无论是作为方法论还是作为研究对象的区域社会史研究，其追求"回到历史现场"的治学理念，其"以民俗乡例证史，以实物碑刻证史，以民间文献证史"的研究方法，其"进村找庙，进庙找碑"的治学路径，的确在史学研究领域树立起一种新的研究"范式"，具有相当重要的启示意义。

尤其是对于像我这样从事从文献至文献的中国古代文学研究者来说，确有耳目一新之感。

区域社会史研究尤其重视地方性资料的发现与整理，地方性知识的搜集与描述。实际上，区域社会史的研究就是通过地域性资料的解读和地方性知识的阐释，以建构地方经济社会的发展历史。贵州区域社会史研究，首先面临的突出问题，就是地方性资料的严重欠缺。贵州地域人文传统的欠缺和单薄，乃至出现"千年断层"现象；贵州文化长期以来一直处于被忽略、被轻视和被描写的地位，主要就是因为贵州地域文献资料长期以来没能得到有效的搜集、整理和传承。由于地方文献资料的严重短缺，必然出现人文传统的"千年断层"；地方文献的大量散佚，体认和建构地域人文传统缺乏必要的支撑，其文化形象就一直处在被忽略、被轻视和被描写的地位。因为缺乏足够的文献资料，所以不能建构起自我的人文传统和塑造出自我的文化形象，缺乏"我者"的自我"描写"，亦就必然陷入"他者"的"描写"之中，其"被描写"的地位就不可避免。在"被描写"的过程中，因为对象不能提供足够的文献资料，"被描写"的真实性、全面性和正确性就大打折扣，被歪曲、被忽略和被轻视亦就在所难免。基于这样的研究现状，沿着这样的学术思路，搜集、整理贵州地域文献资料，就成为我和我的研究团队特别重视的基础工作，于是编校《道真契约文书汇编》，整理严修《蟫香馆使黔日记》，主编"中国乌江流域民国档案丛刊""贵州古近代名人日记丛刊""中国西南布依族抄本文献丛刊"等大型地域文献，就逐渐地开展起来。

2012年，我负笈桂林，在胡大雷先生的指导下攻读博士学位，撰写题为"扬雄与六朝之学"的博士论文。游学胡门三年，其时先生正在主持国家社科基金重大招标课题"桂学研究"的研究工作。先生关于"桂学"的研究和学科体系的建构，深深地吸引了我，激发我建构"黔学"学科的强烈愿望。亦就是从这时起，我不再满足于做贵州地域文化课题的个案研究和贵州地方文献的个别整理，而是产生了更大的学术理想，就是力图建构具有特色的中国地域之学——黔学，建构以黔学研究、贵州精神和多彩贵州三位一体的当代贵州精神文化体系。

黔学能否成为"学"？这是首先必须解决的问题。我认为，"多山多石"的山国地理和"不边不内"的通道地位，以及"割川、滇、湘、粤之剩地"而构成的区域地理和因之而形成的"五方杂处"的地域文化，及其以"大杂居、小聚居"为特点的民族分布格局和因之而形成的"和而不同"的民族文化，使贵州的地理特征、地域区位、人文风尚、地域文化和民族性格皆自成一体，与其他地域相比，皆有相当明显的特殊性和独立性。所以，以自古及今与黔地、黔人相关的精神文化为核心内容，建构一门有别于其他地域之学的黔学，不仅是可能的，而且亦是有学理依据的。黔学的学科基础和学理依据，成为当时我特别关注的课题。

大体上说，贵州精神是灵魂，多彩贵州是形象，黔学研究是基石。三者相辅相成，相得益彰，是建构当代贵州精神文化体系的三大要素。所以，我以为，摆脱长期以来被轻视、被忽略和被描写的尴尬地位，重塑贵州人文形象，重建黔人的文化自信，增强贵州多民族的文化凝聚力和地域认同感，建构当代贵州精神文化体系，是当代贵州经济社会发展建设中必须面对和着力解决的问题。"贵州地域文化精神研究"和"贵州地域形象史研究"等课题，就是在这种学术兴趣之驱动下开展起来的。

四

回顾过去二十余年的学术经历，或是由于个人的学术兴趣，或是因为某种偶然的机缘，或者缘于个人的人生经历，或者由于工作之需要，我在几项学术专题上做了一些研究，积累了一些心得体会，养成了个人的学术习惯，发表了一些个人看法，提出了一些学术观点。就学术习惯而言，以下两点，于我而言是比较受益的。

其一，端正书写的习惯。我的这种习惯养成很早，是在小学三四年级的时候，至今依然保持。自认为个人在学术研究上有一点成绩，与这个习惯大有关系。

记得那是在四十多年前一个晚春的周末，我随了父亲去乡公所的医务室上班，父亲为乡亲们看病拿药，我闲着无事，就在乡公所的楼上楼下、室里室外闲逛。大厅左侧宣传栏上张贴的一些考试试卷吸引了我，那是当时乡村干部的时事政治考试试卷，经过红笔批改，还写有分数，现在我还记得第一道题目是"党的十一大总路线是什么"，第二道题目是"新时期的总任务是什么"。到底是出于什么目的，我至今依然没有想清楚，反正当时我产生了偷走这些试卷的强烈冲动。我装着若无其事的样子，楼上楼下、室里室外逛了一圈，在确认不会被发现的情况下，迅速扯下这些试卷，立即将它揉成一团，塞进裤裆里，偷偷地"跑"回家。那一年我八岁，小学三年级学生，这是我一生中干的第一件"偷鸡摸狗"的事情。回到家，我躲在房间里，仔细"研究"这些试卷，通过精心比照，花了两天时间，整理出一份"标准"答案。不知出于什么原因，我很入迷，反反复复地抄写、背诵这份试卷，持续了差不多两年，几乎是一天抄写一遍。至今在我右手中指指节上的那颗胡豆大小的老茧，就是那时握笔给磨出来的。现在想起来，这件在别人看来毫无意义的事情，对我后来的读书生活产生了重要影响，使我养成工整书写的学习习惯，养成做事认真和爱好整洁的生活习惯。

现在的年轻人都不再用钢笔书写，许多专家学者和年轻人一样，把电脑作为书写的工具。用电脑书写，有方便快捷、便于修改的好处。但是，长期以来，我还是坚持用钢笔书写，大到几十万字的学术专著，小到几千字的学术论文，我都坚持用钢笔在三百字的方格稿纸上一丝不苟地书写。只有这样，我的头脑才是清楚的，思维才是敏捷的，思路才是连贯的。朋友们都笑话我落伍了，但我还是固执地坚持着。我亦这样要求我的孩子和学生。亦许这种做法真的已经落伍，但我还是固执地认为：认真书写对年轻人的成长很重要。我甚至常常偏执地以学生的书写态度论定他的生活态度和工作作风。我以为：你不一定能成为书法家，但你必须提笔书写。一提笔写字，你就得认真。这是一种态度，是学习的态度，亦是生活的态度。

在如今这个信息化时代，资料的获取极其便利，网络环境下的资料搜寻更是方便快捷。再要求学生抄书和背书，的确有些不合时宜。不过，于我个人而言，抄书是有益的，背书是有趣的。从小养成的抄书习惯，一直保持到读研究生那个时候。如今的我已渐渐失去了抄书的热情，虽然为了进行专题研究仍在做一些资料摘录式的读书笔记。但是，我仍然要求我的孩子和学生，在读书阶段应当养成抄书和背书的习惯，应当养成认真书写的习惯。

其二，博览群书的习惯。这种习惯的养成，始于读硕士研究生那几年，至今依然保持。我始终认为，只有博览群书，才能触类旁通，才能博而返约。许多重要的学术突破，往往是在学科边缘之际或交叉学科之间。只有博览群书，才能捕捉到有价值的学术课题，才能触类旁通，进而提升研究之高度、扩展研究之宽度、掘进研究之深度。个人在学术上能够捕捉到一些有价值的课题，能够有一些心得体会和学术见解，多半缘于这个习惯。

我的专业背景是中国古代文学，研究方向是汉魏晋南北朝文学。但是，长期以来，我一直在做着所学专业以外的事情。比如，《正统论——发现东方政治智慧》一书，据说这项研究应该属于政治学的范畴。《汉晋文化思潮变迁研究》一书，据说这本书又属于思想史的范畴。《传统人伦关系的现代诠释》一书，按照学科分类，应当属于伦理学的范畴。《贵州古近代文学理论辑释》一书，这显然属于文献学的范畴。《诗性风月——中国古典文学中的情爱》一书，书名是责任编辑基于图书销售之需要而改定，实际上是关于传统中国文化语境中的两性情爱关系之研究，虽然书中引用了大量的古代文学材料，但本质上不是关于古代文学的研究，其学科归属很难确定。另外，目前正在着手的"两汉之际政治与文化的综合研究"，已经完成的"贵州地域形象史研究""贵州地域文化精神研究"等课题，其学科归属亦很不明确，或者大体可以归入历史学领域。

其实，我的学科疆界划分观念比较淡薄。当我对某个问题产生兴趣，认为它值得研究，并且手边又有一些材料可以利用，以为通过自己的努力又能够做得出来的时候，我便毫不犹豫地去做了，根本不曾想到它到底属于哪个学科门类，所以常常是一不小心就迈进了别人的地盘上去了。这样的做法，说得好听一点，是知识渊博，兴趣广泛；说得不好听一点，是没有专业方向，是杂家，因此亦就不成其为家。其实，从内心里我很尊敬和佩服那些一辈子只研究一本书或一个人的学者，就像我的老师何宁先生，一辈子就做《淮南子》研究，做成《淮南子集释》这样的名山事业；像我的老师王发国先生，一辈子就以钟嵘《诗品》为中心开展中国古代文学理论研究，做成《诗品考索》这样的不朽著作；或者像我的老师祁和晖先生那样，执着于杜甫诗歌的研究；像我的博士导师胡大雷先生，专注于先秦两汉魏晋南北朝文学和文献的研究，成为当代学界在该领域的领军人物。但是，我总是抑制不住自己的好奇心，因为博览群书，常常见异思迁，往往胡思乱想。有时亦扪心自问：耗上几年的时间去经营一些不断涌现出来的一个又一个"胡思乱想"，是不是代价太大？带着这样的疑惑，我曾专程去拜访一位我向来尊重的前辈学者，他的一番点拨让我茅塞顿开，豁然开朗。他说：学问之道当由博返约、由广入专。四十不惑。四十岁以前不妨博览群书，广泛涉猎；四十岁以后应当从事专门之学，以自成一家。遗憾的是，当我准备收住这些"胡思乱想"，打算专注于中国古代文学之研究时，我却离开了学术界，转行做了公务员。看来，此生只能做一个学术杂家了。

五

　　回顾过去二十余年的学术经历，总结过去的学术研究，反思已往的治学追求和学术理想，下述三个问题常常萦绕于心，这不仅是我过去二十余年的治学心得，亦可能成为影响我今后学术生涯的重要因素。

　　其一，学术创新与问题意识之关系。创新是学术研究之灵魂，没有创新价值的学术研究就是伪学术，就是制造学术垃圾。我深信，新材料的发现和新方法、新视角的运用是推动学术创新的重要途径。同时，新问题的捕捉，亦是促进学术创新的重要动力。比如，一条大家都耳熟能详的史料摆在面前，有的人匆匆读过，不曾有任何发现，而有的人却能从常见的材料中发现新问题、大问题，通过研究进而推动学术发展。这关键在于学者是否具备独到的学术眼光和敏锐的学术洞察力。有学术眼光和敏锐洞察力的学者，常常具有强烈的问题意识，因而能够在常见材料中捕捉到有价值的学术新问题，开展具有创新价值的学术研究。所以，学术研究之成败得失，往往与学术选题有特别密切的关系。一般而言，选题水平与学者的学术素养有关，与学者是否具备敏锐的学术洞察力有关。

学者必须具备强烈的问题意识。问题意识推动学术创新，在他人没有问题的地方发现问题，在他人信以为真的地方产生怀疑，这就是问题意识，这就是学术精神。我甚至以为，学者的学术生命应该由问题构成，一辈子解决几个学术难题，在几个学术大问题上有独特见解，便算是没有枉费此生。更进一步，就个人兴趣而言，我更追求对一个个具体的学术问题做深度的开掘，提出个人的独立见解，而不大乐于做面上的陈述，如文学史、文化史、思想史之类。当然，真正有价值的文化史或文学史之类的著作，必定是在著作者经历了若干个案问题之研究后所撰著。在问题研究中，我追求"一句话结论"的学术境界，即一部数十万字的研究著作，最终当能用一句话来概括结论，如此方才算有见解，有结论。即使这个见解有问题，这个结论有偏颇，亦略胜于通过数十万字的讨论而没有任何结论的著作。比如，在《正统论——发现东方政治智慧》中，讨论唐宋以来影响广泛的"正统论"，与以梁启超、饶宗颐为代表的学者以"正统论"为中国古代史学理论之观点不同，我提出"正统论是古代中国政治权力合法性理论"的观点，基本实现了"一句话结论"的学术追求。在《汉晋文化思潮变迁研究——以尚通意趣为中心》中，讨论汉晋文化思潮之变迁，得出"尚通意趣是汉晋间学风、士风、文风变迁之关键"的结论，亦大体实现了"一句话结论"的学术追求。在《扬雄与六朝之学》中，我用了近三十万字的篇幅，研究扬雄影响六朝之学的可能性，讨论扬雄对六朝之学的具体影响，提出"六朝之学始于扬雄"这个观点，亦算是得出了"一句话结论"。其他如《诗性风月——中国古典文学中的情爱》《边省地域与文学生产——文学地理学视野下的黔中古近代文学生产和传播研究》《温柔敦厚：中国古典诗学理想》，等等，亦大体实现了"一句话结论"的学术追求。总之，我并不反对其他形式的学术表述，仅是出于个人学术兴趣而偏爱以问题切入研究的学术表达，乐于以问题意识建构自己的学术生命，偏爱"一句话结论"的学术研究模式。

其二，学术高度与研究深度的统一。2012年，我负笈桂林，游学胡门。大雷先生以为：学术研究当是高度与深度的统一，即以某人或某书为出发点，研究一个时代、一种思潮或者一个流派，既有微观的研究以示其深度，又有宏观的展现以示其高度。大雷先生的用意，我能理解：传统中国的学问博大精深，过于宏观的论述往往流于空疏，过于细微的研究容易陷入琐碎。你必须成为某一局部领域的研究者，你必须是古代某位学者文人或专书的研究专家，你在学术界才有立足之地。宏观的研究应当从某人或某书出发，才能达到高度与深度的统一。

学术研究的深度与高度之统一，就是以小见大的问题。在《汉晋文化思潮变迁研究——以尚通意趣为中心》一书中，我从当时知识界流行的尚通意趣这个被一般学者忽略的视角，对汉晋八百年间文化思潮之变迁进行通盘诠释。虽然不是以专书或专人为出发点，但亦基本上做到了小题大做，算是既有高度亦有深度的作品。又如《扬雄与六朝之学》一书，就是基于高度与深度相统一的治学理念展开的。若专注于扬雄之研究，亦许有深度，但可能没有高度；若专注于六朝之学的研究，则有可能流于空疏，有高度而无深度。而研究扬雄与六朝之学之渊源影响关系，则或可能达到高度与深度的统一。

其三，阵地战或者游击战的问题。我常常将学术研究比喻成行军打仗。打仗有两种类型：一是阵地战，二是游击战。正规军一般打的是阵地战，虽然偶尔亦打游击战。学术研究亦是如此，以学术为职志之学者往往打的是阵地战，即以一两个学术问题为中心向周边延展，或者以一个问题为起点向前延伸。虽然亦偶尔对其他问题发生兴趣，打打游击，但其重点则主要是在一两个阵地上。

回顾过去二十余年的学术研究，我打的是阵地战，主要是在三个阵地上经营。一是以"正统论"研究为起点的学术阵地。在2002年出版的《正统论——发现东方政治智慧》一书，我从权力合法性理论的角度，对古代中国上层政治权力和政治秩序展开研究。为了全面认识古代中国社会的结构特点，必须对民间社会秩序和网络有一个全面的研究。于是，我又潜心于传统社会人伦关系的研究，著成《传统人伦关系的现代诠释》一书，这是学术研究的自然拓展。在本书中，我用一章的篇幅讨论传统社会的婚姻关系和爱情理想，但因论题、体例和篇幅的限制，许多问题尚未完全展开讨论，尤其是爱情理想和情人关系。于是，我又专注于传统社会情爱关系之研究，企图通过传统中国人的情爱生活视角，研究华夏族人的文化心理和诗性精神，著成《诗性风月——中国古典文学中的情爱》一书。传统中国人的情爱生活中有浓厚的诗性精神，传统中国人的诗学理想有明显的女性化特征，于是性别诗学又进入到我的学术视野，因而有了《中国古代性别与诗学研究》一书。再进一步，因对中国古代诗学之研究，古代诗学之古典美与现代性问题引起我的关注，于是就有了《温柔敦厚：中国古典诗学理想》一书。此研究阵地，将来可能发生的延展，目前尚难预料。

二是汉晋文化与文学研究领域。我在2000年前后有近三年的时间，着力于从汉末魏晋时期知识界普遍流行的尚通意趣之视角，对汉晋八百年间学术文化思潮之变迁，作通盘的诠释，撰成《汉晋文化思潮变迁研究——以尚通意趣为中心》一书，以为"魏晋之学始于汉末"，提出"尚通意趣是汉晋间学风、士风、文风转移之关键"的新说。因为讨论汉晋文化思潮之变迁，注意到扬雄在其中所起到的关键作用，故撰成《扬雄与六朝之学》一书，深化或部分修正了"魏晋之学始于汉末"的观点，提出"六朝之学始于扬雄"的新说。

三是以贵州地域文化为中心的研究阵地。作为一位贵州本土学者，关注和研究本土地域文化，是责任和担当，亦是情理中事。我用了近三年的时间从贵州古近代地方文献中辑录文学理论资料，进行分类整理和诠释研究，著成《贵州古近代文学理论辑释》一书。因此项工作而涉猎较多的地方文献，在偶然情况下发现一批数量可观且自成体系的民间契约文书，于是又有近两年时间投入到契约文书的整理工作中，著成《道真契约文书汇编》一书。 为了构建黔学学术体系，黔学文献的搜集整理成为我特别关注的问题。因此，我用了近两年的时间点校整理严修《蟫香馆使黔日记》， 还持续主编"中国乌江流域民国档案丛刊""贵州古近代名人日记丛刊""中国西南布依族抄本文献丛刊"等大型地域文献。因为辑释贵州古近代文学理论资料，从地域角度思考文学的生产和传播，文学地理学研究进入我的学术视野，于是又有近两年的时间投入到边省地域对文学生产和传播的影响研究中，著成《边省地域与文学生产——文学地理学视野下的黔中古近代文学生产和传播研究》一书。因为力图集贵州文化、贵州精神和贵州形象三位一体建构当代贵州精神文化体系，于是关于贵州地域文化精神、贵州地域文化形象等课题进入我的学术视野，因此著成《贵州地域文化精神研究》和《贵州地域形象史研究》二书。如果说前两个阵地主要还是基于个人的学术兴趣，那末在这个阵地上的耕耘，除了学术兴趣外，还有基于重建乡邦文化的社会责任和学术担当。

以问题意识推动学术创新，以问题研究构建学术生命。追求学术高度与研究深度的统一，偏爱既有高度又有深度的学术研究。认真经营几个学术阵地，以一两个学术问题为中心向周边延展。以上三点，是我过去二十余年的学术追求，亦是我今后的学术理想。

六

在过去的学术经历中，我养成的一个习惯，就是每隔一段时间要做一次学术总结和研究规划。回顾过去的研究，分析其得与失；检点当下的工作，清理研究进展和思考问题；谋划未来的工作，规划读书方向和研究课题。总之，力图使自己的研究工作有目的地进行，有计划地开展。

回顾过去二十余年的学术经历，我的学术研究主要是打阵地战，侧重在上述三个阵地上工作。因为在学术研究上主张打阵地战，未来的学术规划，是接着做还是另起炉灶？我主张接着做。如果另起炉灶，重新开辟一个新阵地，则将面临诸多问题：一是知识储备不足，白手起家，做起来将会捉襟见肘，无法得心应手；二是我依然还对上述三个阵地保持着高度的兴趣，以为还有足够的空间可以耕耘；三是人到中年，精力有限，不想阵地过多，战线太长，只想在这三个阵地上持续耕耘下去。

首先，基于"正统论"研究建构起来的学术阵地，其延展之方向和结果，已经大大超出我最初的预料。从注目于中国古代政治权力合法性理论的研究（《正统论——发现东方政治智慧》），延展到探讨传统中国社会的民间秩序和人际伦理（《传统人伦关系的现代诠释》）；因不满足于当下人伦关系之研究对两性情爱关系的普遍忽略，而专题探讨传统中国语境中的两性情爱关系（《诗性风月——中国古典文学中的情爱》）；因对两性情爱关系之诗性特征的重视，而延伸到性别诗学之研究（《中国古代性别与诗学研究》）；因性别诗学研究之延展，而对中国古代诗学之古典美与现代性发生兴趣，于是又有关于中国古典诗学之理想品格的研究（《温柔敦厚：中国古典诗学理想》）。这是学术理路上的自然延伸和学术兴趣上的自然拓展，但是，从权力合法性理论之研究扩展到中国古典诗学之探讨，这是我最初没有预料到的。

从目前个人的学术兴趣来看，此学术阵地仍将沿着中国古代诗学方向继续延展，一些相关的新课题，渐次进入我的学术视野，成为我当下特别关注、近期可能开展的研究课题。一是"想象的诗学——传统中国语境中的孤独诗学研究"。关注孤独诗学研究，始于2012年年初阅读台湾学者蒋勋先生的《孤独六讲》，比较详细的研究方案在2012年6月就已经写出来了。在孤独中想象，因孤独而回忆。孤独中的人，最擅想象，最喜回忆。孤独诗学的研究，实际上包括想象诗学和回忆诗学两个方面。这是一个有趣的学术课题，遗憾的是在很长一段时间都腾不出手来做。二是文学伦理学研究。十多年前，我便对文学伦理问题发生兴趣，试图以"传统中国语境中的文学伦理问题研究"为题开展专题研究，研究工作虽然没有实质性地开展起来，但基本构想已大体形成，研究思路亦比较明晰，问题清单已大体列出。基于文学创作者、文学题材、文学风格、文学欣赏、文学功能这五个层面建构一门文学伦理学，并以中国古代文学为例，开展传统中国语境中的文学伦理问题研究，是我当下特别想做的课题。

其次，在汉晋文化与文学研究阵地上，探讨汉晋文化思潮变迁发展之"内在理路",提出"魏晋之学始于汉末",起于汉末魏晋之尚通意趣(《汉晋文化思潮变迁研究——以尚通意趣为中心》)。据此延展开来,进一步探讨在尚通意趣之影响下,扬雄在汉晋文化思潮变迁中的关键作用,提出"六朝之学始于两汉之际,始于扬雄"的观点(《扬雄与六朝之学》)。这是学术研究向纵深发展的必然结果。

就目前的情况看,此学术阵地的拓展,以下两项课题引起我的极大兴趣。一是"两汉之际政治与文化的综合研究"。因深入研究扬雄的学术思想和文学创作的创新意义,注意到两汉之际,扬雄在思想和文学上的革新、刘歆在学术上的变革和王莽在政治上的改革,实为同一历史文化背景下的时代性大变革。因此,在"六朝之学始于扬雄"这个观点之基础上,"两汉之际政治与文化的综合研究"进入我的学术视野。该课题意在通过两汉之际政治、文化、学术、思想和文学的综合研究,揭示两汉之际在中国文化史上的重大转折意义,以为"两汉之际"实可与"殷周之际""唐宋之际"并列为中国古代历史上的重大转折时刻。二是"顾随诗学研究"。在对扬雄文学深入研究的过程中,我注意到扬雄在中国古代文学古典美之建构上的重要意义,由此而思考中国古代文学古典美之建构、解构与重构问题,认为中国古代文学之古典美建构于扬雄、理论阐释于刘勰、解构于韩愈、重构于顾随,于是"顾随诗学研究"课题进入到我的学术视野。发现顾随在中国诗学史上的价值,对顾随以诗心和诗情为核心的"情操诗学"理论进行初步探讨,以为其是中国晚清民国时期最具系统性和原创性的诗歌理论建构者,其"情操诗学"理论就是对沦落了千余年的中国古典诗学理想品格的重构或再造。

第三,在地域学研究阵地上,从辑释贵州古近代文学理论资料开始(《贵州古近代文学理论辑释》),逐渐侧重贵州地域文献资料的搜集和整理，于是便有对契约文书的关注（《道真契约文书汇编》），对日记文献的重视（《蟫香馆使黔日记》），对档案文献的偏爱（《中国乌江流域民国档案丛刊·沿河卷》），对民族文献的珍视（"中国西南布依族抄本文献丛刊"）等等。因辑释贵州古近代文学理论资料，从地域角度思考文学的生产和传播，文学地理学研究进入我的学术视野，于是便有对边省地域于文学生产和传播之影响的研究（《边省地域与文学生产——文学地理学视野下的黔中古近代文学生产和传播研究》）。因搜集和整理贵州地域文献资料，研究贵州地域文学和区域文化，构建具有特色的中国地域之学——黔学，就成为我在相当长一段时期特别关注的问题，于是便有关于贵州地域文化精神的研究（《贵州地域文化精神研究》），再有关于贵州地域形象的研究（《贵州地域形象史研究》）。

地域文化与文学的研究空间相当广阔，在贵州区域文化与地方文学这个学术阵地上要做的事情还很多。目前重点关注以下几项课题：一是地域文献的搜集整理，比如"中国乌江流域民国档案丛刊""贵州古近代名人日记丛刊""中国西南布依族抄本文献丛刊"等大型地域文献的搜集、整理和出版，还得持续下去。"中国西南苗疆走廊稀见文献资料丛刊""中国清水江、都柳江、盘江流域民国档案丛刊"等大型地域文献的搜集和整理，正在筹划中。二是黔学学术体系和学术品牌的营建，尚需进一步努力，一部名为"黔学十论"的著作正在谋划之中，重点解决"黔学"何以成为学，"黔学"能否成为学，"黔学"的学术体系和理论架构等基础性问题。三是有关贵州地域文化的几项专题研究，如"南明王朝与明清之际贵州社会格局和士人心态研究""苗族的历史记忆与文化心性——基于蚩尤传说的研究""山地爱情——贵州山地民族的爱情文化解读""晚清诗学大背景下的郑珍诗学研究"

等，亦渐次进入我的学术视野，成为我近期可能开展的研究课题。

　　如前所说，人到中年，精力有限，不想阵地过多，战线太长，主要还是打算在原有的几个学术阵地上持续耕耘。但是，基于当下我从事的文化和旅游工作，文化旅游课题应该亦必须成为我今后重点关注的对象。目前这方面的具体研究计划尚未形成，但是，诸如基于乡土文化的中国乡村旅游研究、贵州山地旅游文化品格之构建研究、贵州人文景观之文化构成与地域分布研究、基于文化线路的古苗疆走廊的人文资源和旅游价值的研究等课题，亦渐次进入我的学术视野，成为我今后学术工作的一个重要组成部分。

汪文学

二〇一八年五月二十日于贵阳花溪

图书在版编目（CIP）数据

贵州地域文化精神研究 / 汪文学著 . -- 贵阳 : 贵
州人民出版社 , 2020.11
（汪文学学术作品集）
ISBN 978-7-221-16409-4

Ⅰ . ①贵… Ⅱ . ①汪… Ⅲ . ①文化史－研究－贵州
Ⅳ . ① K297.3

中国版本图书馆 CIP 数据核字 (2020) 第 229659 号

贵州地域文化精神研究

汪文学 / 著

出 版 人：王　旭

责任编辑：刘泽海

封面题签：李华年

封面设计：陈　电

版式设计：元典文化 / 温力民

出版发行：贵州出版集团　贵州人民出版社

地　　址：贵阳市观山湖区会展东路 SOHO 办公区 A 座

印　　刷：深圳市新联美术印刷有限公司

开　　本：787 毫米 × 1092 毫米　1/16

字　　数：240 千字

印　　张：20.5

版　　次：2020 年 11 月第 1 版

印　　次：2020 年 11 月第 1 次印刷

书　　号：ISBN 978-7-221-16409-4

定　　价：85.00 元